로스쿨

商法總則·商行爲法

鄭燦亨·張德祚·金弘基

博英社

Cases and Materials on General Principles of Commercial Law and Commercial Transactions

By

Prof. Dr. Chan-Hyung Chung
(Korea University, School of Law)

Prof. Dr. Deok Jo Jang
(Sogang University, Law School)

Prof. Dr. Hongki Kim
(Yonsei University, Law School)

Seoul

Pakyoungsa Publishing Co.

序　　文

이번에 로스쿨 교재용으로 「로스쿨 商法總則 · 商行爲法」을 간행하게 된 것을 로스쿨에서 공부하는 학생들과 더불어 매우 기쁘게 생각한다.

이 책은 정찬형(고려대) 교수 · 장덕조(서강대) 교수 및 김홍기(연세대) 교수가 한국연구재단의 지원으로 공동으로 연구한 2009년도 법학전문대학원 교재개발 연구보고서(상법총칙 · 상행위법)를 기본으로 하여 출간된 것이다. 이 책의 상법총칙 부분은 정찬형 교수가, 상행위편 중 처음부터 중개업까지는 장덕조 교수가, 상행위편 중 위탁매매업부터 끝까지는 김홍기 교수가 각각 집필하였다.

이 책에서는 로스쿨에서의 교육이 케이스 중심의 교육이라는 점을 염두에 두고, 우리 나라 상법총칙 · 상행위법에 관한 대표적인(또는 중요한) 대법원판례를 발췌하여 각 주제별로 A.기본판례 · B.이론요약 · C.관련판례 · D.관련논점의 순으로 집필하였다.

이 책을 통하여 상법총칙 · 상행위법의 실무에서 구체적으로 무엇이 문제가 되고, 그러한 문제가 상법에 의하여 어떻게 해결되고 있는가를 실감있게 공부할 수 있을 것으로 본다. 그러나 이러한 실무상 문제점을 잘 해결할 수 있기 위하여는 먼저 상법총칙 · 상행위법의 내용 및 이론을 상법강의 등 이론서를 통하여 숙지하고 있을 것이 전제된다. 따라서 이 책만으로 상법총칙 · 상행위법을 전반적으로 숙지할 수 있는 것으로 볼 수는 없고, 이 책은 판례에 나타난 사항(실무)을 중심으로 상법총칙 · 상행위법을 이해시키고자 하는 책 중의 하나라고 볼 수 있다. 특히 상행위법에 관하여는 '산 상행위법'이라고 볼 수 있는 상행위에 관한 각종의 보통거래약관에 관하여 관심을 갖고 그 내용을 조사할 필요가 있다.

아무쪼록 이 책을 통하여 독자들이 상법총칙 · 상행위법에 대하여 더 큰 관심과 흥미를 갖고 이를 보다 쉽고 정확하게 이해하여 실무에서 발생하는 문제를 잘 해결할 수 있게 된다면, 이 책의 저자들은 큰 보람과 무한한 긍지를 갖게 될 것으로 본다. 이 책에서의 부족한 부분은 앞으로 계속 보완하고 수정할 것이다.

끝으로 이 책의 출판을 맡아주신 박영사 安鍾萬 회장님, 출판을 위하여 도와

주신 기획부 趙成皓 부장 및 이 책의 편집부터 출간까지 제반업무를 맡아 수고하여 주신 盧賢 부장에게 깊은 감사를 드린다.

2010년 7월

공저자를 대표하여

鄭燦亨 씀

차 례

제 1 편 상법총칙 [정찬형]

제 2 편 상 행 위

법령약어

〔民〕	민법
〔保險〕	보험업법
〔商〕	상법
〔商登〕	상업등기법
〔商施〕	상법시행령
〔約規〕	약관의 규제에 관한 법률
〔與專〕	여신전문금융업법
〔資金〕	자본시장과 금융투자업에 관한 법률

제 1 편 상법총칙

제 1 장 통　　칙

제 1　상법의 법원(法源)

1. 상관습법

A. 기본판례

▣ 大判 1983. 2. 8, 82 다카 1275[상인인 법인간의 계속적인 물품공급거래에 대하여 상관행을 인정한 경우]

[사실관계]

상인인 법인간의 계속적인 물품공급거래에 있어서 수요자는 공급자에게 사전에 물건을 지정하여 발주하고, 공급자는 발주수량의 물건에 송장을 첨부하여 인도하면, 발주자(수요자)는 이를 검수·확인하고 수령한 물건의 명세를 표시한 인수증을 공급자에게 발행하는 것이 상관행인지 여부가 문제된 사건이다.

[판결요지]

상인인 법인간의 계속적인 물품공급거래에 있어서는 원칙적으로 기업의 회계자료로서 물품의 매출·매입 또는 수불관계를 명확하게 하기 위하여 수요자는 공급자에게 사전에 물건의 종류·규격·수량을 지정하여 발주하고, 공급자가 발주수량의 물건에 송장을 첨부하여 인도하면, 발주자는 이를 검수·확인하고 송장에 수령사실을 확인하거나 수령한 물건의 명세를 표시한 인수증을 공급자에게 발행하고 그 부본을 발주법인이 보관하되, 그 인수증은 물건의 인도·인수사실을 증명하는 문서이므로 특단의 사정이 없는 한 물품의 종류·규격·수량·인수법인·인수자의 직위와 성명을 기재하고 작성자가 날인을 하여 인수일자마다 개별적으로 발행함이 거래의 관행이라 할 것이다.

B. 이론요약

(1) 상법은 형식적 의의의 상법과 실질적 의의의 상법이 있다. 형식적 의의의 상법은 상법이라는 이름으로 제정된 법률(상법전)을 말하고, 실질적 의의의 상법은 기업에 관한 특별사법을 말한다(통설).

형식적 의의의 상법은 각국의 역사적 배경과 입법정책을 반영하므로 이를 가진 나라도 있고 갖지 않은 나라도 있으며, 이를 가진 나라도 나라와 시대에 따라 그 내용과 체계를 달리 하고 있다.

그러나 실질적 의의의 상법은 학문적 개념으로 상법전의 유무나 그 내용에 관계 없이 상법이 규율하는 생활관계의 실질 또는 내용에 의하여 파악된 통일적이며 체계적인 법역을 말한다. 실질적 의의의 상법의 대상이 되고 있는 기업은 상기업만을 의미하는데, 이러한 상기업은 「상인적 설비(기업조직)와 방법에 의하여 영리의 목적으로 경영활동을 하는(기업활동) 경제적 생활체(기업주체)」라고 말할 수 있다. 따라서 실질적 의의의 상법은 상법전 외에도 많은 상사특별법령과 상관습법 등을 포함한다.

(2) 상법의 법원(法源)이란 기업에 특유한 생활관계를 규율하는 법규범을 말하는데, 이러한 상법의 법원에는 상사제정법(상법전 · 상사특별법령) · 상관습법 및 상사자치법 등이 있다. 보통거래약관이 상법의 법원이 되는지에 대하여는 견해가 나뉘어 있다.

상법 제 1 조는 상사적용법규에 대하여 규정하고 있는데, 이는 상법의 법원과 구별된다. 다시 말하면 민법은 기업에 특유한 생활관계를 규율하는 법규범이 아니므로 상법의 법원이 아니나, 기업생활관계에도 일반시민생활관계와 같게 규율하더라도 무방한 경우(예컨대, 능력 · 법률행위 · 채권총칙 · 계약총칙 등)가 있으므로 상사에 적용되는 법규로 한 것이다.

(3) 상법의 법원인 상관습법이 무엇이냐에 대하여, 사실인 상관습이 사회의 법적 확신 또는 법적 의식에 의하여 지지를 받게 되는 법규범이라고 하여 상관습법과 사실인 상관습을 구별하는 견해가 많다. 그러나 상관습법과 사실인 상관습을 구별하게 되면 법규범성이 강한 상관습법은 상법의 임의법규에 반하여 성립할 수 없는데(商 1조), 법규범성이 약한 사실인 상관습은 상법의 임의법규에 반하여도 성립할 수 있다는(民 106조)(관습법의 보충적 효력설을 전제로 함) 모순이 발생하게 된

다. 민법에서도 관습법과 사실인 관습을 구별하게 되면 민법 제 1 조(강행규정 — 임의규정 — 관습법)와 민법 제106조(강행규정 — 사실인 관습 — 임의규정)의 해석에서 모순이 발생하므로, 관습법과 사실인 관습을 (법의 적용면에서는) 동일하게 보고 민법 제106조는 민법 제 1 조에 대하여 특별법으로서의 성격을 갖는다고 하거나 또는 민법 제 1 조에서의 법률은 강행규정만을 의미한다고 하여 두 조문의 해석에 있어서 조화를 기하고자 한다. 따라서 상법에서도 상관습법과 사실인 상관습을 구별하지 않는 것이 타당하다고 본다. 또한 양자를 법적 확신의 유무라는 주관적 요소에 의하여 구별하는 것은 법적 안정성을 해칠 염려가 있는 문제점도 있다.

이러한 상관습법의 예로는 상업신용장에 관한 관습 · 해상화물운송에 있어서의 보증도의 관습 등이 있다.

상관습법은 상법전과의 관계에서는 보충적 효력이 있으나(관습법의 보충적 효력설), 민법전과의 관계에서는 상관습법이 민법전보다 우선하여 적용된다(商 1조)(관습법의 보충적 효력설에서는 성문법우선주의에 대한 예외).

C. 관련판례

(1) 상관습법(상관행)을 인정한 판례: 大判 1985. 10. 8, 85 누 542(연불조건으로 선박을 매매함에 있어 그 중개료는 선박대금액을 기준으로 산정하는 것이 일반거래의 관행이라고 한 경우); 同 1974. 12. 10, 74 다 376(해상화물운송에 있어 보증도의 상관습법이 있으므로 상법 제820조의 선하증권의 상환증권성에 관한 규정은 적용될 여지가 없다고 한 경우); 大決 1956. 10. 27, 4289 민재항 31 · 32 (백지어음의 발행에 관하여 상관습법을 인정한 경우).

(2) 상관습법(상관행)을 부정한 판례: 大判(전원합의체판결) 2005. 7. 21, 2002 다 1178(종중 구성원의 자격을 성년 남자만으로 제한하는 관습법은 그 후 사회질서의 변화 등으로 법적 규범으로서의 효력을 상실하였다고 한 경우); 同 1971. 12. 28, 71 다 2299(예금통장 없이 예금지급청구서만으로 예금을 지급하는 상관습법은 없다고 한 경우); 同 1967. 5. 16, 67 다 311(지급보증서를 유가증권으로 유통시키는 것이 상관습법은 아니라고 한 경우); 同 1962. 1. 11, 4294 民上

195(예금통장 없이 예금지급청구서만으로 지급하는 것이 상관습법은 아니라고 한 경우); 同 1959. 12. 8, 4293 民上 22(수표의 분실계가 제출되면 지급은행이 수표금을 지급하지 아니하는 것이 상관습법은 아니라고 한 경우).

D. 관련논점

(1) 상관습법과 사실인 상관습이 구별되는지 여부?

(2) 상관습법이 민사관습법과 구별되는 점?

(3) 상법전 및 민법전과의 관계에서 상관습법이 적용되는 순서는?

2. 보통거래약관

A. 기본판례

▣ 大判 1989. 3. 28, 88 다 4645[보험약관의 법원성을 부정한 경우]

[사실관계]

X(원고)는 Y(피고)보험회사와 1987. 6. 17. 자신의 승용차에 대하여 자동차 종합보험계약을 체결하였으며 종합보험은 대인 및 대물배상책임, 자손 및 차량손해를 커버하는 것이었다. 1987. 7. 26. 9시 30분경 X는 경부고속도로상에서 자동차운전중 교통사고를 일으켜 안면부 열상 등의 상해를 입고 그 치료비로서 379만여원을 지출하였고, 이에 따라 X는 300만원의 자손보험금의 지급을 Y에게 청구하였다. 이에 대하여 Y회사는 이 사건에 적용되는 보험약관에 따르면 자손보험의 보험금은 피보험자의 상해를 14등급으로 나누어 차등 지급하게끔 되어 있고, X가 가입한 자손보험금액은 300만원이므로 1급상해라면 300만원 전액이 지급되겠으나 8급에 해당하는 X의 상해에 대하여는 지급보험금이 90만원에 지나지 않는다고 주장하였다.

이 점에 관하여 X는 보험외판원인 A의 설명은 자동차사고로 부상한 경우 실제로 입은 손해 중 300만원의 한도 내에서 보험금이 지급된다는 것이었으며, 또 그를 믿고 보험계약을 체결한 것이므로 Y는 300만원 전액을 지급할 책임이 있다고 주장하여 소송을 제기한 것이다.

이 사건의 제 1 심법원인 서울지법남부지원(1988. 4. 9. 선고 87 가소 21529 판결)은 Y는 보험약관의 정함에 따라 X에게 90만원의 보험금을 지급할 책임이 있다고 판시하였고, 항소

법원인 서울민사지법(1988. 9. 21. 선고 88 나 15347 판결)은 X의 주장대로 300만원의 보험금을 지급하라고 판시하여, Y가 상고하기에 이른 것이다.

[판결요지]

(1) 보통보험약관이 계약당사자에 대하여 구속력을 가지는 까닭은 약관이 법규범이기 때문이 아니고, 계약당사자가 약관을 계약내용에 포함시키기로 합의하였기 때문이다.

(2) 일반적으로 당사자 사이에서 보통보험약관을 계약내용에 포함시킨 보험계약서가 작성된 경우에는, 계약자가 그 보험약관의 내용을 알지 못하는 경우에도 그 약관의 구속력을 배제할 수 없는 것이 원칙이다. 다만, 당사자가 명시적으로 약관의 내용과 달리 약정한 경우에는 약관의 구속력은 배제되므로, 회사를 대리한 보험대리점 내지 보험외판원이 가입자에게 보통보험약관과 다른 내용으로 보험계약을 설명하고 이에 따라 계약이 체결되었으므로 그 때 설명된 내용이 보험계약의 내용이 되고 그와 배치되는 보통약관의 적용은 배제된다. 따라서 이 사건에서 Y는 X에게 300만원 전액의 보험금을 지급하여야 한다.

B. 이론요약

(1) 보통보험약관이란 "그 명칭이나 형태 또는 범위를 불문하고 계약의 일방당사자가 다수의 상대방과 계약을 체결하기 위하여 일정한 형식에 의하여 미리 마련한 계약의 내용"을 말한다(約規 2조 1항). 이러한 보통거래약관은 성문법의 미비를 보완하는 기능과 성문법의 불합리성을 교정하는 기능을 한다. 그러나 보통거래약관은 기업자가 일방적으로 제정하는 일이 많아 거래상대방의 이익을 희생하는 문제점도 있으므로, 이에 대하여는 입법적·행정적·사법적으로 규제된다.

(2) 보통거래약관이 상법의 법원이냐에 대하여 이를 긍정하는 견해와 부정하는 견해로 나뉘어 있다. 약관의 법원성을 긍정하는 견해에서는 약관은 정관과 같이 자치법규의 일종이거나(자치법설 또는 규범설) 또는 국가법과 개인간의 계약의 중간에 위치하는 기업의 자치법규의 일종으로 보아(제도설) 약관에 대하여 상법의 법원성을 인정하나, 약관의 법원성을 부정하는 견해에서는 약관은 그 자체가 결코 법규범이 될 수 없고 개별계약의 내용을 구성할 뿐이라거나(법률행위설·

의사설 또는 계약설) 또는 약관 그 자체가 상관습법으로 인정될 수는 없고 '약관에 의한다'는 것이 상관습법으로 형성되어 있어야 약관의 법원성을 인정할 수 있다(상관습법설 또는 백지상관습법설)고 하여 약관에 대하여 상법의 법원성을 부인한다.

생각건대 약관의 법원성을 부인하는 견해(법률행위설)에 찬성한다. 우리 나라 약관규제법(約規 3조)도 이에 근거하여 규정하고 있으며, 앞에서 본 기본판례도 이에 근거하여 판시하고 있다.

(3) 약관의 해석원칙은 약관의 법원성을 부정하면 의사(계약)의 해석원칙이 적용되는데, 약관규제법은 약관의 해석에 대하여 개별약정우선의 원칙(約規 4조)·신의성실의 원칙(約規 5조 1항 전단)·객관적 해석의 원칙(約規 5조 1항 후단)·불명확조항해석의 원칙(작성자불리해석의 원칙 및 축소해석의 원칙)(約規 5조 2항)에 대하여 규정하고 있다.

(4) 약관은 거래상대방의 이익을 희생시킬 염려가 있으므로 아래와 같이 여러 측면에서 규제를 받는다.

1) 입법적 규제: 입법적 규제방법으로는 포괄적 입법(약관규제법)과 개별적 입법(商 663조, 799조 1항 등)이 있는데, 이는 사전적 규제로서 예방적 효과를 갖게 된다.

2) 행정적 규제: 행정적 규제방법은 행정청에 의한 약관의 사전인가인데, 이의 예로는 보험약관의 금융위원회의 인가(保險 5조 3호)·운송약관의 국토해양부장관에 의한 인가(여객자동차운수사업법 10조) 등이 있다.

3) 사법적 규제: 사법적 규제는 구체적으로 소송이 제기된 경우에 법원의 판결에 의한 규제인데, 이는 사후적이고 소극적인 규제이다.

4) 공정거래위원회에 의한 규제: 공정거래위원회는 약관에 대하여 시정명령(約規 17조의 2 2항) 또는 시정권고(約規 17조의 2 1항)를 함으로써 약관에 대하여 규제를 하는데, 이는 준사법적 성격과 동시에 준행정적 성격도 아울러 갖는 약관의 사전·사후의 규제라고 볼 수 있다.

5) 자율적 규제: 약관이 당사자 쌍방에 의하여 작성되거나 또는 중립적인 제 3 자의 조정에 의하여 작성되는 경우에는 자율적 규제가 된다.

C. 관련판례

(1) 大判 2005. 10. 28, 2005 다 35226(보통거래약관의 해석에서 객관적 해석의 원칙 및 작성자불리해석의 원칙을 밝힌 경우).

同旨: 大判 1998. 10. 23, 98 다 20752(보통거래약관의 해석에서 객관적 해석의 원칙 및 작성자불리해석의 원칙을 밝힌 경우).

(2) 大判 2002. 5. 10, 2000 다 70156(보증보험약관이 약관규제법 제 9 조 제 2 호에 해당되어 무효라고 한 경우).

(3) 大判 1985. 11. 26, 84 다카 2543(약관의 법원성을 부정한 경우).

同旨: 大判 1986. 10. 14, 84 다카 122 외 다수.

D. 관련논점

(1) 계약자유의 원칙과 부합계약과의 관계

(2) 약관이 당사자를 구속하는 근거

(3) 약관규제법상 불공정약관조항 및 약관의 규제내용

(4) 약관규제법 제 3 조 제 3 항 · 제 4 항과 상법 제638조의 3과의 관계

제 2 상법의 지위

제 3 상법의 이념과 특성

제 2 장 상 인

A. 기본판례

▣ 大判 1993. 6. 11, 93 다 7174·7181[과수원을 경영하는 자에 대하여 의제상인성을 부정한 경우]

[사실관계]

사과나무 과수원을 경영하는 자(Y)가 상인(의제상인)인지 여부에 관한 것인데, Y가 만일 상인인 경우에는 그 사과를 매수한 X는 Y에 대하여 상법 제69조에 의한 목적물의 검사와 하자통지의무를 부담한다.

[판결요지]

자기가 재배한 농산물을 매도하는 행위도 이를 영업으로 할 경우에는 상행위에 해당한다고 볼 수 있겠으나(따라서 그러한 매도행위를 하는 자는 의제상인이 될 수 있겠으나: 저자 註), Y는 약 5,000평의 사과나무 과수원을 경영하면서 그 중 약 2,000평 부분의 사과나무에서 사과를 수확하여 이를 대부분 대도시의 사과판매상에 위탁판매한다는 것이어서 Y가 '영업으로' 사과를 판매하는 것으로는 볼 수 없으니 Y는 상인(의제상인: 저자 註)이 아니다. 따라서 X는 상법 제69조에 의한 목적물의 검사와 하자통지의무를 부담하지 않는데, X가 이러한 의무를 해태하였음을 전제로 하는 논지는 이유가 없다.

B. 이론요약

(1) 우리 상법상 상인에는 영업활동의 내용에 따라 당연상인(商 4조)과 의제상인(商 5조)이 있고, 기업규모의 대소에 따라 완전상인과 소상인(商 9조)이 있다.

(2) 당연상인이란 "「자기명의」로 「상행위」를 하는 자"인데(商 4조), 이에 관하여

좀 더 상세히 보면 아래와 같다.

1) 「자기명의」란 "자기가 그 (상)행위에서 생기는 권리 · 의무의 귀속의 주체가 된다"는 뜻으로, 이는 「영업행위의 담당자」·「기업을 소유하는 자」·「기업위험을 부담하는 자」·「행정관청에 대한 신고인」·「납세명의인」 등과 구별된다.

2) 「상행위」란 "상법 제46조에 규정된 상행위(영업적 상행위)와 특별법(담보부사채신탁법 23조 2항 등)에서 상행위로 인정한 것"을 말한다. 상법 제46조의 상행위가 되기 위하여는 「영업성」(영리성 · 계속성 및 영업의사)과 「기업성」이 있어야 한다.

(3) 의제상인에는 설비상인과 민사회사가 있는데(商 5조), 이에 관하여 좀 더 상세히 살펴보면 아래와 같다.

1) 「설비상인」이란 "점포 기타 유사한 설비에 의하여 상인적 방법으로 상행위 이외의 영업을 하는 자"를 말한다(商 5조 1항).

위 기본판례에서는 Y(원시생산업자)가 사과나무 과수원의 일부에서 수확한 사과를 위탁판매한 것은 '영업으로' 한 것으로 볼 수 없다고 하여 Y의 의제상인성을 부인하고 있으나, Y는 '점포 기타 유사한 설비'를 갖추고 있지 않은 점에서도 의제상인이 아니다.

2) 「민사회사」란 "상행위 이외의 행위를 영리의 목적으로 하는 회사"를 말한다(商 5조 2항). 민사회사의 대표적인 예는 농업 · 축산업 · 수산업 등 원시산업을 목적으로 하는 회사를 말한다.

(4) 자연인은 모두 「상인능력」이 있는데, 상법 제 4 조와 제 5 조의 요건을 구비함으로써 「상인자격」을 취득한다. 상인자격은 앞에서 본 바와 같이 영업행위의 담당자와 구별되므로 상인자격을 취득한 자가 스스로 유효한 영업활동을 할 수 있는 영업능력을 갖는 것은 아니다. 이러한 영업능력과 관련하여 상법은 무능력자 또는 이의 법정대리인이 영업을 하는 때에는 거래의 안전을 위하여 상업등기부에 등기하도록 하고 있다(민법과 다른 점)(商 6조, 8조).

법인 중 회사(영리법인)는 영리성의 유무가 권리능력(법인격) 부여의 기초가 되고 있으므로(商 169조) 상인자격은 권리능력(법인격)의 시기 및 종기와 일치한다. 그러나 공익법인(사법인) 및 일반공법인이 부수적으로 영업을 함으로써 상인자격을 취득하고 상실하는 시기는 자연인인 상인의 경우와 같다.

(5) 「소상인」이란 "자본금액이 1,000만원에 미달하는 상인으로서 회사가 아닌 자"인데(商施 2조), 이러한 소상인에 대하여는 상법 중 지배인 · 상호 · 상업장부 및 상업등기에 관한 규정이 적용되지 않는다(商 9조).

C. 관련판례

(1) 大決 2008. 6. 26, 2007 마 996(법무사는 의제상인이 아니라고 한 경우).

(2) 大決 2007. 7. 26, 2006 마 334(변호사는 의제상인이 아니라고 한 경우).

(3) 大判 1998. 7. 10, 98 다 10793(새마을금고는 비영리법인이므로 당연상인이 아니라고 한 경우).

(4) 大判 1994. 4. 29, 93 다 54842(대한광업진흥공사가 광업자금을 광산업자에게 융자하여 주고 소정의 금리에 따른 이자 및 연체이자를 받는 것은 '영리행위'가 아니므로, 대한광업진흥공사는 당연상인이 아니라고 한 경우).

(5) 大判 1989. 6. 27, 88 다카 16812(신용보증기금은 당연상인이 아니고, 또한 민사회사가 아니므로 의제상인도 아니라고 한 경우).

(6) 大判 1968. 7. 24, 68 다 955(복덕방은 상법 제46조 제11호 및 제 4 조에 의하여 당연상인이라고 한 경우).

(7) 大判 1962. 3. 29, 4294 민상 962(점포의 임차명의인이 부인의 명의로 되어 있고 납세명의인은 남편의 명의로 되어 있을 뿐, 본건 영업이 남편 또는 부인의 누구에 속하는지 분명하지 아니한 경우에는 민법〈개정전〉 제830조 제 2 항에 의하여 남편을 상인으로 추정한다고 한 경우).

D. 관련논점

(1) Y가 상인인 경우 Y로부터 사과를 매수한 자(X)에 대하여는 모두 상법 제69조가 적용되는가?

(2) 상인자격을 취득하였는지 여부는 무엇을 기준으로 평가하는가?

(3) 명의대여인 경우 명의대여자가 상인인가, 또는 명의차용자가 상인인가?

(4) 원시생산업자는 어느 경우에 상인이 될 수 있는가?

(5) 자기가 재배한 무공해 쌀을 소비자로부터 주문받아 직접 공급하는 자는 상인인가?

제 3 장 상업사용인(기업의 경영보조자)

제 1 지 배 인

A. 기본판례

▣ 大判 1999. 3. 9, 97 다 7721 · 7738[지배인의 권한범위 내의 행위라도 지배인이 자기 또는 제 3 자의 이익을 도모하고 이를 상대방이 안 경우에는 회사의 책임이 없다고 한 경우]

[사실관계]

X은행의 명동지점장 A는 지배인으로서 그 지점의 영업에 관한 포괄적인 대리권한을 갖고 있고, 어음 등 유가증권의 할인은 은행이 행하는 업무로서 위 지점의 영업에 해당한다 할 것이다. A는 I투자금융 주식회사에 씨디를 발행금리보다 높은 이자율로 매도한 후, 그 내역을 기재한 '받을어음추심수탁통장'만을 교부하고 그 씨디를 I투금을 위하여 보관하면서, 임의로 위 씨디를 D증권 등에 재매도하는 방법으로 씨디를 이중매매하여 그 대금을 개인적인 자금거래에 유용하여 오던 중, I투금이 종전과 달리 만기에 이른 씨디 대금으로 새로운 씨디를 매입하지 아니하고 그 지급을 요구하게 되어 심한 자금압박을 받게 되자, 그 자금을 마련하기 위하여 개인적으로 빌린 H철강 어음 등을, 또 나아가 X은행 명동지점이 담보어음으로 보관중인 이 사건 제 1 어음을 임의로 유출시켜 Y에게 각 할인하고, 그 할인금을 자신이 유용한 씨디 대금의 지급에 사용하고, 이와 같이 개인적으로 빌리거나 유용한 위 각 어음상의 채무를 담보하기 위하여 다시 X은행 명동지점이 담보어음으로 보관중인 이 사건 제 2 어음을 임의로 유출시켜 Y에게 교부하였다. A는 X은행의 지배인으로서 한 이 사건 제 1 어음의 할인과 이 사건 제 1, 2어음의 배서 · 양도는 그 진의가 영업주 본인인 X은행의 이익과 의사에 반하여 자신의 이익을 위하여 한 배임적인 것이라고 할 것이다. 이에 X는 민법 제107

조 제 1 항을 유추적용하여 Y의 악의 또는 과실을 전제로 A의 행위는 영업주인 X에 대한 관계에서 무효라고 주장하였다.

이에 대하여 원심은 X의 청구를 인용하여, Y가 상고하게 된 것이다.

[판결요지]

지배인은 영업주에 갈음하여 그 영업에 관한 재판상 또는 재판 외의 모든 행위를 할 수 있고, 지배인의 대리권에 대한 제한은 선의의 제 3 자에게 대항하지 못한다고 할 것인데(商 11조 1항 · 3항), 여기서 지배인의 어떤 행위가 영업주의 영업에 관한 것인가의 여부는 지배인의 행위 당시의 주관적인 의사와는 관계 없이 그 행위의 객관적 성질에 따라 추상적으로 판단되어야 할 것이다(대법원 1987. 3. 24. 선고 86 다카 2073 판결; 同 1997. 8. 26. 선고 96 다 36753 판결 등 참조).

그러나 지배인의 행위가 영업에 관한 것으로서 대리권한 범위 내의 행위라 하더라도 영업주 본인의 이익이나 의사에 반하여 자기 또는 제 3 자의 이익을 도모할 목적으로 그 권한을 행사한 경우에 그 상대방이 지배인의 진의를 알았거나 알 수 있었을 때에는 민법 제107조 제 1 항 단서의 유추해석상 그 지배인의 행위에 대하여 영업주 본인은 아무런 책임을 지지 않는다고 보아야 할 것이고, 그 상대방이 지배인의 표시의사가 진의 아님을 알았거나 알 수 있었는가의 여부는 표의자인 지배인과 상대방 사이에 있었던 의사표시 형성 과정과 그 내용 및 그로 인하여 나타나는 효과 등을 객관적인 사정에 따라 합리적으로 판단하여야 할 것이다(대법원 1987. 7. 7. 선고 86 다카 1004 판결; 同 1987. 11. 10. 선고 86 다카 371 판결; 同 1996. 4. 26. 선고 94 다 29850 판결; 同 1998. 2. 27. 선고 97 다 24382 판결 등 참조).

이 사건의 경우 원심이 확정한 바와 같이 (i) Y가 장기간에 걸쳐 씨디 매매의 알선과 어음의 할인 등으로 A의 개인적인 자금거래에 관여한 점, (ii) A가 타인으로부터 빌린 H철강 등의 어음을 개인적인 거래로서 Y에게 할인하였고, 그에 즈음하여 이 사건 제 1 어음을 할인한 점, (iii) 이 사건 제 1 어음은, 은행이 매출의 대상으로 삼는 상업어음과는 달리, 그 표면에 횡선이 그어져 있고 지급보증의 문언이 기재되어 그 유통성에 의문을 가질 수 있다는 점, (iv) 은행으로부터 상업어음을 매수하고자 하는 자는 은행 창구에 비치된 매입의뢰서를 작성 · 제출하여 정하여진 할인율에 따라 그 대금을 지급하고 이를 배서 · 양도받아 만기에 지급제시하여 그 어음금을 추심하는 것이 일반적인데, Y는 이러한 절차를 거치지 아니한 채, 시중금리보다 훨씬 높은 할인율에 이 사건 제 1 어음을 할인해 주고, 수차에 걸쳐 그 할인대금을 지급하였을 뿐만 아니라, A로부터 X은행 명동지점의 명판과 그의 사인만이 날인되고 그의 기명이 누락된 상태로 이를 배서 · 양도받으면서, 위 할인금의 반환은 X은행에 어음을 제시하여 받는 것이 아닌 A 개인으로부터 변제받기로 한 점, (v) 이 사건 제 2 어음은 A에 의한 금융사고가 우려되는 시점에 Y가 그 정을 알면서 취득하였고, 정상적인 은행거래에서는 있을 수 없는 방식인 이미 할인하여 준 어음에 대한 담보로서 취득한 점, (vi) Y는 장기간에 걸쳐 씨디 거래의 알선과 어음할인 등의 금융거래에 종사하여 그 실정이나 관행에 상당히 능통한 것으로 보여지는 점 등을 종합하여 보면, 금융업을 하고 있는 Y로서는 적어도 통상의 주의만 기울였다면, 지배인 A의 위 어음할인이 개인적인 자금거래로서, 그가 행한 이 사건 제1, 2어음에 대한 배서 · 양도행위가 자기 또는 제 3 자의 이익을 위하여 배임적인 의도에서 영업주인 X은행을 위한 진의 없이 하는 것임을 충분히 알 수 있었음이 분명하여, 위 어음할인 및 배서 · 양도행위는 X은행과의 관계에 있어서는 무효로서 그 효력이 없다 할 것이므로, Y는 이 사건 제1, 2어음의 수취인으로서 그 소유자인 X은행에게 이를 반환하여야 할 의무가 있다 할 것이다.

원심판결은, 그 이유를 달리하지만 X의 본소청구를 인용한 결론은 정당하고, 거기에 이유불비, 지배인의 대리권과 어음의 배서 및 선의취득에 관한 법리오해, 심리미진 등의 잘못이 없다. 따라서 이 부분 상고이유는 받아들일 수 없다.

B. 이론요약

(1) 상업사용인이란 "특정한 상인에 종속하여 대외적인 영업상의 업무에 종사하는 자"이다. 이러한 상업사용인은 기업의 내부에서 특정한 상인에 종속되어 활동하는 자이므로, 기업의 외부에서 독립된 상인으로 특정한 상인을 위하여 활동하는 대리상(商 87조)과 구별되고, 또한 법인(특히 회사)인 상인의 경영담당자인 기관(이사 · 업무집행사원 등)과 구별된다. 상업사용인은 대외적인 영업상의 업무를 대리하는 자이므로, 대외적인 영업상의 업무가 아닌 생산과정에 참여하는 기술적 보조자(기사 등)나 대리권이 없는 자(배달원 · 수위 등) 등은 상업사용인이 아니다.

상법상 상업사용인은 대리권의 유무 · 광협에 따라 (i) 지배인, (ii) 부분적 포괄대리권을 가진 상업사용인 및 (iii) 물건판매점포사용인(의제상업사용인)으로 분류된다.

(2) 지배인이란 "영업주에 갈음하여 그 영업에 관한 재판상 또는 재판 외의 모든 행위를 할 수 있는 대리권을 가진 상업사용인"이다(商 11조 1항).

1) 지배인을 선임할 수 있는 자는 「상인 또는 그 대리인」이다(商 10조). 이 때 상인이 회사인 경우에는 내부절차상 일정한 제한을 받고(商 203조, 274조, 393조, 564조), 상인의 대리인에는 법정대리인과 임의대리인 모두를 포함하는데 다만 지배인은 다른 지배인을 선임할 수 없다(商 11조 2항 반대해석). 또한 지배인은 영업을 전제로 하여 선임되므로 청산중의 회사나 파산중의 회사는 지배인을 선임할 수 없다. 지배인은 의사능력을 가진 자연인이어야 하지만, 반드시 행위능력자가 아니라도 무방하다(民 117조). 또 직무의 성질상 감사와의 겸임은 허용되지 않지만(商 411조, 570조), 업무집행사원이나 이사는 지배인을 겸할 수 있다.

지배인의 선임행위는 대리권(지배권)의 수여행위라고 볼 수 있는데, 선임계약에 따라 이 외에 고용계약(民 659조, 661조, 663조)이나 위임계약(民 689조, 690조)을 수반하는 경우도 많다. 따라서 지배인의 지위는 그 선임계약의 내용에 따라 그 계약의 종료 또는 대리권의 소멸에 의하여 종료된다(民 127조, 128조, 659조, 661조, 663조, 689조, 690조).

2) 지배인의 선임과 종임은 등기사항인데(商 13조, 商登 53조~55조), 이러한 등기는 대항요건에 불과하다(商 37조). 따라서 지배인은 선임의 사실만으로 즉시 상법에 규정된 지배권을 취득한다.

(3) 지배인의 권한(지배권)은 "영업주에 갈음하여 그 영업에 관한 재판상 또는 재판 외의 모든 행위를 할 수 있는 권한"이다(商 11조 1항). 이러한 지배권은 추상적이고 포괄·정형적인 성질을 갖는 점에서 민법상의 대리권이 구체적이고 개별적인 점과 구별되고, 지배권은 개인법상의 대리관계로서 그 범위는 특정 영업(소)의 영업활동에 한정되는 점에서 대표권은 단체법상의 대표관계로서 그 범위가 영업 전반에 미치는 점과 구별된다.

1) 지배인의 대리권(지배권)은 임의대리에 해당하지만, 그 범위는 「그 영업에 관한 모든 재판상·재판 외의 행위」에 미친다는 점(商 11조 1항)에서 포괄성과 정형성을 갖는다. 즉 지배권은 그 영업에 관한 영업전반에 미치는 점에서 포괄성이 있고, 지배권의 범위는 상법의 규정에 의하여 정하여지는 점에서 정형성이 있다.

지배권은 영업주의 「영업에 관한 행위」이어야 하므로 영업주의 신분상의 행위나 영업 자체의 양도나 폐지를 할 권한 등은 이에 해당하지 않는다.

「영업에 관한 행위」인가 아닌가는 그 행위의 객관적 성질에 따라 추상적으로 판단하여야 한다.

2) 지배인의 대리권(지배권)은 그 범위가 객관적으로 법률에 의하여 정형화되어 있으므로, 거래의 안전을 위하여 그 획일성이 요구된다. 즉 지배권에 대한 제한은 선의의 제 3 자에게 대항하지 못한다(商 11조 3항). 이 때 제 3 자의 악의 또는 중과실에 대한 입증책임은 영업주가 부담한다.

(4) 영업주는 수 인의 지배인이 공동으로만 지배권을 행사하게 할 수 있는데(공동지배인)(商 12조 1항), 이 때 능동대리는 공동으로만 하여야 하나(특정한 사항에 관한 지배권의 개별적 위임은 가능함)(商 12조 1항), 수동대리는 지배인 중 1인에 대하여만 하여도 무방하다(商 12조 2항).

공동지배인을 둔 경우에는 이에 관한 사항과 그 변경 또는 소멸에 관한 사항은 등기사항이다(商 13조 2문).

(5) 표현지배인이란 "본점 또는 지점의 본부장, 지점장, 그 밖에 지배인으로 인정될 만한 명칭을 사용하는 사용인"을 말하는데, 이는 민법상의 표현대리(民 125조, 126조, 129조) · 상법상의 명의대여자의 책임(商 24조) 및 표현대표이사(商 395조) 등과 같이 선의의 거래상대방(제 3 자)을 보호하기 위하여 인정된 것이다.

표현지배인이 성립하기 위하여는 (i) 영업주가 표현지배인에게 지배인으로 믿을 만한 명칭사용을 허락하여야 하고(명칭부여)(상업사용인이 아닌 단순한 피용자도 표현지배인으로 인정될 수 있음), (ii) 표현지배인은 그러한 명칭을 사용하여 영업에 관한 행위를 하여야 하며(명칭사용)(지배인의 권한범위 내의 거래행위이어야 하므로 재판상의 행위는 제외되고〈商 14조 1항 단서〉, 표현지배인의 영업은 영업소로서의 실질을 갖추고 있어야 함), (iii) 표현지배인과 거래하는 상대방은 선의이어야 한다(상대방의 선의)(商 14조 2항)(경과실이면 선의이나, 중과실이면 악의로 본다).

표현지배인으로 인정되면 지배권이 없는 자의 행위(무권대리행위)를 지배권이 있는 자의 행위(유권대리행위)로 의제한다. 이로 인하여 영업주(상인)는 상대방에 대하여 책임을 부담한다. 표현지배인의 행위에 대하여 영업주가 이와 같이 책임을 지는 것은 지배인이 아닌 자의 행위에 대하여 책임을 지는 것으로, 이는 지배권이 제한된 진정한 지배인이 그 제한에 위반하여 한 행위에 대하여 영업주가 책임을 지는 경우(商 11조 3항)와는 구별된다.

C. 관련판례

(1) 大判 2000. 8. 22, 2000 다 13320(A가 甲회사와의 사이에 위탁판매 및 서비스대행계약을 체결하고 甲회사의 지휘 · 감독 아래 브레이카 등 중기의 판매대행 및 그 판매대금의 수금, 이와 관련된 채권의 확보 및 행사, 판매한 중기에 대한 사후관리를 담당하면서 그 실적에 따라 甲회사로부터 일정한 수수료를 지급받았다면, A가 운영하던 영업대리점은 甲회사를 위하여 독립적으로 영업활동을 처리할 수 없고 다만 甲회사의 지휘 · 감독 아래 판매와 관련된 일정한 업무만을 보조적으로 처리하고 있었으므로 상법상의 영업소인 본점 · 지점에 준하는 영업장소라고 볼 수 없고 따라서 A는 표현지배인으로 볼 수 없다고 한 경우).

同旨: 大判 1998. 10. 13, 97 다 43819; 同 1998. 8. 21, 97 다 6704; 同 1978. 12. 13, 78 다 1567(표현지배인에 관한 상법 제14조 제 1 항이 적용되기 위하여는 당해 사용인의 근무장소가 상법상의 영업소인 본점 또는 지점의 실체를 가지고 어느 정도 독립적으로 영업활동을 할 수 있음을 요한다고 본 경우).

(2) 大判 1998. 8. 21, 97 다 6704(제약회사의 지방 분실장이 자신의 개인적 목적을 위하여 권한 없이 대표이사의 배서를 위조하여 어음을 할인하였다면, 표현지배인이 성립한다고 한 경우).

(3) 大判 1993. 12. 10, 93 다 36974(지점차장은 표현지배인이 아니라고 한 경우).

同旨: 大判 1983. 10. 25, 83 다 107(영업소장은 표현지배인이 아니라고 한 경우); 同 1978. 12. 13, 78 다 1567(영업소장은 표현지배인이 아니라고 한 경우); 同 1967. 9. 26, 67 다 1333(지사장은 표현지배인이 아니라고 한 경우).

(4) 大判 1987. 3. 24, 86 다카 2073(지배인의 행위가 영업주의 영업에 관한 것인가의 여부는 지배인의 행위 당시의 주관적 의사와는 관계 없이 그 행위의 객관적 성질에 따라서 추상적으로 판단되어야 하고, 지배인이 그 대리권에 관한 제한에 위반하여 한 행위에 대하여는 그 상대방이 악의인 경우에 한하여 영업주는 그

상대방에게 대항할 수 있다고 한 경우).

同旨: 大判 1998. 8. 21, 97 다 6704(지배인이 영업주 명의로 한 어음행위는 객관적으로 영업에 관한 행위라고 한 경우); 同 1997. 8. 26, 96 다 36753(지배인이 영업주가 정한 대리권에 관한 제한규정에 위반하여 한 행위에 대하여는, 영업주가 제 3 자의 악의 또는 중과실을 입증하면 제 3 자에게 대항할 수 있다고 한 경우); 同 1955. 3. 10, 4287 민상 292(은행의 지배인이 개인의 용도로 약속어음을 발행한 경우에도, 이는 객관적으로 보아 영업에 관한 행위라고 볼 수 있으므로 은행은 그 책임이 있다고 한 경우).

(5) 大判 1984. 7. 10, 84 다카 424·425(상업사용인이 영업과 관계 없는 일에 관하여 상인의 행위를 대행한 경우에, 특별한 수권이 있다고 믿을 만한 사정이 없는 한 상업사용인이라는 이유만으로 그 대리권이 있는 것으로 믿을 만한 정당한 이유가 있다고 보기 어렵다고 한 경우).

(6) 大判 1968. 7. 23, 68 다 442(주식회사의 기관인 상무이사는 같은 회사의 사용인을 겸할 수 있다고 한 경우).

(7) 大判 1960. 6. 5, 4293 민상 53(협동생명보험주식회사 중앙지점 지점장 甲 명의로 어음을 발행한 경우, 甲이 지배인이 아니더라도 표현지배인이므로 회사는 변제책임이 있다고 한 경우).

D. 관련논점

(1) 대표이사의 대표권 · 지배인의 대리권 · 부분적 포괄대리권을 가진 상업사용인의 대리권 및 민법상 대리인의 대리권의 차이점

(2) 지배인의 대리권의 제한과 표현지배인의 차이점

(3) 주식회사 이사회의 결의 없이(또는 하자 있는 이사회의 결의에 의하여) 대표이사가 선임한 지배인은 지배권을 갖는가?

(4) 지배인이 그의 유흥비를 마련하기 위하여 차입한 금전에 대하여 영업주는 변제할 책임을 지는가?

(5) 甲주식회사의 지배인인 A는 甲회사를 위하여 소송대리인이 될 수 있는가?(A는 변호사가 아님)

(6) 지배인의 대리권의 제한은 등기할 수 있는가?

(7) 甲주식회사의 지배인인 A는 권한 없이 지배인 명의로 약속어음을 발행하여 이를 알고 있는 B로부터 할인받아 그 개인 용도로 사용하였고 B는 이러한 내용을 모르는 X에게 이 어음을 배서양도한 경우, 甲회사는 X에게 어음금을 지급할 책임을 지는가?

(8) 甲주식회사의 등기부를 열람하여 보니 "지배인 A, 지배인 B, 지배인 C"라고 등기된 경우, A · B · C는 공동으로 업무를 수행하여야 하는가?

(9) 표현지배인 · 표현대표이사 · 표현대리의 차이점과 공통점

제 2 부분적 포괄대리권을 가진 상업사용인

A. 기본판례

▣ 大判 1989. 8. 8, 88 다카 23742[부분적 포괄대리권을 가진 상업사용인의 권한범위 외의 행위에 대하여 회사의 책임을 부정한 경우]

[사실관계]

Y주식회사의 영업5부장인 A와 농수산과 과장대리인 B가 X주식회사의 직원인 C에게 Z주식회사의 X회사에 대한 수산물매출대금 채무의 담보로 제공한다는 취지로 Y회사의 냉동창고에 보관중인 부세 1,074상자와 참조기 1,040상자에 대한 Y회사 명의의 입고보관증 1장을 작성 · 교부하였다.

이로 인하여 X회사가 Y회사에게 담보책임을 물었는데, 이에 대하여 원심은 위 A와 B가 Y회사로부터 입고보관증의 발행을 위한 대리권을 수여받았다거나 영업상 포괄대리권을 가지고 있었다는 점을 인정할 증거가 없다는 이유로 Y회사의 계약책임을 전제로 한 X회사의 청구를 이유 없다고 배척하였다. 따라서 X회사가 상고하게 된 것이다.

[판결요지]

회사의 영업부장과 과장대리가 거래선 선정 및 계약체결, 담보설정, 어물구매, 어물판매, 어물재고의 관리 등의 업무에 종사하고 있었다면, 비록 상무 · 사장 등의 결재를 받아 그 업무를 시행하였더라도 상법 제15조 소정의 '영업의 특정한

종류 또는 특정한 사항에 대한 위임을 받은 사용인'으로서 그 업무에 관한 부분적 포괄대리권을 가진 사용인이라 할 것이다.

Y회사의 채무부담행위에 해당하는 이 사건 담보제공약정은 위 대리권의 범위에 속한다고 볼 수 없으므로 Y회사가 본인으로서 책임을 지려면 부분적 포괄대리권을 가진 위 상업사용인들과 거래한 X회사가 그 상업사용인들에게 그 권한이 있다고 믿을 만한 정당한 이유가 있어야 할 것인데, 본건에서 X회사에게 그러한 정당한 이유가 있다고 인정하기 어려우므로 그 효력이 Y회사에 미치지 아니한다. 따라서 원심의 결론은 정당하고, 논지는 이유 없다.

B. 이론요약

(1) 부분적 포괄대리권을 가진 상업사용인이란 "영업주의 영업의 특정한 종류 또는 특정한 사항에 대하여 재판 외의 모든 행위를 할 수 있는 대리권을 가진 상업사용인"을 말한다. 보통 회사의 차장 · 과장 · 계장 · 대리 등의 명칭을 가진 상업사용인이 이에 해당한다.

부분적 포괄대리권을 가진 상업사용인이 갖는 대리권이 포괄 · 정형성을 갖고(商 15조 1항) 또한 불가제한성이 있는 점(商 15조 2항)은 지배인의 지배권과 같으나, 부분적 포괄대리권을 가진 상업사용인의 대리권은 「특정사항」에만 미치고(商 15조 1항 전단) 「재판상의 행위」에는 미치지 않으며(商 15조 1항 후단) 「등기사항」이 아닌 점(商 13조 참조) 등에서 지배인의 지배권과 구별된다.

(2) 부분적 포괄대리권을 가진 상업사용인의 선임행위의 성질도 「대리권의 수여행위」인데, 이 외에 고용계약이나 위임계약이 수반되는 경우가 많다.

지배인의 경우와 다른 점은, 부분적 포괄대리권을 가진 상업사용인은 영업주(상인)뿐만 아니라 지배인도 선임할 수 있고(商 11조 2항), 이의 선임과 종임은 등기사항이 아니며(商 13조 참조), 소상인에 대하여도 적용된다는 점이다(商 9조 참조).

(3) 부분적 포괄대리권을 가진 상업사용인의 대리권의 범위는 위에서 본 바와 같이 「영업의 특정한 종류 또는 특정한 사항」에만 미치고(商 15조 1항 전단) 「재판상의 행위」에는 미치지 않는데(商 15조 1항 후단), 이는 지배인의 그것과 구별되는 점이다.

(4) 부분적 포괄대리권을 가진 상업사용인의 경우에는 공동대리인에 관하여 상법에 규정이 없고, 해석상 인정될 수 있을 것인가에 대하여는 이러한 상업사용

인의 대리권은 등기사항이 아니므로 거래의 상대방을 보호하기 위하여 인정하지 않는 것이 타당하다고 본다.

부분적 포괄대리권을 가진 상업사용인의 경우 표현과장 등에 대하여 상법에 규정이 없고, 해석상 인정될 수 있을 것인가에 대하여는 부정하는 견해도 있으나 대리권의 포괄 · 정형성 및 불가제한성이라는 특성이 있고 또한 선의의 제 3 자를 보호하여 거래의 안전을 기할 필요가 있다는 점에서 볼 때 상법 제14조(표현지배인)를 유추적용하여 긍정하는 것이 타당하다고 본다.

C. 관련판례

(1) 大判 2008. 7. 10, 2006 다 43767(부분적 포괄대리권을 가진 상업사용인이 그 범위 내에서 한 행위는 설사 상업사용인이 영업주 본인의 이익이나 의사에 반하여 자기 또는 제 3 자의 이익을 도모할 목적으로 그 권한을 남용한 것이라 할지라도 일단 영업주 본인의 행위로서 유효하나, 그 행위의 상대방이 상업사용인의 진의를 알았거나 알 수 있었을 때에는 민법 제107조 제 1 항 단서가 유추적용된다고 한 경우).

(2) 大判 2006. 6. 15, 2006 다 13117(부분적 포괄대리권을 가진 상업사용인이 특정한 영업이나 특정한 사항에 속하지 아니하는 행위를 하였을 때, 영업주가 책임을 지기 위하여는 민법상의 표현대리의 법리에 의하여 그 상업사용인과 거래한 상대방이 그 상업사용인에게 그 권한이 있다고 믿을 만한 정당한 이유가 있어야 한다고 한 경우).

同旨: 大判 2007. 8. 23, 2007 다 23425; 同 1999. 7. 27, 99 다 12932; 同 1974. 6. 11, 74 다 492; 同 1966. 1. 31, 65 다 2295.

(3) 大判 1994. 1. 28, 93 다 49303(일반적으로 증권회사의 지점장대리는 상법 제15조 소정의 상업사용인에 해당한다고 본 경우).

同旨: 大判 1989. 8. 8, 88 다카 23742; 同 1974. 6. 11, 74 다 492; 同 1968. 3. 5, 67 다 2297; 同 1963. 1. 31, 62 다 773.

(4) 大判 1990. 1. 23, 88 다카 3250(X은행이 Y회사의 경리부장 A에게 자금을 대여하였다면, A는 경리업무에 관한 범위 내에서 상법 제15조의 부분적 포괄대리

권을 가진 상업사용인으로 볼 수 있으나 독자적인 차금행위는 Y로부터 위임되어 있지 않다고 볼 수 있으므로, 이에 대하여 Y회사가 책임을 지기 위하여는 표현대리가 성립하거나 사용자배상책임이 성립하여야 한다고 한 경우).

(5) 大判 1989. 2. 14, 87 다카 3176(보험회사 영업소장의 어음배서 및 채무보증행위는, 영업소장으로서 직무범위를 벗어남은 물론 그 직무집행과 밀접하게 관련된 행위라고도 보기 어려우므로, 보험회사에 사용자책임을 물을 수도 없다고 한 경우).

(6) 大判 1987. 6. 23, 86 다카 1418(회사 지점의 자금과장에게 지점장 명의의 예금을 인출할 수 있는 권한이 포괄적으로 위임되어 있다고 볼 수 없다고 한 경우).

(7) 大判 1971. 5. 24, 71 다 656(은행의 채무부담행위인 보증행위는 은행본점의 계리부장대리의 직무범위에 속하지 않고 또 그 직무와 관련된 행위로도 볼 수 없다고 한 경우).

(8) 大判 1965. 12. 28, 65 다 2133(회사의 과장은 다른 특별한 사유가 없는 한 민법상 시효중단사유가 되는 채무의 승인을 할 수 없다고 한 경우).

D. 관련논점

(1) 공동과장 등이 인정될 수 있는가?
(2) 표현과장 등이 인정될 수 있는가?
(3) 상업사용인의 경업금지의무(협의의 경업피지의무) 위반의 효력
(4) 상업사용인의 겸직금지의무 위반의 효력

제 3 물건판매점포사용인(의제상업사용인)

A. 기본판례

▣ 大判 1976. 7. 13, 76 다 860[물건판매점포의 사용인을 부정한 경우]

[사실관계]

주식회사 Y백화점 대구지점의 외무사원이었던 A는 1973년 8월에서 1974년

10월까지 위 지점에서 각종 물품을 인수하여 판매하고 그 대금을 수령하는 업무를 하였다. X는 점포 밖에서 설탕 15㎏들이 100포를 인도받기로 하고 그 대금을 지급하였으나, A는 그 대금을 Y회사에 입금시키지도 않고 주문받은 물품도 그에게 인도하지 않았다. 이에 X는 Y회사를 상대로 원상회복으로서의 선대금반환과 채무불이행에 따른 손해배상을 청구하였다.

이에 대하여 원심은 상법 제16조에 의한 X의 청구를 배척하여, X가 상고하게 된 것이다.

[판결요지]

상법 제16조는 "물건을 판매하는 점포의 사용인은 그 판매에 관한 모든 권한이 있는 것으로 본다"고 규정하고 있는데, Y백화점 지점의 외무사원은 상법 제16조 소정 물건판매점포의 사용인이 아니므로 위 회사를 대리하여 물품을 판매하거나 또는 물품대금의 선금을 받을 권한이 있다고 할 수 없고, 위 외무사원의 점포 밖에서 그 사무집행에 관한 물품거래행위로 인하여 타인에게 손해를 입힌 경우에는 Y회사는 사용자의 배상책임을 면할 수 없다. 따라서 원심판단은 정당하고, 이에 관한 논지는 이유 없다.

B. 이론요약

(1) 물건을 판매하는 점포의 사용인은 상대방이 악의가 아닌 한 그 판매에 관한 모든 권한이 있는 것으로 보는데(商 16조), 이를 물건판매점포사용인 또는 의제상업사용인이라고 한다.

(2) 물건판매점포사용인에 대하여는 대리권이 없는 경우에도 대리권이 있는 것으로 의제되므로, 이의 선임에 대리권의 수여행위가 존재할 필요가 없다.

영업주와 물건판매점포사용인과의 사이에는 원칙적으로 고용계약이 존재하여야 할 것이나, 그러한 고용계약이 없는 자(예컨대, 영업주의 가족 등)에게도 거래의 안전을 위하여 상법 제16조가 유추적용된다고 본다.

상법 제16조 제 1 항의 법문상 「사용인」의 의미는 상업사용인만을 의미하는 것이 아니라, 널리 "점포 내에서 물건을 판매할 권한이 있는 것 같은 외관을 가진 자"로 보아야 할 것이다.

(3) 상법 제16조(물건판매점포사용인)가 적용되기 위하여는 「물건을 판매하는 점포」의 사용인이어야 한다는 장소적 제한이 있고(그러나 이는 「점포 내에 있는 물건」만을 판매하는 것을 의미하지 않음), 또한 「물건의 판매」에 관해서만 적용되는 업무적 제한이 있다(그러나 이는 물건임대업 · 금융업 · 공중접객업 등에 종사하는 점포의 사용인에게도 유추적용되어야 할 것으로 본다).

기본판례의 사안에서는 상법 제16조의 적용요건인 장소적 요건을 구비하지 못하여 동 제16조의 적용을 배척하고, Y회사는 민법 제756조에 의한 사용자배상책임의 법리에 의하여 손해배상책임을 부담하는 것으로 판시하고 있는데, 타당하다고 본다.

(4) 물건판매점포사용인의 대리권의 의제는 악의의 제 3 자에게는 적용되지 않는데(商 16조 2항), 이 때 제 3 자에게 경과실이 있으면 선의로 보나 중과실이 있으면 악의로 본다.

C. 관련판례

大判 1971. 3. 30, 71 다 65(퇴직한 물건판매점포사용인에 대하여 점포 외에서 외상대금을 지급한 경우, 민법 제129조의 표현대리도 성립하지 않는다고 한 경우).

D. 관련논점

(1) 인터넷 판매 등과 관련하여 상법 제16조의 입법론상 검토사항?

(2) 용역의 공급을 내용으로 하는 거래(건축공사의 발주, 인쇄물의 제작 등)의 경우에도 상법 제16조가 유추적용될 수 있는가?

제 4 장 상호(기업의 명칭)

제 1 상호전용권

A. 기본판례

▣ 大判 1993. 7. 13, 92 다 49492[상호전용권을 인정하지 아니한 경우]

[사실관계]

X는 1959년 7월 21일에 '고려당'이라는 상호를 등기하고 마산시에서 영업을 하던 중, Y가 1991년 8월 1일에 '주식회사 고려당'과 이 회사 제품의 마산대리점 계약을 체결하고 'SINCE 1945 신용의 양과 서울 고려당 마산분점'이라는 간판으로 같은 마산시에서 제과점을 경영하였다. 이에 X가 Y에게 상호전용권을 행사하여 상호폐지청구권과 손해배상청구권을 행사하였다

이에 대하여 원심은 Y에게 부정한 목적이 없다는 이유로 X의 청구를 배척하여, X가 상고하게 된 것이다.

[판결요지]

Y가 그의 간판에 'SINCE 1945 신용의 양과 서울 고려당 마산분점'이라고 표시한 것이 주식회사 고려당과의 관계를 나타내기 위하여 위 회사의 상호를 표시한 것이라면, Y에게 X의 상호인 마산의 '고려당'이 가지는 신용 또는 경제적 가치를 자신의 영업에 이용하고자 하는 의도는 없었다. 또한 이 때 위 상호의 사용과 관련하여 부정경쟁의 목적이 있는가를 판단함에 있어서 Y가 아닌 위 회사와 X의 명성과 신용을 비교한 것은 옳으나, 주식회사 고려당은 이미 1944년부터 이 상호를 사용하여 왔으므로 동 회사에 이러한 목적이 있다고도 볼 수 없다. 따라서 X의 청구를 배척한 원심은 타당하고, 논지는 이유 없다.

B. 이론요약

(1) 상호란 "상인이 기업(영업)활동상 사용하는 기업(영업)의 명칭"이라고 할 수 있는데, 우리 상법 제18조는 "상인은 그 성명 기타의 명칭으로 상호를 정할 수 있다"고 규정하여 원칙적으로 상호자유주의의 입법을 채택하고 있다.

개인기업의 경우 동일한 영업에는 단일상호를 사용하여야 하므로(상호단일의 원칙)(商 21조 1항), 수 개의 영업을 영위하는 경우에는 원칙적으로 각 영업별로 수 개의 상호를 사용하여야 하나(商登 53조 1항 3호 참조) 하나의 상호를 수 개의 영업에 공통적으로 사용할 수도 있다. 그러나 회사기업의 경우에는 회사의 상호는 회사의 전인격을 표시하는 유일한 명칭이므로 회사가 수 개의 영업을 하더라도 한 개의 상호만을 사용할 수 있다. 지점의 상호에는 동일한 영업의 상호를 사용하여야 하는데, 다만 본점과의 종속관계를 표시하여야 한다(商 21조 2항).

(2) 개인기업의 경우 상호등기는 상대적 등기사항이나 상호를 등기하면 그 보호가 더욱 강화되고, 상호를 일단 등기하면 그 변경과 소멸의 등기는 절대적 등기사항이다(商 40조).

그러나 회사기업의 경우 상호는 유일한 회사의 명칭이므로 회사의 상호는 절대적 등기사항이다.

(3) 기업(상인)은 적법하게 선정한 상호를 타인의 방해를 받지 않고 사용할 수 있는 권리인 「상호사용권」(적극적 권리 · 사용권능)과, 타인이 부정한 목적으로 자기가 사용하는 상호와 동일 또는 유사한 상호를 사용하는 경우에 이를 배척할 수 있는 권리인 「상호전용권」(소극적 권리 · 배타권능)을 갖는데, 이 두 권리를 합하여 「상호권」이라 한다. 상호권은 인격권적 성질과 함께 재산권적 성질(商 25조 1항 전단 참조)도 갖고 있다.

(4) 상호전용권은 민법상의 불법행위에 기한 손해배상청구권(民 750조)을 상법이 특수화하여 규정한 것인데(商 23조), 이는 상호의 등기 유무와는 무관하게 생기는 권리이고 다만 등기에 의하여 상호전용권의 배타성이 더욱 강화될 뿐이다(商 23조 2항 후단 · 4항 참조). 따라서 상호전용권은 등기 전의 상호전용권과 등기 후의 상호전용권으로 나누어 살펴본다.

1) 등기 전의 상호전용권은 부정한 목적으로 자기의 영업으로 오인할 수 있는 상호를 사용한 자에 대하여 그로 인하여 손해를 받을 염려가 있는 자가 (i) 사

용폐지청구권(사전의 구제책)(商 23조 1항·2항 전단)과, (ii) 손해배상청구권(사후의 구제책)(商 23조 3항)을 갖고, (iii) 가해자는 200만원 이하의 과태료의 처벌을 받는 것(商 28조)을 말한다.

2) 등기 후의 상호전용권은 상호전용권의 내용(행사의 효과)에 실질적인 차이가 있다는 것을 의미하는 것이 아니라, 배타성의 주장(행사요건)이 쉬워진다는 의미이다. 이는 (i) 피해자(상호권자)가 일정한 경우에 가해자의 부정목적을 입증할 필요가 없다는 점(商 23조 4항)과, (ii) 피해자가 「손해를 받을 염려가 있음」을 입증하지 않아도 당연히 상호전용권(사용폐지청구권)을 행사할 수 있는 점(商 23조 2항 후단)이다.

등기상호권자는 위와 같이 상호전용권의 행사가 쉬워질 뿐만 아니라, 사전등기배척권(商 22조)도 갖는다. 또한 가등기상호권자에게도 이러한 사전등기배척권이 인정되고 있다(商 22조의 2).

C. 관련판례

(1) 大判 2004. 3. 26, 2001 다 72081(X가 등기한 상호인 '주식회사 유니텍'과 그 후에 Y가 등기한 상호인 '주식회사 유니텍전자'는 등기된 지역이 모두 서울특별시이고 그 주요부분이 '유니텍'으로서 일반인이 확연히 구별할 수 없을 정도로 동일하다고 한 경우).

(2) 大判 2002. 2. 26, 2001 다 73879(한국전력공사가 2000. 1. 26.에 서울에 설립한 자본금 7,500억원의 '주식회사 파워콤'을 전기통신회선설비 임대사업·종합유선방송 분배망 및 전송망 사업 등을 목적으로 설립하였다면, 이는 전자부품·전자제품·반도체부품의 도소매업 및 수출입업 등을 목적으로 1995. 6. 20.에 서울에 설립한 '파워컴 주식회사'의 영업으로 오인할 수 있는 상호를 사용하고 있는 것으로 볼 수 없다고 한 경우).

(3) 大判 1996. 10. 15, 96 다 24637('합동공업사'와 '충주합동레카'는 그 칭호와 외관 및 관념을 일반수요자의 입장에서 전체적·객관적으로 관찰할 때, 서로 유사하지 아니하여 영업주체에 대한 오인·혼동의 우려가 없다고 한 경우).

(4) 大判 1995. 9. 29, 94 다 31365·31372(상법 제23조 제 1 항·제 4 항 소정의 「부정한 목적」이란 '어느 명칭을 자기의 상호로 사용함으로써 일반인으로 하여금

자기의 영업을 그 명칭에 의하여 표시된 타인의 영업으로 오인시키려는 의도'를 말하므로, Y회사가 1984년 법인설립 이래 경남지역에서 '동성'이라는 상호로 아파트공사를 시작하였다면 Y회사는 피혁제품의 제조·판매를 사업목적으로 하는 주식회사 '동성'을 1984년에 흡수합병하고 1990년경부터 아파트건설업을 한 X회사에 대하여 「부정한 목적」이 없다고 한 경우).

同旨: 大判 2004. 3. 26, 2001 다 72081; 同 2003. 9. 26, 2003 다 12601.

(5) 大判 1976. 2. 24, 73 다 1238(수원에 개설된 '수원 보령약국'이 서울에 있는 '보령제약주식회사'의 영업으로 혼동·오인하게 된다는 것은 좀처럼 있을 수 없다고 한 경우).

(6) 大判 1970. 9. 17, 70 다 1225·1226('천일한약주식회사'와 '주식회사 천일약방'은 유사상호라고 볼 수 있느냐 하는 점은 별 문제로 하되, 동일상호라고는 할 수 없다고 한 경우).

(7) 大判 1964. 4. 28, 63 다 811(허바허바 사장을 양도한 자가 「뉴서울 사장」이라는 상호 옆에 혹은 아래에 작은 글씨로 「전 허바허바 개칭」이라고 기재한 것은 「허바허바 사장」으로 오인시키기 위한 부정목적이 있다고 한 경우).

D. 관련논점

(1) 상호와 상표 및 영업표와 다른 점

(2) 우리 상법이 상호자유주의 입법에 제한을 가하고 있는 내용은 무엇인가?

(3) 상법 제22조와 상업등기법 제30조와의 관계

제2 명의대여자의 책임

A. 기본판례

▣ 大判 1992. 8. 18, 91 다 30699[명의대여자의 책임을 인정한 경우]

[사실관계]

Y는 그의 사업인 야채중매업과 그의 아들인 A가 경영하는 야채판매업을 공동으로 경영하는 것과 같은 외관을 만들어 놓고 이를 방치하였다. A는 야채판매

업을 하는 과정에서 생산지에서 야채를 납품받기 위하여 선도금을 지급할 필요가 있는 반면, 각 거래처로부터 대금의 회수가 여의치 않아서 사업자금이 부족하게 되어 사채업자인 X 등으로부터 고리로 사채를 차입하거나 낙찰계에 가입하여 그 계금으로 부족된 영업자금에 충당하였다. 이 때 X는 A가 차입금을 반환하지 않자 Y에게 명의대의자로서 책임을 물은 것이다.

이에 대하여 원심은 X의 청구를 인정하여 Y의 책임을 인정하였다. 이에 Y가 상고하게 된 것이다.

[판결요지]

Y가 자신의 사업인 야채중매업과 A가 경영하는 야채판매업을 A와 공동으로 경영하는 것과 같은 외관을 만들어 놓고도 이를 방치한 경우에는(즉, A는 年老하고 한글해독능력조차 부족한 아버지인 Y를 도와 Y의 상회인 충북상회의 대외적인 영업활동과 수금 등 업무를 보조하여 주는 한편, A의 영업으로 인하여 부과되는 각종 세금은 Y 명의로 부과·납부되고 A는 Y의 인장을 보관하고 있으면서 자기의 거래를 할 경우에 Y의 인장을 사용하여 그의 이름으로 계약을 맺는 일도 종종 있었고, Y 경영의 충북상회에 고용된 경리직원으로 하여금 A의 거래처에서 수금되는 금원을 보관토록 하거나 차용금의 이자나 契불입금을 지급케 하는 등 금전관리를 시켜 온 사실 등으로 인하여), A가 경영한 야채판매업과 관련된 채무에 관하여 Y에게 명의대여자로서 책임이 있다고 봄이 상당하다. 또한 X 등은 A와 거래하는 것이 아니라 충북상회 경영자인 Y와 거래하는 것으로 오인하였다 할 것이고, 위 인정과 같은 사정이라면 X 등이 위와 같은 오인을 함에 중대한 과실이 있다고 보기는 어렵다 하겠으므로 Y는 위 X 등에 대하여 명의대여자로서의 책임을 면할 수 없다 할 것이다. 따라서 원심판단은 정당하고, 논지는 모두 이유 없다.

B. 이론요약

(1) 상법 제24조는 "타인에게 자기의 성명 또는 상호를 사용하여 영업을 할 것을 허락한 자는 자기를 영업주로 오인하여 거래한 제 3 자에 대하여 그 타인과 연대하여 변제할 책임이 있다"고 규정하여, 명의대여자의 책임에 대하여 규정하고 있다. 이는 민법상 표현대리(民 125조, 126조, 129조), 상법상 표현지배인(商 14조) 및 표현대표이

사(商 395조) 등과 같이 선의의 제 3 자를 보호하기 위한 것이다. 또한 이는 간접적으로 상호진실주의의 요청에 부응하기 위한 규정이기도 하다.

(2) 명의대여자의 책임이 발생하기 위하여는 아래의 요건이 구비되어야 한다.

1) 명의대여자는 타인(명의차용자)에게 '자기의 성명 또는 상호를 사용하여 영업할 것을 허락'하여야 한다(명의대여). 이 점에서 명의대여자에게 귀책사유가 있게 된다. 이 때 명의대여자는 상인임을 요하지 않고, 명의차용자가 영업을 하므로 명의차용자가 상인이 된다. 명의대여자의 명의사용의 허락은 명시적 허락뿐만 아니라 묵시적 허락도 포함되는데, 단순한 부작위만으로는 묵시적 허락이 될 수 없고 이에 부가적 사정(자기 사무실의 사용허락, 수입의 일부를 받는 것 등)이 추가되어야 한다고 본다.

2) 명의차용자의 영업이 명의대여자의 영업인 듯한 외관이 존재하여야 한다(외관존재). 이 때 명의차용자는 명의대여자로부터 직접 명의대여를 받은 자뿐만 아니라 직접 명의대여를 받은 자로부터 명의대여자의 명의로 영업할 것을 허락받은 자도 포함되고, 명의대여자가 영업을 하는 경우에는 명의의 동일성뿐만 아니라 영업외관의 동일성까지 인정되어야 한다.

3) 명의차용자의 거래상대방은 '명의대여자를 영업주로 오인하여' 거래하였어야 한다(상대방의 선의). 이 경우 「오인」이 무엇이냐에 대하여 명의대여자는 상대방이 악의인 경우에만 면책된다는 「오인설」 및 상대방이 경과실이 있는 경우에도 면책된다는 「경과실면책설」도 있으나, 상대방이 악의 또는 중과실이 있는 경우에만 면책된다는 「중과실면책설」이 타당하다고 본다(통설). 이 경우 상대방의 악의 또는 중과실의 입증책임은 명의대여자가 부담한다.

(3) 위 (2)의 요건이 구비되면 명의대여자는 명의차용자와 연대하여 변제할 책임이 있다(부진정연대채무). 이 때 명의대여자가 변제한 경우에는 명의차용자에게 구상할 수 있다.

명의대여자가 책임을 지는 채무는 명의대여자가 허락한 영업범위 내의 채무로서 명의차용자의 영업상의 거래와 관련하여 생긴 채무에 한하고, 불법행위 등으로 인하여 생긴 채무에 대하여는 그 책임을 지지 않는다.

명의대여자와 명의차용자 사이에 사실상 사용관계(사실상 지휘 · 감독의 존재)가 존재하면 명의대여자는 사용자배상책임(民 756조)도 부담한다.

C. 관련판례

(1) 명의대여자의 책임을 인정한 판례: 大判 2008. 10. 23, 2008 다 46555(건설업 면허를 대여받은 자는 특별한 사정이 없는 한 그 면허를 사용하여 면허를 대여한 자의 명의로 하도급거래를 하는 것도 허락하였다고 봄이 상당하므로, 면허를 대여한 자를 영업의 주체로 오인한 하수급인에 대하여도 명의대여자로서의 책임을 지고, 면허를 대여받은 자를 대리 또는 대행한 자가 면허를 대여한 자의 명의로 하도급거래를 한 경우에도 마찬가지라고 한 경우); 同 1992. 8. 18, 91 다 30699(자신의 상호와 점포 등을 사용하게 한 자에 대하여 명의대여자의 책임을 인정한 경우); 同 1991. 11. 12, 91 다 18309(수급인이 공사를 하도급을 준 경우 수급인에게 명의대여자의 책임을 인정한 경우); 同 1989. 10. 27, 89 다카 319(유류공급자가 지입차량임을 알면서도 유류를 공급하였다고 하여 지입차주〈명의차용자〉만이 그 대금을 부담하기로 하는 특약이 있었다고 볼 수 없으므로 지입회사〈명의대여자〉가 책임을 진다고 한 경우); 同 1988. 2. 9, 87 다카 1304(위법한 명의대여를 한 자도 상법 제24조의 책임을 진다고 한 경우); 同 1987. 3. 24, 85 다카 2219(공법인도 상법 제24조의 명의대여자의 책임을 진다고 한 경우); 同 1985. 2. 26, 83 다카 1018(공사의 수급인이 그 공사를 타인에게 하도급을 주고 그 하도급인을 수급인의 현장소장인 양 행동하게 하였다면 수급인은 명의대여자로서의 책임을 진다고 한 경우); 同 1978. 8. 13, 78 다 236(위법한 명의대여를 한 자도 상법 제24조의 책임을 진다고 한 경우); 同 1978. 6. 13, 78 다 236(명의대여자의 영업이 '호텔경영'이고 명의차용자의 영업이 '나이트클럽경영'인 경우에도 영업외관의 동일성을 인정하여 명의대여자의 책임을 인정한 경우); 同 1977. 7. 26, 77 다 797(자동차정비사업을 하는 회사가 같은 영업장소와 사무소에서 같은 사업을 하도록 허락한 경우 명의대여자로서의 책임을 인정한 경우); 同 1976. 9. 28, 76 다 955(대한통운주식회사가 타인에게 '同회사 신탄진출장소장'이라는 명의로 영업하게 한 경우에 同회사는 명의대여자로서 책임을 진다고 한 경우); 同 1973. 11. 27, 73 다 642(공사를 하도급준 경우에 수급인에 대하여 명의대여자의 책임을 인정한 경우); 同 1969. 3. 31, 68 다 2270(명의대여자의 영업이 '보험을 인수하는 업무'이고, 명의차용자의 영업이 '보험계약의 체결을 알선하는 업무'인 경우에도 영업외관의 동일성을 인정하여 명의대여자의 책임을 인정한 경

우); 同 1967. 10. 25, 66 다 2362(상호와 함께 영업을 임대한 자는 상법 제24조의 명의대여자의 책임을 진다고 한 경우); 同 1966. 3. 22, 65 다 2362(명칭사용을 알면서 이를 방지하지 않은 자에 대하여 상법 제24조의 책임을 인정한 경우); 同 1959. 2. 19, 4290 민상 829(위법한 명의대여를 한 자도 상법 제24조의 책임을 진다고 한 경우); 同 1957. 6. 27, 4290 민상 178(대한여행사가 타인에게 '同회사 외국부 국제항공권판매처'라는 간판하에 항공권판매행위를 대행 또는 대리하게 한 경우 명의대여자로서 책임을 진다고 한 경우).

(2) 명의대여자의 책임을 부정한 판례: 大判 2002. 6. 28, 2002 다 22380(Y가 X의 영업을 A에게 양도한 사실을 알면서 A에게 물품을 공급하였다면 A만이 물품대금을 지급할 책임을 지고 X는 명의대여자로서의 책임이 없다고 한 경우); 同 1993. 5. 27, 93 다 7341(지입차량의 운행관리상 통상업무에 속하는 유류공급거래에서 명의차용자인 지입차주도 명의대여자인 회사를 대리하려는 의사가 없고 상대방인 유류공급자도 회사와 거래하려는 의사가 없었으므로 회사는 명의대여자의 책임이 없다고 한 경우); 同 1992. 6. 23, 91 다 29781(명의대여자가 거래상대방에 대하여 책임을 지는 것은 상대방이 그를 영업자로 오인한 경우에 한하는 것이고, 상대방이 명의인과 실제 거래당사자가 다르다는 사실을 알고 있은 경우에는 명의대여자에게 책임을 지울 수 없는 것은 법문상 명백하다고 한 경우); 同 1991. 11. 12, 91 다 18309(거래상대방이 명의대여 사실을 알았거나 모른 데 대하여 중과실이 있는 경우에는 명의대여자는 책임을 지지 않는다고 한 경우); 同 1989. 10. 10, 88 다카 8354(자기의 상호 아래 대리점이라는 명칭을 붙여 사용하는 것을 허락하거나 묵인하였다고 하더라도 명의대여자로서의 책임을 물을 수는 없다고 한 경우); 同 1989. 9. 12, 88 다카 26390(명의차용자의 피용자의 행위에 대해서는 명의대여자는 책임이 없다고 한 경우); 同 1987. 11. 24, 87 다카 1379(명의차용자의 승인을 받은 자가 명의대여자의 명의로 금원을 차용하는 행위에 대해서까지 명의대여자의 책임이 있다고 할 수 없다고 한 경우); 同 1986. 6. 10, 85 다카 2636(상대방의 악의를 인정하여 명의대여자의 책임을 부정한 경우); 同 1983. 3. 22, 82 다카 1852('정미소의 경영에 관한 영업행위'를 하도록 명의대여를 하였는데 명의차용자가 정미소의 점유부분에 대하여 '임대차계약을 체결한 행위'

에 대하여는 명의대여자의 책임을 부인한 경우); 同 1982. 12. 28, 82 다카 887(영업주가 타인에게 자기의 상호를 묵시적으로 허락하였다고 볼 수 없는 경우로서 영업주의 명의대여자로서의 책임을 부정한 경우); 同 1979. 12. 26, 79 다 757(상대방의 악의를 인정하여 명의대여자의 책임을 부정한 경우); 同 1978. 6. 27, 78 다 864(타인간의 거래에 있어 단지 세무회계상의 필요로 자기의 납세번호증을 이용하게 한 사실만으로서는 자기의 명의〈상호〉를 대여하였다고 보기 어렵다고 한 경우); 同 1977. 9. 13, 77 다 113(상대방의 악의를 인정하여 명의대여자의 책임을 부정한 경우); 同 1977. 7. 26, 76 다 2289('수산물매매의 중개영업행위'를 하도록 명의대여를 하였는데 명의차용자가 '냉동명태를 거래한 행위'에 대하여는 명의대여자의 책임을 부인한 경우); 同 1974. 9. 10, 74 다 457(상대방의 악의를 인정하여 명의대여자의 책임을 부정한 경우).

(3) 大判 2001. 4. 13, 2000 다 10512(명의차용자의 상대방의 악의 또는 중과실의 입증책임은 명의대여자에게 있다고 한 경우).

(4) 大判 1998. 3. 24, 97 다 55621(불법행위에 대하여는 상법 제24조의 명의대여자의 책임이 인정되지 않는다고 한 경우).

(5) 大判 1996. 5. 10, 95 다 50462(객관적으로 보아 명의대여자가 명의차용자를 지휘 · 감독할 지위에 있었으면 명의대여자는 명의차용자의 불법행위에 대하여 민법 제756조의 사용자배상책임을 진다고 한 경우).

同旨: 大判 2001. 8. 21, 2001 다 3658(명의대여자에 대하여 민법 제756조 제 1 항에 의한 책임을 인정한 경우); 同 2001. 6. 1, 2001 다 18476(명의대여자에 대하여 민법 제756조 제 1 항에 의한 책임을 인정한 경우).

(6) 大判 1993. 3. 26, 92 다 10081(숙박업허가 명의대여자에게는 명의차용자에 대한 사실상의 지휘 · 감독의무가 존재한다고 볼 수 없으므로 사용자배상책임을 인정할 수 없다고 한 경우).

同旨: 大判 2005. 2. 25, 2003 다 36133(상대방의 중과실을 인정하여 명의대여자에게 민법 제756조의 책임을 부정한 경우).

D. 관련논점

(1) 상호와 함께 영업을 양도하는 경우 또는 영업을 임대하는 경우에도 양도인(또는 임대인)은 상법 제24조의 책임을 지는가? 상호만을 임대한 경우에도 임대인은 명의대여자의 책임을 지는가?

(2) 위법한 명의대여의 경우에도 명의대여자는 상법 제24조의 책임을 지는가?

(3) 국가 또는 지방자치단체도 상법 제24조의 책임을 지는가?

(4) 명의차용자와 표현대리인과의 차이점?

(5) 乙이 甲의 이름으로 丙으로부터 금전을 차용하여 자기의 채무를 변제한 경우, 甲은 丙에 대하여 이 차입금을 변제할 책임이 있는가? 甲은 乙에 대하여 어떠한 권리를 행사할 수 있는가?

(6) 乙이 甲의 명의를 대여받아 약속어음을 발행하여 丙에게 교부하고 丙은 다시 이 어음을 丁에게 배서양도하였다면, 甲은 丙과 丁에게 어음상의 책임을 부담하는가?

(7) 명의차용자의 불법행위에 대하여 명의대여자가 손해배상책임을 지는 경우가 있는가?

제 3 상호의 이전과 폐지(변경)

A. 기본판례

▣ 大判 1988. 1. 19, 87 다카 1295[상호만의 양도를 인정한 경우]

[사실관계]

A가 경영하던 신라당 제과업체는 약 30개소 이상의 직영 및 가맹점포망을 가지고 있었는데, A가 1985. 3. 21. 18억여원의 부도를 내고 구속되어 사실상 영업이 폐지되자 1985. 5. 8.경 Y는 A의 채권자의 한 사람으로서 Y가 소지하고 있던 A발행의 액면합계 3억 8천만원의 당좌수표를 A에게 반환하는 대신 당시 수억원을 호가하던 '신라당' 상호를 양수하기로 약정하고, 이에 따라 A에게 당좌수표를 반환하고 이를 양수하여 같은 해 5. 13. 신라당 제과점의 대표자명의를 변경하고 같은 해 6. 20.에 관할세무서에 사업자등록을 하였다. Y가 채권회수책으로 상호만을 양수한 후 동일한 영업장소에서 일부 종업원을 계속 고용하여 영

업을 하였을 뿐, 신라당 제과공장 내의 제과설비와 사무용 비품을 포함한 59개 품목의 유체동산은 강제경매절차가 진행되어 B에게 경락되어 C가 매수한 것을 1985. 6. 14. 다시 양수하였고, 공장건물에 대한 임대차계약을 별도로 체결하였으며, 영업조직체로서 가장 중요한 판매망 역시 기존의 대리점을 그대로 인수한 것이 아니고 28개의 대리점과 새로이 각 대리점계약을 체결하여 그 대리점망을 통하여 제품을 판매하여 왔다.

A에게 판매한 마아가린 등에 대한 28,356,240원 상당의 대금채권을 갖고 있는 X주식회사는 Y에 대하여 Y는 상호를 속용하는 영업양수인으로서 X의 채권을 변제할 책임이 있든가(商 42조 1항) 또는 A의 영업은 영업의 폐지에 필요한 절차를 밟지 않고 사실상 폐업한 경우이므로 Y는 상호만을 양수할 수 없다고 주장하였다(商 25조 1항 전단).

이에 대하여 원심은 X의 주장을 배척하여, X가 다시 상고하게 된 것이다.

[판결요지]

상법 제25조 제 1 항은 상호는 영업을 폐지하거나 영업과 함께 하는 경우에 한하여 이를 양도할 수 있다고 규정하고 있어 영업과 분리하여 상호만을 양도할 수 있는 것은 영업의 폐지의 경우에 한하여 인정되는데, 이는 양도인의 영업과 양수인의 영업과의 사이에 혼동을 일으키지 않고 또 폐업하는 상인이 상호를 재산적 가치물로서 처분할 수 있도록 하기 위한 것인 점에 비추어 위 법조항에 규정된 영업의 폐지라 함은 정식으로 영업폐지에 필요한 행정절차를 밟아 폐업하는 경우에 한하지 아니하고 사실상 폐업한 경우도 이에 해당한다. 따라서 원심이 위 A가 경영하던 신라당 제과업이 사실상 폐업한 상태에서 Y가 그 상호만을 양수하였다고 판단하고 있음은 정당하고 거기에 소론과 같은 상법 제25조 제 1 항 및 같은 법 제42조의 규정에 관한 해석을 잘못함으로써 판결에 영향을 미친 위법이 있다고 할 수 없다. 따라서 논지는 모두 이유 없다[이 判決에 대한 평석으로는 韓昌熙, "營業讓渡와 債權者保護,"「判例月報」, 제216호, 27~37면 참조].

B. 이론요약

(1) 상호의 이전에는 상호의 양도와 상속이 있다.

상호권의 법적 성질은 「인격권적 성질을 가진 재산권」이기 때문에 상호의 양도가능성이 이론적으로 인정된다. 상호는 원칙적으로 영업과 함께 하는 경우에 한하여 양도할 수 있도록 한 점은(商 25조 1항 후단) 상호의 인격권적 성질을 반영한 것이고, 예외적으로 영업이 폐지된 경우에는 상호만을 양도할 수 있도록 한 점은(商 25조 1항 전단) 상호의 재산권적 성질을 반영한 것이다. 이 때 「영업의 폐지」란 정식으로 영업폐지에 필요한 행정절차를 밟아 폐업하는 것을 의미하는 것이 아니라 사실상 폐업하는 것을 의미하는데, 기본판례는 이 점을 밝히고 있다.

상호는 당사자간의 의사표시만으로 그 양도의 효력이 발생하고, 특별한 방식을 요하지 않는다. 등기상호의 경우에는 제 3 자에 대한 대항요건으로 변경등기를 요한다(商 25조 2항). 이러한 상호양도의 변경등기의 대항력은 제 3 자의 선의·악의를 불문하고 발생하는 점에서 상업등기의 일반적 효력으로서의 대항력(商 37조)과는 그 취지를 달리한다.

상호를 영업과 함께 양도하면 양도인은 지역적·기간적 제한하에 동종영업을 하지 못하는 경업피지의무를 부담하고(商 41조), 양도인의 채권자를 보호하기 위하여 일정한 경우에 양수인은 변제책임을 지며(商 42조 1항), 양도인의 채무자를 보호하기 위하여 일정한 경우에 채무자의 양수인에 대한 변제도 유효하다(商 43조).

(2) 상호는 재산권적 성질을 가지므로 양도와 함께 상속도 가능하다. 상호의 상속에 관하여 상법에는 규정이 없으나, 상업등기법에는 등기상호에 관하여 상속을 증명하는 서면을 첨부하여 그 등기를 신청하도록 규정하고 있다(商登 33조 1항, 35조). 이러한 상호상속의 등기는 상호양도의 등기와는 달리 상호이전의 대항요건이 아니다(통설).

(3) 상호의 폐지는 상호권자가 상호권을 포기한다는 의사표시(단독행위)에 의하여 성립하지만, 이 의사표시는 특별한 형식을 요하지 않는다.

상호를 등기한 자는 그 상호를 폐지 또는 변경하였을 때에는 이를 등기하여야 한다(강제적 등기사항)(商 40조, 商登 32조 2항). 상호를 등기한 자가 상호를 폐지 또는 변경하였음에도 불구하고 2주간 내에 이의 폐지 또는 변경등기를 신청하지 않은 경우에는, 이해관계인이 그 등기의 말소를 청구할 수 있다(商 27조). 상호를 등기한 자가 정당한 사유 없이 2년간 상호를 사용하지 아니하는 경우에는 이를 폐지한 것으로 간주하고 있다(商 26조).

C. 관련판례

(1) 大判 1994. 5. 13, 93 다 56183(상호양수를 부정한 경우).

(2) 大判 1970. 9. 17, 70 다 1225 · 1226(상호를 폐지한 것으로 의제한 경우).

(3) 大判 1966. 3. 15, 65 다 2546(회사의 상호변경은 회사의 동일성에 영향이 없다고 한 경우).

同旨: 大判 1970. 11. 24, 70 다 2205; 同 1966. 4. 6, 65 다 2592.

D. 관련논점

(1) 상법 제25조 제 2 항과 제37조와의 관계

(2) 상법 제25조 제 2 항과 상업등기법 제33조 제 1 항과의 관계

제 5 장 상업장부

제 6 장 상업등기

제 1 상업등기의 일반적 효력

A. 기본판례

▣ 大判 1996. 10. 29, 96 다 19321[합자회사에서 미등기 무한책임사원의 동의 없이 다른 총사원의 동의만을 얻어 한 무한책임사원의 지분양도를 유효로 본 경우]

[사실관계]

(1) A합자회사(이하 '회사'라 한다)는 B가 1970. 8. 13. 설립한 회사인데, 업무집행사원 겸 대표사원인 위 B가 뇌막염으로 쓰러진 1990. 12. 3. 현재 회사의 사원과 출자지분은 "무한책임사원 B의 출자지분 46,450,000원, 유한책임사원 C(B의 5남)의 출자지분 26,900,000원, 유한책임사원 D(B의 4남)의 출자지분 36,650,000원"이었다.

(2) B는 1991. 3. 8. 사망하였는데, 위 C는 B가 사망하기 직전인 같은 해 1.30. 임의로 자신이 B로부터 무한책임사원 지분 46,450,000원을 양도받고 B는 자신으로부터 유한책임사원 지분 26,900,000원을 양도받은 것으로 등기함으로써, 회사등기부에는 "무한책임사원 C 출자지분 46,450,000원, 유한책임사원 B 출자지분 26,900,000원, 유한책임사원 D 출자지분 36,650,000원"으로 등재됨과 동시에 C가 대표사원으로 등재되었다.

(3) B가 사망한 후 그의 2남인 X와 3남인 E가 위 변경등기를 이유로 C를 사문서위조 등으로 고소하였으며, 그 고소사건에 관한 수사가 진행중이던 같은 해

9. 28. X와 E · C · D 등 B의 상속인 9명 전원이 모여, C에 의하여 임의로 변경된 등기부상의 사원 및 출자지분은 인정하지 않기로 하고, 위 변경등기 전의 사원 및 출자지분에 관한 등기를 기준으로 B의 무한책임사원 지분 46,450,000원을 상속재산 협의분할의 대상으로 하여, X와 E가 각 13,935,000원의 지분을, C가 18,580,000원의 지분을 상속하고 나머지 상속인들은 상속을 포기하기로 하되, X와 E를 무한책임사원으로 하는 회사등기는 편의상 회사등기부상의 C의 무한책임사원 지분을 양도받는 형식을 취하기로 하였다.

(4) 그런데 B의 무한책임사원의 지위를 상속한 X 등의 상속인들은 회사에게 상법 제269조, 제219조 제 1 항에서 정한 통지를 하지 않음으로써 B를 승계하여 무한책임사원이 될 수 있는 권리를 상실하였으나, 위 상속재산 협의분할의 합의에는 X · C 및 E가 B로부터 상속한 지분환급청구권을 출자의 목적으로 전환하여 그들을 무한책임사원으로 가입시키고 회사를 계속하기로 합의한 것이라 할 것이므로, 위 합의에 의하여 X · C 및 E는 각 무한책임사원으로서의 지위를 취득하였다.

(5) 그런데 C가 위 (3)항의 합의사항의 이행을 지체하므로, X와 E는 C · D 및 회사를 상대로 X와 E가 회사의 무한책임사원 지분 13,935,000원씩의 지분권자임의 확인과 X · E 및 C를 무한책임사원으로 하는 회사등기절차이행을 구하였는데, 1993. 7. 1. 제 1 심법원에서 승소판결을 선고받고 그 판결은 같은 달 31. 확정되었다.

(6) 그런데 C는 자신이 회사의 무한책임사원으로 등기부에 등재되어 있음을 기화로 위 판결에 따른 등기가 경료되기 전인 같은 해 8. 10. 유한책임사원인 D의 동의를 받아 H에게 회사를 금 640,000,000원에 양도하는 계약을 체결하고 등기부상 자신의 지분과 D의 지분 전부를 Y_1들 및 위 H · I · J · K에게 각 양도함으로써, 같은 달 14. 회사등기부에 "무한책임사원 Y_1 출자지분 8,310,000원, 무한책임사원 Y_2 출자지분 24,930,000원, 유한책임사원 H 출자지분 13,000,000원, 유한책임사원 I 출자지분 16,620,000원, 유한책임사원 J 출자지분 11,930,000원, 유한책임사원 K 출자지분 8,310,000원"으로 각 지분변경등기가 경료되었다.

(7) 회사의 정관에는 "사원은 그 지분을 총사원의 동의가 없으면 타에 양도할 수 없다. 단, 동일 사원간에게는 그러하지 아니하다"(5조), "총사원의 동의가 없

으면 신사원으로 입사할 수 없다"(15조), "사원이 사망한 때에는 퇴사한다"(17조)고 규정되어 있었다. 이에 X는 Y_1들 및 A회사에 대하여 업무집행정지 및 업무대행자 선임가처분을 청구하였다.

이에 원심은 X의 청구를 인용하여, Y_1들이 상고하게 된 것이다.

[판결요지]

(1) 합자회사는 무한책임사원과 유한책임사원으로 구성된 2원적인 회사이므로, 무한책임사원 또는 유한책임사원 전원이 퇴사한 때에는 해산되는 것이지만(商 285조 1항), 이 경우 잔존한 무한책임사원 또는 유한책임사원은 전원의 동의로 새로 유한책임사원 또는 무한책임사원을 가입시켜서 회사를 계속할 수 있고(같은 조 2항), 한편 합자회사 성립 후에 신입사원이 입사하여 사원으로서의 지위를 취득하기 위하여는 정관변경을 요하고 따라서 총사원의 동의를 얻어야 하지만(商 179조 · 204조 · 269조 · 270조, 회사 정관 15조), 정관변경은 회사의 내부관계에서는 총사원의 동의만으로 그 효력을 발생하는 것이므로, 신입사원은 총사원의 동의가 있으면 정관인 서면의 경정이나 등기부에의 기재를 기다리지 않고 그 동의가 있는 시점에 곧바로 사원으로서의 지위를 취득한다 할 것이다.

원심이 확정한 사실관계에 의하면, 이 사건 회사는 유일한 무한책임사원인 B의 사망으로 해산되었으나, 유한책임사원인 C와 D 전원이 X와 E 및 C의 지분환급청구권을 출자의 목적으로 하여 그들을 무한책임사원으로 받아들여 회사를 계속하기로 합의함으로써, X와 E 및 C는 각 무한책임사원으로서의 지위를 취득하였다고 할 것이다. 나아가 그 지분에 관하여 보면, X와 E 및 C는 그들이 상속재산 분할협의에 의하여 취득한 지분환급청구권을 그대로 출자의 목적으로 하기로 하였으므로, X와 E는 무한책임사원으로서 각 13,935,000원의 지분을, C는 무한책임사원으로서 18,580,000원의 지분을 각 가지게 되었는데, 한편 C는 종전에 유한책임사원으로서 26,900,000원의 지분을 가지고 있었으므로, C의 무한책임사원으로서의 지분은 45,480,000원이 된다고 할 것이다.

그러므로 X가 정관이나 등기부에 무한책임사원으로 등재되었는지의 여부와는 관계 없이 무한책임사원으로서의 지위를 취득하였다고 본 원심의 판단은 정당하고 원심판결에 논하는 바와 같은 법리오해의 위법이 있다고 볼 수 없으며,

회사등기에는 공신력이 인정되지 아니하므로 Y_1들이 부실등기를 믿고 C와 D의 지분을 양수하였다고 하여 회사 사원들의 지분을 전부 양수한 것으로는 될 수 없는 것이므로, 같은 취지로 판단한 원심판결에 논하는 바와 같은 법리오해나 이유불비의 위법이 있다고 볼 수 없다.

(2) 원심은 Y_1들이 C로부터 D의 동의를 얻어 무한책임사원의 지분을 양도받기는 하였으나, 그에 관하여 나머지 무한책임사원인 X와 E의 동의를 받은 바가 없으므로 그 지분양수는 효력이 없고, 따라서 Y_1들은 회사의 무한책임사원으로서의 지위를 취득하였다고 볼 수 없다는 이유로, X의 Y_1들에 대한 이 사건 직무집행정지신청을 받아들였다.

그러나 등기할 사항은 등기와 공고 후가 아니면 선의의 제 3 자에게 대항하지 못하는 것이므로(商 37조 1항), X와 E가 무한책임사원으로서의 지위를 취득하였다고 하더라도 그에 관한 등기가 마치기 전에는 등기 당사자인 회사나 X 및 E로서는 선의의 제 3 자에게 X와 E가 무한책임사원이라는 사실을 주장할 수 없는 것이므로, 만약 Y_1들이 C만이 유일한 무한책임사원이라고 믿은 데 대하여 선의라면 회사나 X 등으로서는 Y_1들이 X 등의 동의를 받지 아니하였음을 주장하여 위 지분양도계약이 효력이 없다고 주장할 수 없다고 할 것이다.

그럼에도 불구하고 원심은 이 점에 관하여 심리판단하지 아니한 채 이 사건 지분양도계약이 X 등의 동의를 얻지 못하여 회사에 대한 관계에서 효력이 없다고 판단하고 말았으니, 원심판결에는 상업등기의 효력에 대한 법리를 오해한 나머지 심리를 제대로 다하지 아니한 위법이 있고, 그러한 위법은 판결에 영향을 미쳤다고 할 것이므로, 논지는 이유가 있다.

B. 이론요약

(1) 상업등기란 "일정한 사항을 공시할 목적으로 상법의 규정에 의하여 등기할 사항을 법원의 상업등기부에 하는 등기"를 말한다(商 34조). 상업등기는 「일정한 사항을 공시할 목적으로」 하는 사실의 등기라는 점에서 권리등기인 부동산등기와 구별된다.

상업등기의 등기사항이란 "상법의 규정에 의하여 상업등기부에 등기하도록 정하여진 사항"을 말하는데, 이러한 등기사항은 기업의 신용유지와 제 3 자의 보호에 관한 사항으로 상법에 일일이 개별적으로 규정되어 있다. 따라서 상법에 등기사항으로 규정된 것이 아닌 사항은 등기할 수도 없고, 잘못하여 등기가 된 경우에도 등기의 효력이 발생하지 않는다.

(2) 상업등기는 원칙적으로 당사자의 신청에 의하여 하는데(商 34조·40조, 商登 17조 1항), 예외적으로 법원이 등기소에 촉탁하거나(촉탁등기) 직권으로써(직권등기) 등기한다(商 176조, 241조 등).

(3) 상업등기제도는 진실한 객관적 사실의 공시를 목적으로 하는 것이므로 실질적 심사주의에 의하여야 할 것이나, 등기관은 법관이 아니라 기록관에 불과하므로 그 심사능력에는 한계가 있으므로 등기관은 신청사항에 대하여 현저한 의문이 있는 경우에만 그 실체적 진실성을 심사할 권한과 의무가 있다고 본다. 따라서 등기관이 신청사항에 대하여 현저한 의문이 있음에도 불구하고 그 실체적 진실성을 심사하지 않는 것은 직무위반이 될 것이요, 현저한 의문이 없음에도 불구하고 실체적 진실성의 심사를 이유로 등기절차를 지연시키는 것은 직권남용이 될 것이다(수정실질심사주의).

(4) 상업등기도 부동산등기나 선박등기와 같이 개별적으로 공시된다. 이는 상업등기법 및 상업등기규칙이 규정하고 있는데, 등기부와 부속서류의 열람(商登 10조 1항) 및 등기사항증명서의 교부청구(商登 10조 1항) 등이 이에 해당한다.

(5) 상업등기의 효력에는 모든 상업등기에 공통된 효력인 「일반적 효력」, 일정한 등기사항에 관하여 등기 자체에 따르는 효력인 「특수적 효력」 및 공신력이 인정되는 「부실등기의 효력」이 있다. 이하에서는 일반적 효력에 대하여만 간단히 살펴본다. 상업등기의 일반적 효력(확보적 효력 또는 선언적 효력)에는 등기 전의 효력과 등기 후의 효력이 있다(商 37조).

1) 등기 전의 효력은 "등기사항을 등기하기 전에는 선의의 제 3 자에게 대항하지 못하는 효력"을 말한다(商 37조 1항). 이로 인하여 법정등기사항의 등기가 촉진되는 효과가 있고, 또한 제 3 자가 보호된다. 이 때 「선의의 제 3 자」란 '등기사항의 존재를 알지 못한 제 3 자'를 말하는데, 제 3 자에게 경과실이 있으면 선의이지만 중과실이 있으면 악의이고, 선의의 유무의 판단시기는 거래시이며, 이의 입증책임은 제 3 자의 악의를 주장하는 자가 부담한다.

2) 등기 후의 효력은 "등기사항에 관하여 등기가 있으면 정당한 사유가 없는

제 3 자에게도 대항할 수 있는 효력"을 말하는데(商 37조 1항의 반대해석·2항), 이 때 「정당한 사유」는 객관적 사유에 한하고 주관적 사유는 포함되지 않는다(통설). 정당한 사유의 존재 및 이로 인하여 알지 못하였다는 입증책임은 제 3 자가 부담한다.

(6) 상업등기의 일반적 효력은 불법행위 등과 같은 비거래관계에서는 적용되지 않는다. 본점의 소재지에서의 등기사항은 다른 규정(商 13조)이 없으면 지점소재지에서도 등기하여야 하고(商 35조), 지점소재지에서 이러한 등기사항을 등기하지 않으면 일반적 효력이 미치지 않는다(商 38조). 상업등기의 일반적 효력은 소송행위에도 적용되나, 공법관계에서는 적용되지 않는다. 이러한 상업등기의 일반적 효력에 대한 예외로서 규정된 것은 표현지배인(商 14조)·표현대표이사(商 395조) 등이다.

C. 관련판례

(1) 大判 1978. 12. 26, 78 누 167(국가는 상법 제37조의 제 3 자에 해당하지 않는다고 한 경우).

同旨: 大判 1990. 9. 28, 90 누 4235.

(2) 大判 1960. 4. 21, 4290 민상 816(불법행위에는 상법 제37조가 적용되지 않는다고 한 경우).

D. 관련논점

(1) 상업등기의 공고제도는 필요한가?

(2) Y주식회사가 대표이사 A를 B로 교체하면서 변경등기를 하지 않고 있는 동안에 A가 Y회사의 부동산을 이러한 사실을 모른 X에게 매도한 경우, Y는 X에 대하여 그 부동산의 매매가 무효임을 주장할 수 있는가? 없다면 그 근거는 무엇인가?

(3) 상법 제37조와 상법 제14조(또는 제 395조)와의 관계

(4) 상업등기의 일반적 효력과 특수적 효력(창설적 효력)과의 차이점

제 2 상업등기의 부실등기의 효력

A. 기본판례

▣ 大判 1975. 5. 27, 74 다 1366[회사에 귀책사유가 없다고 하여 부실등기의 효력을 부정한 경우]

[사실관계]

Z회사는 창립 당시 A가 대표이사로 선임되었는데 A는 1955. 4. 10. 중임되었다가 1963. 6. 26. 퇴임하고, 그 날 B가 대표이사로 선임되어 1966. 2. 26.과 1970. 3. 1.에 각 중임된 것으로 등기되어 있었다.

B는 1970. 11. 24.에 Z회사를 대표하여 동 회사의 부동산을 X에게 매도하고 X 앞으로 소유권이전등기를 하여 주었다(그 당시에도 B는 Z회사의 대표이사로 등기되어 있었다)(이 사건에서 피고는 Z회사의 채권자인 Y회사이고, X는 Y회사에 대하여 근저당권설정등기말소 등을 청구한 것이다). 그런데 Z회사는 창립 후 1955년경부터 영업의 부진으로 사실상 휴업상태에 들어가 임직원들이 출근도 하지 아니하게 되고 모든 회사관계인들이 회사에 대하여 무관심하게 되었으며 대표이사의 직인 등도 회사사무실에 보관되어 있던 중, Z회사의 감사인 C가 대표이사의 직인을 도용하여 1963. 6. 26.에 Z회사의 임시주주총회가 개최되어 B 등 4인이 이사로 선임되고 같은 날 이사회에서 B가 대표이사로 선임된 것처럼 임시주주총회 의사록과 이사회 회의록을 위조하는 한편 이를 사용하여 주식회사 대표이사 변경등기를 신청함으로써 B가 Z회사의 대표이사로 등기된 것이다.

이에 대하여 원심은 상법 제39조의 고의 · 과실에 의한 부실등기는 적법한 대표이사의 등기신청에 기한 등기가 아니라 하더라도 이와 비견되는 정도의 회사 책임에 기한 신청으로 등기된 경우이거나 또는 이미 이루어진 부실등기의 존속에 관하여 회사에서 이를 알고도 묵인한 경우에 비견되는 중대한 과실이 있는 경우도 이에 포함되는 것으로 해석해야 할 것인데, 본건에서 Z회사의 과실은 그 자신이 부실등기를 하고 또 부실등기를 묵인한 경우에 비견할 수 있는 정도의 중대한 과실이라 볼 것이므로 Z회사는 상법 제39조에 의하여 등기의 상위로써 선의의 제 3 자인 X에게 대항할 수 없다고 판시하였다.

이에 대하여 피고인 Y회사는 B가 Z회사를 대표하여 동 회사의 부동산을 X

에게 매도한 행위는 효력이 없다고 하여 상고한 것이다.

[판결요지]

상법 제39조는 고의나 과실로 스스로 사실과 상위한 내용의 등기신청을 함으로써 부실의 사실을 등기하게 한 자는 그 부실등기임을 내세워 선의의 제 3 자에게 대항할 수 없다는 취지로서, 등기신청권자 아닌 제 3 자가 문서위조 등의 방법으로 등기신청권자의 명의를 모용하여 부실등기를 경료한 것과 같은 경우에는 비록 그 제 3 자가 명의를 모용하여 등기신청을 함에 있어 등기신청권자에게 과실이 있다 하여도 이로써 곧 등기신청권자 자신이 고의나 과실로 사실과 상위한 등기를 신청한 것과 동일시할 수는 없는 것이고, 또 이미 경료되어 있는 부실등기를 등기신청권자가 알면서 이를 방치한 것이 아니고 이를 알지 못하여 부실등기상태가 존속된 경우에는 비록 등기신청권자에게 부실등기 상태를 발견하여 이를 시정하지 못한 점에 있어서 과실이 있다 하여도 역시 이로써 곧 스스로 사실과 상위한 등기를 신청한 것과 동일시할 수 없는 법리라 할 것이므로 등기신청권자 아닌 제 3 자의 문서위조 등의 방법으로 이루어진 그 부실등기의 경료 및 존속에 있어서 그 정도가 어떠하건 과실이 있다는 사유만 가지고는 상법 제39조를 적용하여 선의의 제 3 자에게 대항할 수 없다고 볼 수는 없다 할 것인바, 원판결이 이와 반대의 견해로 판단한 것은 상법상의 부실등기의 효력에 관한 법리를 오해한 위법이 있다 할 것인즉, 이 점 논지는 이유 있다.

B. 이론요약

(1) 상업등기에는 원칙적으로 확보적(선언적) 효력이 있을 뿐 공신력이 인정되지 않는다. 그러나 상업등기에 객관적 진실과 다른 사항이 등기되면 그 사항은 일단 진실하다는 사실상의 추정을 받게 된다(통설). 그런데 이러한 추정력은 입증책임을 전환시키는 법률상의 추정력을 생기게 하는 것은 아니다.

(2) 상업등기는 위에서 본 바와 같이 사실상 추정력밖에 없는데, 이를 관철하면 기업과 거래하는 자는 등기를 신뢰하지 못하고 거래시마다 등기사항의 진실을 확인하여야 한다. 그러나 이것은 상업등기제도의 효용을 감소시키고 또한 거래의 안전과 신속을 저해한다. 따라서 상법은 등기의무자측에 귀책사유가 있

는 부실등기에 대하여는 공신력을 제한적(상대적)으로 인정하고 있다.

등기의무자의 귀책사유와 관련하여 제 3 자가 문서위조 등의 방법으로 등기신청인(등기의무자) 몰래 부실등기를 한 경우라도 그 부실등기의 신청 및 존속에 관하여 (부실등기임을 모른 점에 대하여) 등기신청인에게 중과실이 있는 경우에는 상법 제39조를 (유추)적용하여 등기신청인(등기의무자)측에 귀책사유가 있다고 보아야 할 것이다. 그런데 위 기본판례에서 우리 대법원판례는 등기신청 자체에 등기의무자의 고의 · 과실이 없다고 하여 등기의무자측에 귀책사유가 없다고 판시하고 있는데, 이는 외관법리 또는 표시에 의한 금반언칙의 법리에 비추어 볼 때 타당하지 않다고 본다.

C. 관련판례

(1) 大判 2008. 7. 24, 2006 다 24100(기본판례와 동일한 취지로 판시한 경우).

(2) 大判 2004. 2. 27, 2002 다 19797(이사선임의 주주총회결의에 대한 취소판결이 확정되어 그 결의가 소급하여 무효가 된다고 하더라도 그 선임 결의가 취소되는 대표이사와 근저당권설정계약 및 이에 터잡아 거래한 상대방은 상법 제39조의 적용 내지 유추적용에 의하여 보호될 수 있으며, 주식회사의 법인등기에서 회사는 대표자를 통하여 등기를 신청하지만 등기신청권자는 회사 자체이므로 취소되는 주주총회결의에 의하여 이사로 선임된 대표이사가 마친 이사 선임등기는 상법 제39조의 부실등기에 해당된다고 한 경우).

(3) 大判 1993. 4. 9, 92 다 46172(Y회사의 대표이사 A가 Y회사를 양도한 후에도 대표이사 사임등기를 마칠 때까지 수표의 이면에 Y회사 명의의 배서를 한 때에는 이를 수표소지인인 X에게 대항할 수 없는데, 이는 신의칙상 A가 Y회사의 대표이사로 있는 기간 동안에 X와의 거래에서 발생한 채무에 한하여 책임이 있다고 한 경우).

(4) 大判 1991. 12. 27, 91 다 4409 · 4416(법인등기부에 이사 또는 감사로 등기되어 있다면, 특단의 사정이 없는 한 정당한 절차에 의하여 선임된 적법한 이사 또는 감사로 추정된다고 한 경우).

同旨: 大判 1983. 12. 27, 83 다카 331; 同 1959. 7. 23, 4291 민상 759 · 760.

(5) 大判 1981. 1. 27, 79 다 1618 · 1619(합명회사에서 대표사원을 기준으로 볼 때 대표사원의 고의 · 과실이 없으므로, 상법 제39조의 부실등기가 아니라고 한 경우).

同旨: 大判 1971. 2. 23, 70 다 1361 · 1362(합명회사에 있어서는 부실등기를 한 사실이나 이를 방치한 사실에 대한 고의 또는 과실의 유무는 대표사원을 표준으로 결정할 것이라고 한 경우).

(6) 大判 1968. 7. 31, 68 다 1050(상법 제39조에 의하여, 회사의 대표이사로 부실등기되어 있는 자가 체결한 보수계약은 유효하다고 한 경우).

D. 관련논점

(1) 상법 제39조는 공신력에 기초를 둔 제도인가, 또는 외관주의에 기초를 둔 제도인가?

(2) 상법 제40조에 의하여 등기사항에 변경이 있거나 소멸한 때에는 등기신청인은 즉시 이의 변경 또는 소멸의 등기를 하여야 하는데 등기신청인이 이를 하지 않은 경우, 이는 상법 제37조의 문제인가 또는 상법 제39조의 문제인가?

제 7 장 영업양도

제 1 영업양도의 의의

A. 기본판례

▣ 大判 1997. 11. 25, 97 다 35085[영업양도를 인정한 경우]

[사실관계]

X는 서울 중랑구 망우동에서 '현대하이퍼마켓'이란 상호로 슈퍼마켓을 경영하던 A에게 1995. 3. 5.부터 같은 해 11. 4.까지 식품류를 공급하고 그 대금 중 합계 금 11,275,228원을 지급받지 못하였다. Y는 같은 달 19일 A로부터 매장 안의 재고 물품과 매장 시설 및 비품 전부를 금 122,000,000원에 매수하고 같은 달 20일부터 영업을 개시하였는데, 같은 달 23일에는 사업자등록의 명의를 Y로 변경하였고, 그 후 1개월 이상 위 현대하이퍼마켓이란 종전의 상호를 사용하여 영업하다가 (일자 미상경) 상호를 형제공판장으로 변경하였다. 이에 X는 Y에 대하여 영업양도인의 상호를 계속 사용하는 영업양수인으로서 상법 제42조 제 1 항에 의하여 A의 물품대금채무를 변제할 책임이 있다고 주장하였다.

이에 대하여 원심은, 거래처의 미수금채권과 채무 및 기 발생한 공과금채무는 양도인인 A가 책임지기로 한 점, 기존의 종업원들을 인수하지 아니한 점, 매수한 직후 점포 내부의 구조 및 판매 시설을 변경한 점, A는 이 사건 슈퍼마켓 외에 수원에도 별개의 슈퍼마켓을 운영하고 있었고 Y도 이 사건 인수 전에 다른 슈퍼마켓을 경영하고 있어서 Y가 A의 거래처를 인수한 사실이 없는 점, 슈퍼마켓은 일반 주민을 상대로 소매영업을 하므로 인계 · 인수할 노하우나 고객관계 및 거래 조직 등이 존재하는 것도 아닌 점, 이 사건 상호가 흔히 쓰이는 상호로서 Y가 이를 계속하여 사용할 만한 실익이 없었던 점 등을 종합하면, Y와 A 사이의 슈퍼마켓의 매매는 상법상의 영업양도가 아니라 단순히 그 점포 및 물품 등에 대한 매매계약이라고 봄이 상당하므로, 영업양도를 전제로 하는 X의 위 주장은 이유가 없다고 판시하였다. 이에 X가 상고한 것이다.

[판결요지]

상법 제42조가 말하는 영업이란 일정한 영업 목적에 의하여 조직화된 유기적 일체로서의 기능적 재산을 뜻하는바(당원 1989. 12. 26. 선고 88 다카 10128 판결), 여기서 말하는 유기적 일체로서의 기능적 재산이란 영업을 구성하는 유형 · 무형의 재산과 경제적 가치를 갖는 사실관계가 서로 유기적으로 결합하여 수익의 원천으로 기능한다는 것과 이와 같이 유기적으로 결합한 수익의 원천으로서의 기능적 재산이 마치 하나의 재화와 같이 거래의 객체가 된다는 것을 뜻한다 할 것이므로, 영업양도가 있다고 볼 수 있는지의 여부는 양수인이 당해 분야의 영업을 경영함에 있어서 無로부터 출발하지 않고 유기적으로 조직화된 수익의 원천으로서의 기능적 재산을 이전받아 양도인이 하던 것과 같은 영업적 활동을 계속하고 있다고 볼 수 있는지의 여부에 따라 판단되어야 할 것이다.

기록에 의하면, Y는 A와 건물 소유자간의 임대차계약상의 임차인의 지위를 그대로 승계하였고, 슈퍼마켓 안의 정육점에 대한 A의 임대인으로서의 지위도 그대로 승계하였으며, 위 슈퍼마켓 양수대금 122,000,000원은 임차보증금 35,000,000원과 권리금 35,000,000원 및 슈퍼마켓 안의 재고 상품 대금 52,000,000원으로 구성되어 있고, 내부 시설을 일부 새롭게 단장한 것 외에는 종전의 판매 시설과 재고 상품을 그대로 인수하여 종전과 똑같은 형태로 슈퍼마켓 영업을 계속하고 있는 사실 및 Y가 이 사건 슈퍼마켓을 인수한 목적은 오로지 슈퍼마켓 영업을 해 보기 위한 데 있었던 사실 등이 인정되는바, 이와 같은 사실들과 함께, 슈퍼마켓에 진열된 재고 상품을 인수하여 영업을 계속하는 Y가 영업을 개시하자마자 그 재고 상품 공급처와의 거래를 대부분 즉시 중단하고 다른 종류의 물품 공급처를 새로 개척하여 진열 상품의 종류를 대부분 바꾸었다고는 보기 어려울 것이고, 슈퍼마켓의 고객관계는 그 성격상 개별적인 인수 · 인계의 대상이 될 수 없음은 당연하다 할 것이지만 A의 슈퍼마켓이 자리하고 있는 위치상의 이점이나 A의 그 동안의 경영에 대한 고객들의 평가에 의하여 영업주의 변경에도 불구하고 종전의 고객관계는 대체로 그대로 유지된다고 볼 수 있고 바로 이러한 점 때문에 권리금 35,000,000원이 지급되었다고 보아야 할 것인 점 등에 비추어 보면, 이 사건에서 A의 슈퍼마켓 영업이 동일성을 유지하면서 Y에게 양도되었다고 인정하기에 부족함이 없다고 보아야 할 것이다.

상법 제42조는 채권·채무의 승계가 영업양도의 요건이 아님을 당연한 전제로 하고 있으므로, 이 사건에서 A의 건물주에 대한 임차보증금채권과 정육점에 대한 임차보증금반환채무만이 Y에게 인수되고 슈퍼마켓에 진열된 상품의 구입대금채무는 인수되지 않았다는 점은 영업양도를 부정할 근거가 될 수 없고, 또 근로관계가 승계되었는지의 여부나 그 승계의 정도는 상법상의 영업양도가 있다고 볼 것인지를 판단하는 데 있어서 중요한 요소가 된다고 할 것이지만, 양도되는 영업의 종류·방법·규모 및 근로자의 대체 가능성 등에 따라 그 중요성은 개별적인 사안별로 달리 판단되어질 수 있는 것이므로, 이 사건과 같은 슈퍼마켓의 양도에 있어서 단순 노무에 종사하는 종전 종업원들의 근로관계가 그대로 승계되지 않았다고 하더라도 앞서 살펴본 제반 사정에 비추어 볼 때 슈퍼마켓의 영업목적을 위하여 조직화된 유기적 일체로서의 기능적 재산이 Y에게 그대로 이전되었고 또 Y가 양도인이 하던 것과 같은 영업 활동을 계속하고 있다고 보는 데는 지장이 없다고 할 것이다.

그럼에도 불구하고 원심은 원심 판시와 같은 이유만으로 Y가 점포와 물품만을 매수한 것이지 영업을 양수한 것이 아니라고 판단하고 말았으니, 원심판결에는 영업양도에 관한 법리를 오해한 위법이 있다 할 것이고, 이러한 위법은 판결에 영향을 미쳤다 할 것이므로 이 점을 지적하는 논지는 이유가 있다. 다만 기록에 의하면 Y는 자기가 상호를 계속 사용하는 영업양수인에 해당한다고 하더라도 상법 제42조 제 2 항이 적용되어 변제 책임이 없다고 주장하고 있으므로, 환송법원으로서는 이와 같은 Y 주장의 당부에 관하여도 심리·판단하여야 할 것이다.

그러므로 원심판결을 파기하고 사건을 원심법원에 환송하기로 하여 관여 법관의 일치된 의견으로 주문과 같이 판결한다.

B. 이론요약

(1) 기업집중현상으로 상법에서 규정하고 있는 것으로는 영업양도·합병 및

기업결합이 있는데, 영업양도는 주로 상법 총칙편에서 규정하고 있고(商 41조~45조) 합병(商 174조~175조, 230조~240조, 269조, 522조~530조, 598조~603조) 및 기업결합(商 342조의 2, 369조 3항)은 상법 회사편에서 규정하고 있다.

영업양도는 위에서 본 바와 같이 주로 상법 총칙편에서 규정하고 있는데, 일부는 상법 회사편에서도 규정하고 있다(商 374조 1항, 576조 1항).

(2) 영업양도가 무엇인가를 이해하기 위하여는 먼저 영업이 무엇인가를 이해하여야 한다. 상법은 영업이라는 용어를 「상인의 영리활동」을 의미하는 주관적 의의의 영업과(商 5조, 6조, 8조, 11조 1항, 15조 1항, 21조 1항, 22조, 23조 1항, 46조, 53조, 61조, 78조 등) 「상인의 영업목적을 위하여 결합시킨 재산의 전체」를 의미하는 객관적 의의의 영업으로(商 20조 단서, 25조, 41조 등) 나누어서 사용하고 있는데, 영업양도에서의 영업은 객관적 의의의 영업을 의미한다.

객관적 의의의 영업이란 "영업을 위하여 조직화된 한 덩어리의 재산으로서 이와 관련된 재산적 가치 있는 사실관계(영업권)를 포함한다"고 볼 수 있다. 따라서 객관적 의의의 영업은 영업에 바쳐진 개개의 재산 또는 그 전체를 말하는 영업용 재산과 구별된다.

이러한 객관적 의의의 영업은 그 자체가 독립하여 하나의 물권으로 취급되는 것이 아니라, 다만 채권법상 독립된 일체로 취급되는 것뿐이다.

(3) 영업양도의 법적 성질에 대하여는, 영업양도의 대상을 영업재산 등 물적 요소에 중점을 두는 양도처분설(이는 다시 영업양도의 대상을 객관적 의의의 영업이라고 보는 영업재산양도설, 재산적 가치 있는 사실관계라고 보는 영업조직양도설 및 유기체로 보는 영업유기체양도설이 있음), 인적 요소에 중점을 두는 지위교체설 및 물적 요소와 인적 요소의 양자에 중점을 두는 절충설이 있다.

그런데 통설은 양도처분설 중 영업재산양도설인데, 이 설에 의하여 영업양도를 정의하면 "영업의 동일성을 유지하면서 객관적 의의의 영업(영업용 재산과 가치 있는 사실관계가 합하여 이루어진 조직적 · 기능적 재산으로서의 영업재산의 일체)의 이전을 목적으로 하는 채권계약"이라고 볼 수 있다.

따라서 영업양도는 개개의 영업용 재산 또는 단순한 영업용 재산의 전부의 양도와 구별된다. 또한 영업양도는 소유관계에 변동을 가져오는 것이므로, 영업의 소유관계에 변동을 가져오지 않고 경영관계에서만 변동을 가져오는 영업의 임대차나 경영위임과는 구별된다. 또한 영업양도는 양도인과 양수인의 두 당사자가 체결하는 채권계약인 점(개인법상의 법현상)에서 상법의 특별규정에 의하여 그 법률상의 효력이 발생하는 회사의 합병(단체법상의 법현상)과는 근본적으로 구별된다.

(4) 상법총칙에서의 영업양도의 의의와 회사법에서의 영업양도의 의의가 동일한지 여부에 대하여, 양자의 입법목적이 다르므로 동일하게 해석할 필요가 없다고 보는 실질설(영업용 재산 또는 중요재산만의 양도가 영업양도에 해당되지 않을지라도 주주총회의 특별결의를 요한다고 보는 설)도 있으나, 법해석의 통일성 · 안정성에서 양자를 동일하게 해석하여야 한다고 보는 형식설(영업양도에 해당하지 않는 영업용 재산 또는 중요재산만의 양도에는 주주총회의 특별결의를 요하지 않는다고 보는 설)이 있는데, 형식설은 주주 등의 보호에 문제가 있고 실질설은 같은 상법상의 영업양도의 개념을 다르게 해석한다는 점에서 문제가 있다고 본다. 따라서 원칙적으로 형식설에 의하고 주주 등의 이익을 보호하기 위하여는 영업양도에 해당하지 않는 영업용 재산 또는 중요재산만의 양도라 하더라도 그것이 「영업을 양도하거나 폐지한 것과 같은 결과를 가져오는 경우」에는 영업양도에 관한 규정을 유추적용하여야 할 것으로 본다(절충설).

그러나 회사법에서 규정하고 있는 영업의 일부양도의 개념은 상법총칙에서는 인정되지 않는다고 보아야 할 것이다.

C. 관련판례

(1) 영업양도를 긍정한 판례: 大判 2008. 4. 11, 2007 다 89722(미래테크 주식회사의 안테나 제조 · 판매에 관한 물적 설비 및 인적 조직으로 구성된 영업조직을 그대로 양수한 것을 이 부분에 관한 영업양수로 본 것은 정당하다고 한 경우); 同 1998. 4. 14, 96 다 8826(파주콘크리트 주식회사는 주식회사 파주레미콘으로부터 공장건물 등에 관하여 소유권이전등기 등을 통하여 넘겨받는 등 영업에 필요한 시설 등을 양도받고 양도인을 대신하여 채무를 변제하고 종전 거래처들과 거래를 계속하여 왔다면 영업양도에 해당한다고 한 경우).

(2) 영업양도를 부정한 판례: 大判 2005. 7. 22, 2005 다 602(영업재산의 이전 경위에 있어서 사실상 · 경제적으로 볼 때 결과적으로 영업양도가 있은 것과 같은

상태가 된 것으로 볼 수는 있다고 하더라도, 묵시적 영업양도계약이 있고 그 계약에 따라 유기적으로 조직화된 수익의 원천으로서의 기능적 재산을 그 동일성을 유지시키면서 일체로서 양도받았다고 볼 수 없으므로, 상법상 영업양도를 인정할 수 없다고 한 경우); 同 2003. 5. 30, 2002 다 23826(부실금융기관의 일부 우량자산만을 다른 금융기관에게 이전한 계약이전결정은 영업양도라고 볼 수 없다고 한 경우); 同 2001. 7. 27, 99 두 2680(포항종합제철의 자회사가 삼미종합특수강으로부터 봉강 및 강관 사업부문을 매수하였으나 실질적으로 그 사업부문의 영업상 인적·물적 조직을 그 동일성을 유지하면서 일체로서 포괄적으로 이전받음으로써 영업을 양도받은 것으로 보기에는 부족하다고 한 경우); 同 1997. 6. 24, 96 다 2644(한국수자원공사의 기중기선단 보관사업이 해운산업연구원에게 영업양도에 의하여 포괄적으로 이전되었다고 볼 수 없다고 한 경우); 同 1995. 8. 25, 95 다 20904(회사의 지배자로부터 지분권을 양도받은 것은 영업양도가 아니라고 한 경우); 同 1995. 7. 25, 95 다 7987(운수업자가 운수업을 폐지하는 자로부터 그 소속 종업원들에 대한 임금 및 퇴직금 등 채무를 청산하기로 하고 그 운수사업의 면허 및 운수업에 제공된 목적시설을 양수한 후 폐지 전 종업원의 일부만을 신규채용의 형식으로 새로이 고용하였다면, 그러한 사정만으로는 영업양도라고 볼 수 없다고 한 경우); 同 1995. 7. 14, 94 다 20198(Y회사가 영위하던 사업부문을 폐지함에 따라 근로자들의 절반 정도가 Y회사와 동일한 사업을 하고 있던 계열회사인 X회사에 종전 수준으로 입사하였다면, X회사가 Y회사의 사업부문을 그 동일성을 유지한 채 포괄적으로 이전받은 것으로 볼 수 없다고 한 경우); 同 1994. 11. 18, 93 다 18938(X회사가 Y회사의 기존 판매망과 생산시설을 바탕으로 하여 동일한 제품을 생산하게 되었다 하더라도, 이로써 당연히 영업양도에 관한 합의가 있었다고 보기 어렵다고 한 경우); 同 1968. 4. 2, 68 다 185(점포에 있는 재고품 전부와 가공용 재봉틀을 매수하고 점포를 명도받아 같은 상호로 잠시 동안 같은 종류의 영업을 한 사실만으로는 영업양수라고 인정할 수 없다고 한 경우).

(3) 상법총칙상 영업양도와 회사법상 영업양도는 원칙적으로 동일하다고 보는 판례: 大判 1988. 4. 12, 87 다카 1662(상법 제374조 제 1 항 제 1 호 소정의 영업의 양도란 동법 제 1 편 제 7 장의 영업앙도를 가리키는 것이므로 영업용 재산의

양도에 있어서는 그 재산이 주식회사의 유일한 재산이거나 중요한 재산이라 하여 그 재산의 양도를 곧 영업의 양도라 할 수는 없지만, 이는 영업의 폐지 또는 중단을 초래하는 행위가 되어 상법 제374조 제 1 항 제 1 호의 규정을 유추적용하여야 한다고 한 경우); 同 1987. 6. 9, 86 다카 2478(상법 제374조 제 1 항 제 1 호 소정의 '영업의 전부 또는 중요한 일부의 양도'라 함은 일정한 영업목적을 위하여 조직화되고 유기적 일체로서 기능하는 재산의 전부 또는 일부를 총체적으로 양도하는 것을 의미하는 것으로서 이에는 양수회사에 의한 양도회사의 영업적 활동의 전부 또는 중요한 일부의 승계가 수반되어야 하는 것이라고 한 경우); 同 1987. 4. 28, 86 다카 553; 同 1969. 11. 25, 64 다 569; 同 1966. 1. 25, 65 다 2140·2141; 同 1958. 5. 22, 4290 민상 460; 同 1955. 12. 15, 4288 민상 136.

(4) 상법총칙에서도 영업의 일부만의 양도가 가능하다는 판례: 大判 1994. 11. 18, 93 다 18938.

D. 관련논점

(1) 영업양도와 영업용 재산의 전부의 양도와의 차이점

(2) 영업양도와 회사합병과의 차이점

(3) 상법총칙에서의 영업양도와 회사법에서의 영업양도와의 차이점

제 2 영업양도계약의 효과

A. 기본판례

▣ 大判 1996. 5. 31, 95 다 33238[해고되지 않은 근로자의 지위를 인정하여, 영업양도로 근로자의 지위가 이전된다고 본 경우]

[사실관계]

영업양도인인 A여객이 영업양수인인 Y회사에 그의 영업을 양도하였는데 A여객에 근무하고 있던 X들이 A여객의 전적명령에 동의하지 않은 경우, X들의 근로관계가 Y회사에 그대로 승계되는지 여부가 문제되었다.

이에 대하여 원심은 Y회사가 X들의 근로관계를 승계하지 않는다고 판단하여, X들이 상고하게 된 것이다.

[판결요지]

영업양도에 의하여 승계되는 근로관계는 계약체결일 현재 실제로 그 영업부문에서 근무하고 있는 근로자와의 근로관계만을 의미하고 계약체결일 이전에 해당 영업부문에서 근무하다가 해고된 근로자로서 해고의 효력을 다투는 근로자와의 근로관계까지 승계되는 것은 아니라고 할 것이지만(대법원 1995. 9. 29. 선고 94 다 54245 판결 참조), 기록에 의하면 X들이 A여객의 전적명령에 동의하지 아니함으로써 전적명령 자체가 아무런 효력이 없음이 객관적으로 명확하게 되었을 뿐만 아니라, A여객의 대표이사인 B는 Y회사의 이사이고, Y회사의 대표이사인 C는 위 B와 함께 A여객의 대표이사로 있다가 이 사건 전적명령 이후 영업양도 직전인 1993. 9. 23. A여객의 대표이사직만 사임하였을 뿐이어서 Y회사가 이 사건 영업양수를 할 당시 X들에 대한 전적명령이 아무런 효력이 없게 된 사실을 알고 있었음이 명백한바, 사실관계가 이와 같다면 특별한 사정이 없는 한 X들의 근로관계가 Y회사에게 그대로 승계되는 것으로 봄이 상당하다 할 것이다.

그럼에도 불구하고 원심은 그 설시와 같은 이유로 Y회사가 X들의 근로관계를 승계하지 아니한다고 판단하였으니, 원심판결에는 영업양도에 의하여 승계되는 근로관계의 범위에 관한 법리를 오해한 위법이 있고, 이와 같은 위법은 판결결과에 영향을 미쳤음이 명백하므로 이 점을 지적하는 논지도 이유가 있다. 그러므로 나머지 상고이유에 대한 판단을 생략한 채 원심판결을 파기하고, 사건을 원심법원에 환송하기로 관여 법관의 의견이 일치되어 주문과 같이 판결한다.

B. 이론요약

(1) 영업양도계약의 당사자는 양도인과 양수인인데, 양도인은 영업을 소유하고 있는 상인(개인 · 회사 등)이고, 양수인은 상인인 경우도 있으나 상인이 아닌 경우도 있다. 상인이 아닌 자가 영업을 양수하는 행위는 보조적 상행위이고, 이러한 영업양수에 의하여 기업의 존재를 객관적으로 인식하게 할 수 있을 정도의 영업의사가 나타나는 때에 상인자격을 취득한다. 영업양도의 당사자가 회사인 경우에는 영업의 소유자인 출자자단체의 일정한 의사결정절차를 밟아야 하고(商 204조 · 257조, 269조, 374조 1항, 576조 1항), 이러한 절차를 밟지 않고 회사의 대표기관이 체결한 영업양도(양수)계약은 무효가 된다.

영업양도계약의 내용이 되는 것은 (i) 자산·부채에 관한 사항, (ii) 영업소 및 상호에 관한 사항, (iii) 양도 후에 있어서의 양도인의 폐업 내지 해산에 관한 사항, (iv) 사용인(근로자)의 인계에 관한 사항, (v) 해약사유 기타 계약조건의 변경에 관한 사항 등이다.

(2) 영업양도계약의 효과로서 양도인은 양수인에게 영업을 이전할 의무를 부담하고, 양수인은 양도인에게 양수대금을 지급할 의무를 부담한다(民 563조 참조).

1) 양도인은 영업재산을 이루는 개개의 구성부분을 개별적인 물권행위에 의하여 개별적으로 이전하여야 하는데(예컨대, 부동산에 관하여는 등기를 하여야 하고, 동산에 관하여는 인도를 하여야 하는 등), 이는 전체적으로 또 결과적으로 영업의 동일성을 유지하면서 기능적으로 조직화된 일체로서 이전하여야 한다.

2) 상업사용인 등과 같은 경영의 인적 조직도 객관적 의의의 영업이 그 동일성을 유지하기 위하여 필요하기 때문에 원칙적으로 이전된다고 본다(그러나 상업사용인 등은 언제나 계약을 해지할 수 있다—民 660조, 689조). 기본판례에서도 이와 동지로 판시하고 있다.

C. 관련판례

(1) 大判 1996. 5. 31, 96 다 11105(영업을 양도하면서 양도일 당시 당사자간에 확인되지 않은 채무는 양도인이 책임지기로 하였다면, 양도 후 판결에 의하여 확정된 양도 전 해고근로자들의 임금채무에 대한 양도인의 책임범위는 해고일로부터 약정일까지의 것에 한한다고 한 경우).

(2) 大判 1991. 8. 9, 91 다 15225(영업이 양도되면 양도인과 근로자간에 체결된 고용계약도 양수인에게 승계된다고 한 경우).

同旨: 大判 2003. 5. 30, 2002 다 23826(영업양도가 이루어진 때에는 원칙적으로 해당 근로자들의 근로관계가 양수하는 기업에 포괄적으로 승계된다고 한 경우); 同 2001. 11. 13, 2000 다 18608(회사의 경영방침에 따른 일방적 결정으로 퇴직 및 재입사의 형식을 거친 것이라면 퇴직금을 지급받았더라도 계속 근로관계는 단절되지 않는다고 한 경우); 同 2001. 7. 27, 99 두 2680(영업이 양도되면 해당 근로자들의 근로관계가 양수하는 기업에 포괄적으로 승계된다고 한 경우); 同 1995. 9. 29, 94 다 54245(영업양도계약에 따라 승계되는 근로계약관계는 계약체결일 현재 실제로 근무하고 있는 근로자와의 근로관계만을 의미한다고 한 경우); 同 1994. 6. 28, 93 다 33173(영업이 포괄적으로 양도되면 반대의 특약이 없는 한 양도인과 근로자간의 근로관계도 원칙적으로 양수인에게 포괄적으로 승계된다고 한 경우); 同 1991. 11. 12, 91 다 12806(영업이 양도되면 양도인과 종업원 사이의 근로계약관계는 포괄적으로 양수인에게 승계된다고 한 경우).

D. 관련논점

(1) 영업양도의 경우 양도인의 채권 · 채무의 이전방법?

(2) 영업양도의 경우 경영권(경영자지위)도 양수인에게 이전되는가?

(3) 주식회사의 경우 영업양도 또는 영업양수에 관한 주주총회의 특별결의 시 이에 반대하는 주주를 보호하기 위한 상법상 제도는?

(4) 영업양도계약의 법적 성질은?

제 3 영업양도인의 경업피지의무

A. 기본판례

▣ 大判 1996. 12. 23, 96 다 37985[영업양도인의 경업금지를 인정한 경우]

[사실관계]

Y가 서울 마포구 당인동 12의 1 소재 제 1 빌딩 5층 점포에서 '도일처'라는 상호로 일반음식점 영업을 하다가 1995. 2. 15.경 그 영업 일체를 X에게 양도함에 있어 동종 영업을 하지 않기로 약정하였으나, 같은 해 5. 15.경 위 '도일처'에서 약 100m 떨어진 장소인 서울 마포구 합정동 354의 17 소재 삼성빌딩 지하에 '만다라'라는 상호로 일반음식점을 개업하고, 위 '도일처' 식당의 영업내용과 같은 영업을 하였다. 이 때 Y는 이 사건 영업금지가처분신청이 제기되자, 그 가처분을 회피하기 위하여 같은 해 8. 5. 위 '만다라' 식당을 A에게 매도한다는 내용의 매매계약서를 허위로 작성하고, 이를 기초로 같은 달 14일 위 '만다라'의 영업허가 명의도 위 A로 바꾸었으나, 그 이후에도 사실상 Y가 위 '만다라'의 실제 경영자로서 이를 경영하고 있었다. 이에 X는 Y에 대하여 상법 제41조에 따라 경업금지

의무의 이행강제를 청구하였다.

[판결요지]

원심은 Y는 동종 영업을 하지 않기로 한 위 영업양도계약뿐만 아니라 상법 제41조에 따른 경업금지의무를 부담하고 있고, 위 인정 사실에 의하면 보전의 필요성도 인정됨을 이유로 Y에 대하여 위 '만다라' 식당에서 일반음식점 영업을 계속하거나 제 3 자에게 그 영업의 임대 · 양도 기타 처분을 하여서는 아니된다고 명한 제 1 심 판결을 유지하고 있는바, Y가 부담하는 경업금지의무는 Y 스스로 동종 영업을 하거나 제 3 자를 내세워 동종 영업을 하는 것을 금하는 것을 내용으로 하는 의무이므로, Y가 그 부작위의무에 위반하여 영업을 창출한 경우 그 의무위반 상태를 해소하기 위하여는 영업을 폐지할 것이 요구되고, 그 영업을 타에 임대한다거나 양도한다고 하더라도 그 영업의 실체가 남아 있는 이상 의무위반 상태가 해소되는 것은 아니므로, 원심이 같은 취지에서 영업의 임대 · 양도 기타 처분을 금지한 것은 정당하고 거기에 소론과 같이 경업금지의무의 범위에 대한 법리를 오해한 위법이 없다(다만 위 가처분명령에 의하여 제 3 자에 대한 임대 · 양도 등 처분행위의 사법상 효력이 부인되는 것은 아니고, 가처분채무자가 그 의무위반에 대한 제재를 받는 것에 불과하다). 논지는 이유 없다.

B. 이론요약

(1) 상법은 영업양도가 있은 후에(다시 말하면 영업양도계약의 이행이 있은 후에) 양수인을 보호하기 위하여 양도인에게 경업피지의무를 부과하고 있는데, 이는 당사자간에 약정이 없는 경우(商 41조 1항)와 당사자간에 약정이 있는 경우(商 41조 2항)로 나누어 규정하고 있다.

1) 영업을 양도하는 경우에 당사자간에 다른 약정이 없으면 양도인은 10년간 동일한 특별시 · 광역시 · 시 · 군과 인접한 특별시 · 광역시 · 시 · 군에서 동종영업을 하지 못한다(商 41조 1항).

양도인의 이러한 경업피지의무는 「법률에 의하여 정책적으로 인정된 의무(법정의무)」이고 또한 「일신전속적 의무」이다.

이 의무를 부담하는 자는 양도인이 「상인」인 경우에 한하고, 이 의무의 발생시기는 「영업양도계약의 이행을 마친 때」이다.

2) 양도인이 동종영업을 하지 아니할 것을 약정한 때에는 동일한 특별시 · 광역시 · 시 · 군과 인접한 특별시 · 광역시 · 시 · 군에 한하여 20년을 초과하지 아니한 범위 내에서 그 효력이 있다(商 41조 2항).

이 규정에 의한 양도인의 경업피지의무는 「당사자의 의사표시에 의한 의무(약정의무)」이다.

이 규정에 의하여 당사자간의 약정으로 10년을 초과하여 양도인의 경업피지의무를 정할 수 있으나, 20년을 초과하지 않는 범위 내에서만 그 효력이 있다. 그런데 당사자간의 약정으로 양도인의 경업피지의무를 면제하거나, 지역(예컨대, 동일한 특별시 등으로 한정함) 또는 기간(예컨대, 5년간 등으로)을 단축할 수도 있다.

(2) 양도인이 위의 법정 또는 약정의 경업피지의무를 위반한 경우에는 양수인은 양도인의 비용으로써 그 위반한 것을 제거하고 장래에 대한 적당한 처분을 법원에 청구할 수 있고(民 389조 3항), 이로 인하여 양수인이 손해를 입은 경우에는 양수인은 양도인에 대하여 손해배상청구를 할 수 있다(民 389조 4항, 390조, 393조).

C. 관련판례

大判 1969. 3. 25, 68 다 1560(양도인이 상인이 아닌 농업협동조합인 때에는 상법 제41조가 적용되지 않는다고 한 경우).

D. 관련논점

(1) 양도인의 법정 경업피지의무의 입법론상 문제점

(2) 영업양도인의 경업피지의무(商 41조)와 상업사용인(商 17조) · 대리상(商 89조) · 합명회사의 사원(商 198조) · 합자회사의 무한책임사원(商 269조) · 주식회사의 이사(商 397조) · 유한회사의 이사(商 567조)의 경업피지의무와의 관계

제 4 영업양수인의 책임

A. 기본판례

▣ 大判 1989. 12. 26, 88 다카 10128[영업양수인의 변제책임을 인정한 경우]

[사실관계]

A는 지하 1층 · 지상 6층 목욕탕 · 이발소 등의 부속시설이 있는 삼정장여관을 경영하였는데, 여관에 비치할 컬러텔레비전 43대와 냉장고 39대 등의 전자제품을 X로부터 계약금만 주고 외상매입하였다. 그 후 A는 여관경영의 부진으로 B에게서 빌린 금 50,000,000원의 채무를 변제하지 못하고 발행한 어음 · 수표에 대하여 부도를 내게 되어, Y에게 위 여관과 목욕탕 시설이 있는 건물과 위 영업에 필요한 비품을 매도하였다. 이와 동시에 Y는 A의 B에 대한 (피담보)채무도 인수하였다. Y는 이 건물의 상호를 삼정호텔로 하였다. 이 때 X는 Y가 A의 영업을 양수하였다고 하여 상법 제42조 제 1 항에 의하여 Y에게 외상대금의 지급을 청구하였다.

이에 대하여 원심은 '삼정장여관'이나 '삼정호텔'이라는 상호는 사회통념상 동일성이 있는 상호로서 Y는 A의 영업을 상호와 함께 양수한 자이므로 X에 대하여 A의 채무를 이행하여야 한다고 판시하였다. 따라서 Y가 상고하게 된 것이다.

[판결요지]

상법 제41조 소정의 영업의 양도란 영업목적을 위하여 조직화된 유기적 일체로서의 기능재산이 동일성을 유지한 채 일괄 이전하는 것을 의미하는 것이고 영업의 동일성 여부는 일반 사회관념에 의하여 결정되어져야 할 사실인정의 문제이기는 하지만, 영업재산의 전부를 양도했어도 그 조직을 해체하여 양도했다면 영업의 양도는 되지 않는 반면에, 그 일부를 유보한 채 영업시설을 양도했어도 그 양도한 부분만으로도 종래의 조직이 유지되어 있다고 사회관념상 인정되기만 하면 그것을 영업의 양도라 하지 않을 수 없는 것이다.

또한 상법 제42조 제 1 항에서 말하는 상호의 계속사용은 일반적으로 영업양도인이 사용하던 상호와 그 양수인이 사용하는 상호가 완전히 동일할 필요까지는 없고, 다만 전후의 상호가 중요부분에 있어서 공통되기만 하면 된다고 볼 것이다.

한편 상호를 속용하는 영업양수인의 책임은 어디까지나 채무승계가 없는 영업양도에 의하여 자기의 채권 추구의 기회를 빼앗긴 채권자를 보호하기 위한 것이므로, 영업양도에도 불구하고 채무인수의 사실 등이 없다는 것을 알고 있는 악의의 채권자가 아닌 한 당해 채권자가 비록 영업의 양도가 이루어진 것을 알고 있었다 해도 보호의 적격자가 아니라고 할 수는 없다. 따라서 Y는 X에게 A의 X에 대한 외상대금을 변제할 책임이 있다고 판시한 원판결 판단은 옳고, 논지는 모두 이유 없다.

B. 이론요약

(1) 상법은 영업양도가 있은 후에 양도인의 채권자 및 채무자를 보호하기 위하여 양수인에게 일정한 책임을 부과하는 규정을 두고 있는데(商 42조~45조), 양도인의 채권자를 보호하는 규정에서는 양수인이 양도인의 상호를 속용하는 경우와 속용하지 않는 경우로 나누어 규정하고 있다.

(2) 양도인이 영업을 양수인에게 양도하는 경우에는 당연히 양도인의 제 3 자(채권자)에 대한 채무도 이전되어야 하는데, 실제로 채무이전을 하지 않았으면서 채무이전을 한 것과 같은 외관을 야기한 경우에는 외관법리에 의하여 양수인의 변제책임을 인정하고 있다(商 42조 1항, 44조).

1) 양수인이 양도인의 상호를 속용하는 경우에는 양도인의 영업으로 인한 제 3 자의 채권에 대하여 양수인도 변제할 책임이 있다(商 42조 1항). 따라서 상법은 이 경우에 양수인은 중첩적 채무인수를 한 것으로 의제하고 있다. 그러나 양도인과 양수인간에 면책적 채무인수를 한 경우에는 상법 제42조는 적용될 여지가 없고 당사자들의 변제책임은 그 약정에 의한다. 이 때 양수인도 변제할 책임이 있다 하여 채권자가 양도인에 대한 채무명의(집행권원)로써 바로 양수인의 재산에 대하여 강제집행을 할 수는 없다.

그러나 양수인이 영업양도를 받은 후 지체 없이 양도인의 채무에 대한 책임이 없음을 등기하거나, 양도인과 양수인이 지체 없이 제 3 자(채권자)에 대하여 그 뜻을 통지하고 그 통지를 받은 제 3 자에 대하여는 양수인은 변제할 책임이 없다(商 42조 2항).

2) 양수인이 양도인의 상호를 속용하지 않는 경우에는, 양수인은 원칙적으로 양도인의 영업으로 인한 채무를 변제할 책임이 없다(民 454조 참조).

그러나 양수인이 양도인의 영업으로 인한 채무를 인수한 것으로 광고한 때에는 양수인도 변제할 책임이 있다(商 44조). 또한 양수인이 광고의 방법에 의하지 않고 개별적으로 채무인수의 의사를 표시한 경우에도 그러한 의사표시를 받은 채권자에 대하여 양수인은 변제의 책임이 있다고 본다.

3) 위 1) 및 2)의 경우에 양수인이 양도인의 채권자에 대하여 변제책임을 부담하는 경우에는, 양도인의 채무는 영업양도 또는 광고 후 2년이 경과하면 소멸한다(商 45조). 양도인과 양수인간에 중첩적 채무인수가 있은 경우에는 당사자의 의사를 존중하여 양도인의 채무가 2년의 경과로 인하여 소멸되지 않는다고 본다.

(3) 양도인이 영업을 양수인에게 양도하는 경우에는 당연히 양도인의 제 3 자(채무자)에 대한 채권도 이전하여야 하는데, 실제로 채권양도를 하지 않았으면서 채권양도를 한 것과 같은 외관을 야기한 경우에는 외관법리에 의하여 채무자를 보호할 필요가 있다(商 43조).

1) 양수인이 양도인의 상호를 속용하는 경우에는 양도인의 영업으로 인한 채권에 대하여 채무자가 선의이며 중대한 과실 없이 양수인에게 변제한 때에는 그 효력이 있다(商 43조). 이 때 채무자의 주관적 요건은 「영업양도」의 사실에 대한 선의 · 무중과실을 의미한다. 따라서 영업양도의 사실에 대하여는 알고 있었지만 채권양도가 없었다는 사실에 대하여 모른 경우(즉, 채권양도가 있었다고 믿은 경우)에는 채권의 준점유자에 대한 변제의 법리(民 470조)에 의하여 채무자는 보호된다.

그러나 증권채권에 대하여는 동 채권의 제시증권성 또는 상환증권성 등으로 인하여 상법 제43조가 적용되지 않는다.

2) 양수인이 양도인의 상호를 속용하지 않는 경우에는 채무자의 외관신뢰의 관계가 없으므로 채권양도의 일반원칙에 의한다(民 450조).

상법에는 규정이 없으나 양수인이 채권양도를 받지 않았으면서도 마치 이를 양수받은 것처럼 양도인의 동의(묵인)하에 광고하거나 또는 양도인과 함께 채무자에게 통지한 경우에는, 상법 제44조를 유추적용하여 채무자가 선의이며 중대한 과실 없이 양수인에게 변제한 때에는 그 효력이 있다고 보아야 할 것이다.

C. 관련판례

(1) 大判 2008. 4. 11, 2007 다 89722(양수인이 양도인의 채권자에 대하여 개별적으로 통지를 한 경우에도 양수인은 상법 제44조에 의한 변제책임을 진다고 한 경우).

(2) 大判 2002. 6. 28, 2000 다 5862(양도인의 영업으로 인한 제 3 자의 채권이 아니라고 본 경우).

(3) 大判 1998. 4. 14, 96 다 8826(영업양도 전후의 상호가 '주식회사 파주레미콘'과 '파주콘크리트 주식회사'이면, 상호의 주요부분에서 공통하므로 상호속용에 따른 영업양수인은 그 책임을 진다고 한 경우).

(4) 大判 1995. 8. 22, 95 다 12231(영업을 출자하여 주식회사를 설립하고 그 상호를 계속 사용하는 때에는, 영업의 양도는 아니지만 출자의 목적이 된 영업의 개념이 동일하고 법률행위에 의한 영업의 이전이란 점에서 영업의 양도와 유사하므로, 새로 설립된 회사는 상법 제42조의 유추적용에 의하여 출자자의 채무를 변제할 책임이 있다고 한 경우).

同旨: 大判 1996. 7. 9, 96 다 13767.

(5) 大判 1989. 12. 22, 89 다카 11005(영업양도인의 연대보증인은 그의 보증채무의 이행에 따른 피보증인에 대한 구상권을 영업양수인에게는 청구할 수 없다고 한 경우).

(6) 大判 1989. 3. 28, 88 다카 12100(상법 제42조 제 1 항에서 '영업으로 인하여 발생한 채무'란 영업상의 활동에 관하여 발생한 모든 채무를 말하므로 불법행위로 인한 손해배상책임도 이에 포함되고, 상호의 속용이란 상호가 완전히 동일한 것임을 요하지 않고 양도인의 기업주체를 표창하는 부분을 양수인이 상호 중에 사용하는 것을 포함한다고 한 경우).

(7) 大判 1976. 4. 27, 75 다 1209 · 1210(영업양수인만이 채권자에게 책임을 지지 않는다는 뜻을 통지한 것만으로는 양수인이 변제책임을 면할 수 없다고 한 경우).

(8) 大判 1967. 10. 31, 67 다 1102(상법 제42조에 의하여 양도인에 대한 채무명의로써 바로 양수인의 소유재산을 강제집행할 근거가 되지 못한다고 한 경우).

同旨: 大判 1979. 3. 13, 78 다 2330(영업양도인의 확정판결상 채무에 관하여 양수인이 이를 면책적으로 인수하는 등 특별사정이 없는 한, 그 영업양수인을 바로 민사소송법 제218조〈기판력의 주관적 범위〉의 변론종결 후의 승계인에 해당된다고 할 수 없다고 한 경우).

D. 관련논점

(1) 상법 제43조와 채권의 준점유자에 대한 변제(民 470조)와의 관계

(2) 상호양도와 영업양도와의 관계

(3) 상법 제45조의 입법론상 타당성

(4) 상법 제42조 및 제44조와 채무인수계약과의 관계

(5) 상법 제43조와 채권양도계약과의 관계

제 2 편 상행위

제 1 장 통　　칙

제 2 장 각　　칙

제 1 장 통 칙

제 1 상행위의 의의

A. 기본판례

▣ 大判 1994. 4. 29, 93 다 54842[상법 제46조에서 '영업으로 한다'의 의미와 상사시효에서 상사시효의 의미]

[사실관계]

대한광업진흥공사인 X공사가 탄광을 경영하는 광산업자인 Y에게 광업자금을 대여한 경우, X공사가 Y에게 대여금반환을 청구한바, Y는 이 채권은 상사채권으로서 5년의 소멸시효기간의 완성으로 소멸되었다고 항변하였다. 따라서 이 채권이 상사채권으로서 5년의 소멸시효기간에 관한 규정이 적용되는지 여부가 문제된 사건이다.

이 사건 대여행위가 이루어진 때에 시행되던 대한광업진흥공사법에 의하면 X공사는 민영광산의 합리적이며 획기적인 개발 및 해외광물자원의 확보를 위하여 설립된 법인으로서 기술지도와 조성업무 및 광업개발을 담당함으로써 국민결제발전을 도모함을 목적으로 하고 그 자본금의 전액을 정부가 출자하며, 위 목적을 달성하기 위하여 광업자금의 융자를 그 사업의 하나로 하고 있고 위 광업자금의 재원은 자본금, 적립금, 정부 또는 금융기관으로부터의 차입금으로 하며, 광업자금을 융자할 때에는 융자대상광산의 광업권과 광업시설만을 담보로 함을 원칙으로 하고 있으며, 그 금리는 재무부 장관이 동력자원부 장관과 협의하여 정하고, 위 공사는 융자금이 특정된 목적과 계획에 따라 사용되도록 필요한 관리를 하여야 하며, 융자된 광업자금의 상환금은 위 법에 의한 광업융자 이외의 목적에 사용할 수 없다고 규정하고 있다.

이에 대하여 원심은 X공사의 이 채권을 상사채권으로 보아 Y의 항변을 받아들여, X공사가 상고하게 되었다.

[판결요지]

어느 행위가 상법 제46조 소정의 기본적 상행위에 해당하기 위하여는 영업으로 동조 각호 소정의 행위를 하는 경우이어야 하고, 여기서 영업으로 한다고 함은 영리를 목적으로 동종의 행위를 계속 반복적으로 하는 것을 의미한다고 할 것인바, 위 대한광업진흥공사법의 제반 규정에 비추어 볼 때, X공사가 광업자금을 광산업자에게 융자하여 주고 소정의 금리에 따른 이자 및 연체이자를 지급받는다고 하더라도, 이와 같은 대금행위는 위 법 제 1 조 소정의 목적, 즉 민영광산의 육성 및 합리적인 개발을 지원하기 위하여 하는 사업이지 이를 가리켜 '영리를 목적'으로 하는 행위라고 보기는 어렵다고 할 것이다.

따라서 X공사의 위 법에 의한 광업자금의 융자행위는 X공사에 대하여는 상행위에 해당한다고 볼 수 없다고 할 것인바, 이와 다른 견해에서 X공사의 광산업자인 Y에 대한 이 사건 광업자금의 융자행위가 X공사에 대하여 상행위에 해당한다고 본 원심판결은 상행위에 관한 법리를 오해한 위법이 있다고 할 것이다.

그러나 당사자 쌍방에 대하여 모두 상행위가 되는 행위로 인한 채권뿐만 아니라 당사자 일방에 대하여만 상행위에 해당하는 행위로 인한 채권도 상법 제64조 소정의 5년의 소멸시효기간이 적용되는 상사채권에 해당하는 것이고, 그 상행위에는 상법 제46조 각호에 해당하는 기본적 상행위뿐만 아니라, 상인이 영업을 위하여 하는 보조적 상행위도 포함되는 것인바, Y는 탄광을 경영하던 사람으로서 상법 제46조 제18호 소정의 광물의 채취에 관한 행위를 영업으로 하는 상인이므로, Y가 X공사로부터 위 대한광업진흥공사법에 기하여 광업자금으로 차용한 이 사건 금원의 차용행위는 Y가 영업을 위하여 한 행위로서 같은 Y에 대하여는 상행위에 해당하고, 위 행위에 기하여 발생한 이 사건 채권은 상사채권으로서 5년의 소멸시효기간이 적용된다고 할 것이다.

따라서 원심판결에는 앞서 본 바와 같은 상행위에 관한 법리를 오해한 위법이 있다고 할 것이나, 이 사건 채권을 상사채권으로 보고 5년의 소멸시효기간이 적용된다고 본 원심은 결과적으로 정당하므로, 위와 같은 위법은 판결결과에 영향을 미친다고 볼 수 없다고 할 것이다. 논지는 이유 없다.

B. 이론요약

(1) 상행위는 일방적 상행위와 쌍방적 상행위로 분류할 수 있다.

1) 일방적 상행위란 당사자의 일방에게만 상행위가 되는 행위이다. 예컨대 상인이 비상인으로부터 영업자금을 차용하는 경우, 이 행위는 상인에게는 상행위가 되지만 비상인에 대하여는 상행위가 되지 않는다.

2) 이에 반하여 거래당사자 쌍방에게 상행위로 되는 거래행위를 쌍방적 상행위라 한다.

(2) 일방적 상행위인 경우에도 전원에게 상법이 적용된다(商 3조). 따라서 상인이 비상인으로부터 영업자금을 차용하는 경우, 비상인은 상인에 대하여 상사법정이율로 계산한 이자를 청구할 수 있고(商 54조), 그 채권에 대하여도 상사시효가 적용된다(商 64조). 일방적 상행위의 경우에 당사자 모두에 대하여 상법을 적용하는 것은, 동일한 행위에 대하여 당사자 별로 민법과 상법의 각 법률을 적용하게 되면 법률관계를 확정할 수 없는 폐단이 생기므로 이를 방지하기 위한 것이다. 이러한 점에서 상법의 적용범위가 확대되고 있는 것이다.

이 사건에서도 X공사가 설령 상인이 아니라 하더라도 Y가 상인이므로 일방적 상행위에 해당하고 상법이 적용된다는 취지인 것이다.

(3) 다만 예외적으로 상사매매의 경우 등 쌍방적 상행위에 대하여만 상법이 적용되도록 하는 경우도 있다(商 67조 내지 71조 참조).

(4) 공법인의 상행위에 대하여도 법령에 다른 규정이 없는 이상 상법이 적용된다(商 2조). 따라서 공법인이 기본적 상행위를 영업으로 하는 경우 그 범위에서 공법인은 당연상인으로서(商 4조), 상법의 적용을 받게 된다. 또한 공법인이 당연상인의 자격에서 영업을 위하여 하는 행위는 보조적 상행위가 되고(商 47조 1항), 따라서 상법이 적용된다.

(5) 그런데 특별법에 의하여 설립되는 특수공법인의 상인자격에 대한 쟁점이다. 특수공법인은 각각의 법률에 의하여 법인격 부여의 목적이 비영리적인 특정사업에 한정되어 있고 그 이외의 영업을 할 수 없으므로 이러한 특수공법인은 처음부터 상인능력이 없어 상인자격을 취득할 여지가 없다고 하는 견해가 다수

이다.

이 사건 X공사도 대한광업진흥공사법에 의하여 설립된 것으로, 그 법률에 의하면 민영광산의 육성 및 합리적인 개발을 지원하기 위하여 하는 비영리의 사업에 한정되어 있고, 기타 융자된 광업자금의 상환금은 위 법에 의한 광업융자 이외의 목적에 따라서 상인이 될 수 없다고 판단한 것이다.

C. 관련판례

(1) 大判 2008. 4. 10, 2007 다 91251(상인이 사업자금을 조달하기 위하여 계에 가입한 경우, 계주가 위 상인에 대하여 가지는 계불입금채권은 상사채권에 해당하여 5년의 소멸시효기간이 적용된다고 본 경우).

(2) 大判 1998. 7. 10, 98 다 10793(새마을금고법의 제반 규정에 의하면 새마을금고는 우리 나라 고유의 상부상조 정신에 입각하여 자금의 조성 및 이용과 회원의 경제적 · 사회적 · 문화적 지위의 향상 및 지역사회개발을 통한 건전한 국민정신의 함양과 국가경제발전에 기여함을 목적으로 하는 비영리법인이므로, 새마을금고가 금고의 회원에게 자금을 대출하는 행위는 일반적으로는 영리를 목적으로 하는 행위라고 보기 어렵다고 본 경우).

(3) 大判 1997. 8. 26, 97 다 9260(일방적 상행위, 보조적 상행위로 인한 채권도 상사채권에 해당한다고 본 경우).

(4) 大判 1989. 6. 27, 88 다카 16812(신용보증기금법과 같은 법시행령 및 상법 중 상행위에 관한 규정들을 종합하여 볼 때 신용보증기금은 상인으로 볼 수 없다고 한 경우).

D. 관련논점

(1) 이 사건에서 Y가 비상인이라면 어떤가?

(2) X공사가 특별법에 의하여 설립된 특수공법인이 아니라 국가나 지방자치단체와 같은 일반공법인이라면 어떤가?

(3) 상법 제46조에서 '영업으로 한다'의 정확한 의미에 대하여 검토하여 보자.

(4) 쌍방적 상행위에만 적용되는 상법의 규정들을 찾아보자.

제 2 보조적 상행위

A. 기본판례

▣ 大判 1999. 1. 29, 98 다 1584[건물매수행위의 보조적 상행위성]

[사실관계]

X는 부동산임대업을 개시할 목적으로 그 준비행위로서 당시 부동산임대업을 하고 있던 상인인 Y로부터 이 사건 건물을 매수하여 점유를 이전받았으나, 점유이전일로부터 6개월이 지나서야 그 건물의 하자를 발견하였다. X는 Y에게 그 하자에 대한 손해배상을 구하였으나, Y는 상법 제69조의 규정에 따라 원고의 손해배상청구권은 소멸하였다고 항변한다. 원심은 Y의 주장을 받아들여 당시 X의 매수행위는 개업준비행위인 보조적 상행위로서 X는 이미 상인자격을 취득하였고 상법이 적용된다고 하였다. 이에 X가 상고하였다.

[판결요지]

영업의 목적인 기본적 상행위를 개시하기 전에 영업을 위한 준비행위를 하는 자는 영업으로 상행위를 할 의사를 실현하는 것이므로 그 준비행위를 한 때 상인자격을 취득함과 아울러 이 개업준비행위는 영업을 위한 행위로서 그의 최초의 보조적 상행위가 되는 것이고, 이와 같은 개업준비행위는 반드시 상호등기, 개업광고, 간판부착 등에 의하여 영업의사를 일반적 · 대외적으로 표시할 필요는 없으나 점포구입 · 영업양수 · 상업사용인의 고용 등 그 준비행위의 성질로 보아 영업의사를 상대방이 객관적으로 인식할 수 있으면 당해 준비행위는 보조적 상행위로서 여기에 상행위에 관한 상법의 규정이 적용된다.

B. 이론요약

(1) 상행위란 실질적으로는 영리의 목적을 달성하기 위한 기업활동을 말하고, 형식적으로는 상법과 특별법에서 상행위로 정한 것을 의미한다.

(2) 상행위를 정하는 입법주의로는 다음이 있다.

1) 행위의 주체가 누구인지를 묻지 않고 행위의 객관적 성질에 의하여 상행위를 정하는 입법주의로서 객관주의(상행위법주의)라 칭한다. 이러한 입법주의는

상행위를 상법전에 제한적으로 규정하게 되는데, 경제사회발전에 적합하지 않는 문제가 있다.

2) 상인의 개념을 먼저 정하고 그 상인의 영업상의 행위를 상행위로 정하는 입법주의로서 주관주의(상인법주의)라 칭한다. 상인의 개념만 명확히 정의되어진 다면 장점이 있으나, 행위의 내용이나 성질이 고려되지 않는 한계가 있다.

3) 위를 병용하는 입법주의로서 절충주의이다.

(3) 우리 법은 주관주의로 봄이 다수의 견해이다. 우리 상법 제46조가 상행위에 관한 제한적인 열거를 하고는 있으나 이러한 행위는 행위의 주체와는 무관하게 상행위가 되는 것이 아니라 영업성을 인정받아야만 상행위가 되기 때문이다.

(4) 상법은 상행위의 종류로 기본적 상행위, 보조적 상행위, 준상행위를 규정하고 있다. 기본적 상행위와 준상행위는 상인이 영업으로 하는 상행위로서 영업적(營業的) 상행위라고 칭한다.

1) 기본적 상행위는 당연상인이 영업으로 하는 상행위를 말한다(商 46조). 「영업으로」의 의미는 「영리의 목적으로 동종행위를 반복하는 것」을 의미한다. 오로지 임금을 받을 목적으로 물건을 제조하는 등의 행위는 기업성이 없으므로 상행위가 될 수 없다.

2) 준상행위는 의제상인이 영업으로 하는 상행위를 말한다(商 66조). 상행위를 하지 아니하더라도 점포 기타 이와 유사한 설비에 의하여 상인적 방법으로 영업을 하는 자나 상행위 이외의 행위를 목적으로 하는 회사도 상인이므로(商 5조), 이들이 영업으로 하는 상행위를 준상행위라 한다. 이러한 준상행위는 기본적 상행위와 함께 영업적 상행위가 된다.

(5) 보조적 상행위란 상인이 「영업을 위하여」 하는 상행위를 말하는 것으로(商 47조 1항) 부속적(附屬的) 상행위 또는 부수적(附隨的) 상행위라고도 부른다. 보조적 상행위는 영업을 위하여 하는 행위라는 점에서 영업으로 하는 행위인 영업적 상행위와 구별된다.

1) 보조적 상행위는 당연상인이든, 의제상인이든, 소상인이든 불문한다.

2) 보조적 상행위는 법률행위에 한하지 않고 준법률행위 및 사실행위에도 성립될 수 있다. 그리고 사무관리, 부당이득 및 불법행위에도 성립할 수 있다고

본다. 불법행위에 대하여는 적용되지 않는다고 하는 소수의 견해가 있긴 하나 기업활동에 관한 특칙인 상행위법은 기업의 행위의 적법성과는 관계 없이 적용되어야 하고,[1] 보조적 상행위는 고유한 의미의 상행위가 아니고 상행위로 의제되는 점[2] 등을 보면 불법행위에도 적용된다고 봄이 옳다.

3) 영업을 위하여 하는 행위는 영업과 관련된 모든 재산법상의 행위를 의미하며 유상이든 무상이든 불문한다. 그리고 영업을 위하여 하는 행위인지의 여부는 외관에 의하여 객관적으로 판단하여야 하고 상인의 주관적인 내심적 의사를 기준으로 하지 않는다.

4) 영업을 위하여 하는 행위인 것이 분명하다면 상인자격을 반드시 취득하고 있어야 하는 것도 아니다. 이 경우는 최초의 보조적 상행위가 될 것이고, 그 행위의 성질로 보아 거래의 상대방이 영업의사를 객관적으로 인식할 수 있다면 당해 행위는 보조적 상행위로서 상법의 규정이 적용된다.

이 사건이 이에 관한 것으로 X의 준비행위는 보조적 상행위로서 상법의 적용대상이 되는 것이다.

(6) 상법은 어느 행위가 영업을 위하여 하는 행위인지 여부가 불분명한 경우를 대비하고 거래의 안전을 위하여 상인의 행위는 영업을 위하여 하는 것으로 추정한다고 규정한다(商 47조 2항). 이는 추정(推定)의 규정이므로 상인은 영업을 위하여 하는 행위가 아님을 입증하여 상행위성을 배제할 수 있다.

C. 관련판례

(1) 大判 1993. 10. 26, 92 다 55008(상인이 금원을 차용한 행위가 영업을 위하여 한 것으로 추정한다고 본 경우).

(2) 大判 1992. 7. 28, 92 다 10173 · 10180(상인의 잔존채무에 대한 정산약정이 보조적 상행위에 해당한다고 한 경우).

(3) 大判 1976. 6. 22, 76 다 28(대한석탄공사는 상사회사는 아니라 하여도 광물채취에 관한 행위를 영업으로 하는 상인의 성질을 띤 법인이라 할 것이며 위 공

1) 최기원, 215면.
2) 정찬형, 196면.

사가 피용자들과 체결한 근로계약은 그의 영업을 위한 보조적 상행위이므로 그 보조적 상행위에 따른 퇴직금채무는 상사채무라고 한 경우).

D. 관련논점

(1) 불법행위의 경우에도 보조적 상행위성이 인정될 수 있는지를 다시 한번 검토하여 보자.

(2) 개인기업이 행위를 하는 경우 개인의 이익을 위한 것인지 불분명한 경우에는 어떻게 해석하고 있는가?

(3) 상법은 가칭 「절대적 상행위」를 인정하고 있는가?

제 3 보조적 상행위의 추정

A. 기본판례

▣ 大判 1993. 10. 26, 92 다 55008[상인이 차용한 금원이 타인의 예금구좌에 입금되어 타인이 사용하였다는 것만으로는 보조적 상행위의 추정이 번복되지 않는다고 한 경우]

[사실관계]

Y가 1979. 1. 15. '한림산업사'라는 상호로 사업자등록을 하고 서울 중구에서 단추, 버클 등의 제조 및 판매를 주로 하는 사업을 개시한 이래 X로부터 이 사건 금원을 차용할 당시에도 이를 계속하고 있던 상인으로서 X로부터 위 금원을 차용하면서 X에게 위 상호 및 그 업종과 사무실 및 공장의 소재지가 인쇄된 Y의 명함을 교부해 주었고, 또한 이 사건 약속어음의 Y의 배서부분에 기명날인을 함에 있어 Y의 표시를 '한림산업사 대표 Y'라고 기재하여 주었다. X는 Y가 자신의 영업과는 아무런 관련 없이 소외 Z를 도울 목적으로 위 금원을 차용하여 이를 위 Z에게 교부하였다고 주장하였다.

[판결요지]

Y가 '한림산업사'라는 상호로 사업자등록을 하고 단추, 버클 등의 제조 및 판매를 주로 하는 사업을 개시한 이래 을로부터 금원을 차용할 당시에도 이를 계

속하고 있던 상인으로서 X로부터 금원을 차용하면서 X에게 위 상호 및 그 업종과 사무실 및 공장의 소재지가 인쇄된 명함을 교부해 주었고, 또한 약속어음의 Y의 배서부분에 기명날인을 함에 있어 Y의 표시를 '한림산업사 대표 Y'라고 기재하여 주었다면 Y의 위 금원차용행위는 특별한 사정이 없는 한 상인인 Y가 그의 영업을 위하여 한 것으로 추정된다고 보아야 한다.

위 금원이 Z의 은행예금구좌에 입금되어 Z이 위 금원을 사용하였다는 사실만으로는 Y가 그의 영업을 위하여 위 금원을 차용하였다는 추정을 번복하기에 부족하다.

B. 이론요약

(1) 보조적 상행위란 상인이 「영업을 위하여」 하는 상행위를 말하는 것으로 보조적 상행위도 상행위로 본다(商 47조 1항). 영업을 위하여 한다는 것은 상인이 자신의 주된 영리활동으로 하는 것이 아니라, 주된 영리활동의 수행을 위한 필요에서 부수적으로 한다는 뜻이다.

(2) 보조적 상행위는 절대적으로 정하여지는 것이 아니라, 상인의 영업과 관련하여 판단되어지는 상대적 개념이다. 예컨대 자금을 빌리는 행위는 창고업을 하는 상인에게는 보조적 상행위에 해당하나 금융업에서는 기본적 상행위에 해당하게 되는 것이다. 회사기업의 경우에는 행위가 모두 영업과 관련된 것이므로 그 행위의 상행위성이 문제되지 않는다. 하지만 개인기업의 경우에는 어느 행위가 영업을 위하여 하는 행위인지 또는 개인의 이익을 위한 것인지 불분명한 경우가 존재한다.

(3) 보조적 상행위인지의 여부를 판단하는 기준이 필요하게 된다.

1) 영업을 위하여 하는 행위인지의 여부는 외관에 의하여 객관적으로 판단하여야 하고 상인의 주관적인 내심적 의사를 기준으로 하지 않는다. 이 사건 법원도 이러한 원칙을 적용하고 있다. 금원을 차용할 당시의 객관적 정황을 중심으로 판단하는 것으로 당사자 상인의 주관적 내심을 기준으로 하지 않는다는 점이다.

"X에게 위 상호 및 그 업종과 사무실 및 공장의 소재지가 인쇄된 명함을 교부해 주었고, 또한 약속어음의 Y의 배서부분에 기명날인을 함에 있어 Y의 표시를 '한림산업사 대표 Y'라고 기재하여 주었다면"이라고 판시하고 있어 이 점을 분명히 하고 있다. 즉 X의 주관적 내심에 바탕한 것이 아니라 당시 행위가 이루어진 객관적 사실에 기초한다.

2) 영업과의 관련성 자체가 불분명한 경우를 대비하여 상법은 상인의 행위는 영업을 위하여 하는 것으로 추정한다. 즉 상법은 어느 행위가 영업을 위하여 하는 행위인지 여부가 불분명한 경우를 대비하고 거래의 안전을 위하여 상인의 행위는 영업을 위하여 하는 것으로 추정한다고 규정한다(商 47조 2항).

이 사건에서도 법원은 상법의 이 규정을 적용하여 보조적 상행위로 추정하고 있다.

3) 상법 제47조 제 2 항은 추정(推定)의 규정이므로 상인은 영업을 위하여 하는 행위가 아님을 입증하여 상행위성을 배제할 수 있다. 다만 상인의 특정 행위를 보조적 상행위가 아니라고 주장하는 자가 있다면 그가 입증책임을 부담한다.

이 사건에서도 "위 금원이 Z의 은행예금구좌에 입금되어 Z가 위 금원을 사용하였다는 사실만으로는 Y가 그의 영업을 위하여 위 금원을 차용하였다는 추정을 번복하기에 부족하다"고 하여 이러한 법리를 설시하고 있다.

C. 관련판례

(1) 大判 2008. 12. 11, 2006 다 54378(음식점업을 영위하는 상인이 부동산중개업을 영위하는 상인에게 금원을 대여한 행위는 상법 제47조 제 2 항에 의하여 영업을 위하여 하는 것으로 추정되고, 그 금전대여행위가 서로 고율의 이자소득을 얻기 위한 목적으로 행하여졌다는 사정만으로는 위 추정이 번복된다고 볼 수 없다고 한 경우).

(2) 大判 1995. 4. 21, 94 다 36643(부동산중개업자의 금원대여 행위를 상법 제47조에 의하여 영업을 위하여 한 상행위로 추정함이 상당하다 하여, 이로 인하여 발생한 채권은 상사채권으로서 5년의 상사시효의 적용을 받게 된다고 한 경우).

(3) 大判 1993. 3. 9, 92 다 44329(축산업협동조합이 양계업을 영위하는 조합원에게 사료를 판매한 행위가 조합원의 구매사업의 하나에 해당한다고 하더라도 상인인 조합원이 영업을 위하여 하는 사료의 구매에 해당하므로 그 상거래행위는

상행위라고 보아야 할 것이고 따라서 그 외상대금채권은 상사채권이라고 한 경우).

(4) 大判 1976. 6. 22, 76 다 28(대한석탄공사는 상사회사는 아니라 하여도 광물채취에 관한 행위를 영업으로 하는 상인의 성질을 띤 법인이라 할 것이며 위 공사가 피용자들과 체결한 근로계약은 그의 영업을 위한 보조적 상행위이므로 그 보조적 상행위에 따른 퇴직금채무는 상사채무라고 한 경우).

D. 관련논점

(1) 지방자치단체가 상인자격을 취득하고 영업을 하고 있는 경우에도 상법 제47조는 그대로 적용되는가?

(2) 이 사건에서 Y가 배서를 할 당시 단지 자신의 이름만을 기재하였더라면 어떠한가?

(3) 기본적 상행위와 보조적 상행위에 적용되는 법률들이 다른 것이 있는가?

제4 상행위의 대리

A. 기본판례

▣ 大判 1989. 10. 27, 89 다카 319[지입차주의 유류구입행위에 대하여 운송사업자의 책임을 인정한 경우]

[사실관계]

A는 Y주식회사에 차량 1대를 지입하고 Y회사로부터 그 지입차량의 운행·관리를 위임받아 운행·관리하였다. X는 위 A가 이 건 차량의 지입차주임을 알면서 그 이입차량에 소요되는 유류를 공급하였고, 또 세금계산서에 위 지입차량의 유류공급을 받는 자를 Y회사로 표시하고 그 대표자를 위 A로 기재하였다. 그러나 X는 위 A와 거래하는 동안 그 유류대금을 A로부터 영수하였고 Y회사에 대하여 그 유류대금의 변제를 청구한 사실이 없었다. 본건에서 A가 유류대금을 지급하지 않았으므로 X는 A의 유류구입행위가 Y회사를 대리한 것이라고 하여 Y회사에 대하여 그 대금의 지급을 청구하였다.

이에 대하여 원심은 X와 A간에는 유류대금을 A가 부담하기로 하는 특약이 있다고 볼 수 없으므로 Y가 그 대금을 부담하여야 한다고 판시하였다. 이에 Y회사가 상고한 것이다.

[판결요지]

회사에 지입된 차량은 대외적으로는 그 소유권이나 운행 · 관리권이 그 회사에 귀속되므로, 그 지입차량을 지입차주가 운행 · 관리하는 경우에도 그 지입차주는 운송사업자인 지입회사로부터 지입차량에 관한 운행 · 관리권을 위임받아 운행 · 관리상 통상의 업무에 속하는 행위를 대리하는 것이라고 보아야 할 것이다.

지입차주가 지입차량의 운행에 필요한 유류를 구입하는 행위는 지입차량의 운행 · 관리상 통상의 업무에 속하는 행위라 할 것이므로 그 유류를 구입함에 있어 지입차주에게 운송사업자를 대리하는 의사가 없고 또 상대방이 운송사업자에게 판매하려는 의사가 없었다고 볼 만한 특별한 사정이 있어 유류를 직접 공급받은 지입차주가 그 유류대금을 부담하기로 하는 특약이 있었던 거래와 같게 보아야 하는 경우를 제외하고는 지입차주의 유류구입행위는 운송사업자를 대리한 것으로 보아야 할 것이다. 따라서 Y회사는 X에 대하여 유류대금을 지급할 의무가 있으므로 원심은 타당하고 상고논지는 이유 없다.

B. 이론요약

(1) 이 건은 A가 Y회사와 지입계약을 체결하고 Y회사로부터 그 지입차량의 운행 · 관리를 위임받아 직접 지입차량을 운행 · 관리하면서 X로부터 그 지입차량에 필요한 유류를 구입한 경우에 지입회사인 Y회사가 X에 대하여 그 유류대금의 지급의무를 부담하는가 하는 문제이다. 지입차주인 A가 지입회사인 Y회사로부터 지입차량의 운행 · 관리를 위임받아 그 지입차량을 직접 운행 · 관리하는 것이 이른바 상행위의 대리로 되는지, 이것이 상행위의 대리로 된다면 상행위의 대리의 요건을 갖추고 있는지, 또 지입차주가 지입차량에 필요한 유류를 구입하는 행위가 상행위의 대리권의 범위 내의 행위인지 등이 문제된다.

(2) 상법은 민법에서의 현명주의와는 달리 비현명주의를 채택하고 있고, 그 이유는 상거래의 신속 · 안전을 위한 것이라고 본다.

1) 민법에서는 현명주의가 원칙이다. 따라서 대리인이 본인을 위한 것임을 표시하지 않고 한 행위에 대하여는 원칙적으로 대리인만이 책임을 지고(民 115조 본문),

다만 상대방이 대리인으로서 한 것임을 알았거나 알 수 있었을 경우에는 본인이 책임을 진다(民 115조 단서).

2) 상행위의 대리인이 그 본인을 위하여 상행위를 하는 경우에는 본인을 표시하지 않더라도 그 행위는 원칙적으로 본인에 대하여 효력이 생긴다(商 48조 본문). 다만 예외적으로 상대방이 본인을 위한 것임을 알지 못한 경우에는 본인 또는 대리인의 어느 편에도 이행청구를 할 수 있다(商 48조 단서).

(3) 지입차주는 지입차량운행·관리의 대리권을 가진다.

1) 지입계약은 차주가 그 소유의 차량을 운송인에게 명의신탁하여 그 차량의 소유권과 운행·관리권을 운송인에게 귀속시켜 운송인이 그 차량을 운행·관리하는 수탁관리운영계약이다. 따라서 지입차주는 운송인인 지입회사로부터 그 지입차량의 운행·관리를 위임받아 지입차량을 직접 운행·관리할 수 있고, 이 경우에 지입차주는 지입차량의 운행·관리에 관한 행위의 대리권을 가진다.

2) 운송인인 지입회사는 운송의 인수를 영업으로 하는 자로서 상인이고(商 4조, 46조 13호), 또 지입차주가 지입회사로부터 지입차량의 운행·관리의 위임을 받아 직접 그 지입차량을 운행·관리하는 행위는 상법 제49조의「상행위의 위임을 받아」상행위의 대리를 하는 것이다.

(4) 상행위의 대리의 요건은 아래와 같다.

1) 이상에서와 같이 상행위의 대리는 비현명주의가 원칙이고, 따라서 상행위의 대리인이 상행위를 대리하는 경우에는 대리의 방식을 갖추었느냐 하는 것이 문제되지 아니하고, 다만 상대방이 본인을 위하여 하는 것임을 알지 못한 때에는 대리인에 대하여서도 그 이행을 청구할 수 있을 뿐이다.

2) 다만 대리의 기본적 요건이 대리인이 본인인 영업주를 대리한다는 의사가 있어야 하는 것이고 이 건에서도 A에게 Y회사를 위한다는 의사가 있어야 함은 당연하다.

3) 지입차주의 지입차량의 직접 운행·관리를 상행위의 대리로 보면, 이 건 A의 유류구입행위의 방식은 상행위의 대리로 봄에 전혀 문제될 것이 없다. 또한 지입계약이 체결된 경우에는 지입차량의 소유권과 운행·관리권이 지입회사에 귀속되고 지입차주는 지입회사로부터 지입차량의 운행·관리를 위임받아 그 지입차량을 직접 운행·관리하는 것이므로, 지입차주가 지입차량을 직접 운행·

관리하는 경우에는 다른 특약이 없는 한 당연히 지입회사를 대리하는 것이다. 즉 지입차주로서 지입차량을 직접 운행 · 관리하는 A가 지입차량의 운행 · 관리의 행위에 관하여 Y회사를 대리한다는 것은 의문의 여지가 없다.

(5) 상행위의 대리인의 대리권의 범위와 관련하여 상행위의 위임을 받은 상행위의 대리인은 위임의 본지에 반하지 아니하는 범위 내에서 위임받지 아니한 행위도 할 수 있다(商 49조).

1) 따라서 지입차주를 상행위의 위임을 받은 상행위의 대리인으로 보는 한, 지입차주는 위임의 본지에 반하지 아니하는 행위는 어떤 행위도 할 수 있는 것이다.

2) 그러나 판례는 지입차주는 지입차량의 운행 · 관리의 「통상의 업무에 속하는 행위」에 한하여서만 대리권이 있는 것으로 판시하고 있는데(大判 1986. 6. 10, 85 다카 2636; 同 1987. 9. 8, 87 다카 1026) 이와 같이 지입차주의 대리권의 범위를 통상의 업무에 속하는 행위로 한정한 논거가 명확하지 않다. 상법 제49조의 상행위의 대리권의 범위에 관하여 상거래의 특수성을 감안하여 상행위의 대리인이 그 위임받은 사무를 임기응변으로 조치할 수 있도록 한 예외규정으로서 민법상 수임자의 위임사무처리권한보다 확장한 것이다. A가 X로부터 유류를 구입한 행위는 Y회사가 A에게 지입차량을 운행 · 관리하게 한 위임의 본지에 반하는 것이 아니므로 Y회사에 대하여 효력이 있고, 또 이 건의 판결과 종전의 판례에서와 같이 지입차주의 대리권의 범위를 통상의 업무에 속하는 행위에 한한다고 보더라도 결론은 동일하다.

(6) A는 Y회사로부터 지입차량의 운행 · 관리의 위임을 받아 직접 그 차량을 운행 · 관리하므로 지입차량의 운행 · 관리에 관하여 대리권을 가진다. Y회사는 운송의 인수를 영업으로 하는 자로서 상인이고(商 4조, 46조 13호), 또 A가 Y회사로부터 지입차량의 운행 · 관리의 위임을 받아 직접 그 지입차량을 운행 · 관리하는 행위는 상법 제49조의 「상행위의 위임을 받아」 상행위의 대리를 하는 것이다.

C. 관련판례

(1) 大判 2009. 6. 25, 2007 두 15469(화물자동차운송사업면허를 가진 운송사업자와 실질적으로 자동차를 소유하고 있는 차주간의 계약으로 외부적으로는 자동차를 운송사업자 명의로 등록하여 운송사업자에게 귀속시키고 내부적으로는

각 차주들이 독립된 관리 및 계산으로 영업을 하면서 운송사업자에 대하여는 지입료를 지불하는 운송사업형태인 이른바 지입제에 있어, 그 지입차주가 지입된 차량을 직접 운행·관리하면서 그 명의로 화물운송계약을 체결하였다고 하더라도, 대외적으로는 그 차량의 소유자인 지입회사의 위임을 받아 운행·관리를 대행하는 지위에 있는 지입차주가 지입회사를 대리한 행위로서 그 법률효과는 지입회사에 귀속되는 것이므로, 이 경우 거래상대방이 교부받은 지입회사 명의의 세금계산서는 공급자가 사실과 다른 세금계산서에 해당한다고 볼 수 없다. 그러나 지입차주에게 지입회사를 대리할 의사가 없었고 거래상대방도 지입회사와 거래하려는 의사가 아니었다고 볼 수 있는 때에는 그 법률효과는 지입회사에 귀속되는 것이 아니라고 한 경우).

(2) 大判 2000. 10. 13, 2000 다 20069(지입차주가 지입된 차량을 직접 운행·관리하면서 그 명의로 화물운송계약을 체결하였다고 하더라도, 대외적으로는 그 차량의 소유자인 회사의 위임을 받아 운행·관리를 대행하는 지위에 있는 지입차주가 지입회사를 대리한 행위로서 그 법률효과는 지입회사에 귀속된다고 한 경우).

(3) 大判 1996. 10. 25, 94 다 41935·41942(상가건물 분양업체에게 그 소유자를 대리할 권한이 있고, 그 점포의 분양행위가 그 규모, 횟수, 분양기간 등에 비추어 볼 때 상법 제46조 제 1 호 소정의 부동산의 매매로서 본인인 상가건물 소유자의 상행위가 되는 경우, 분양업체가 수분양자와 분양계약을 체결하면서 건물 소유자의 대리인임을 표시하지 않았다 하더라도 상법 제48조에 의하여 유효한 대리행위로서 그 효과는 본인인 건물 소유자에게 귀속된다고 한 경우).

(4) 大判 1993. 5. 27, 93 다 7341(일반적으로 회사에 지입된 차량은 대외적으로 소유권이나 운행·관리권이 회사에 귀속되는 것이어서 이를 지입차주가 직접 운행·관리하는 경우에도 지입차주는 회사로부터 지입차량에 관한 운행·관리권을 위임받아 운행·관리상 통상업무에 속하는 행위를 대리하는 데 불과하나, 통상업무에 속하는 유류공급거래를 함에 있어서 지입차주에게 회사를 대리하는 의사가 없었고 상대방인 유류공급업자도 회사와 거래하려는 의사가 아니었다고 볼 수 있는 특별한 사정이 있어서 유류대금을 유류를 직접 공급받은 지입차주만이

부담하기로 하는 특약이 있었던 것으로 보아야 하는 경우에는 지입차주가 유류대금을 부담하여야 할 것이라고 한 경우).

(5) 大判 1964. 10. 20, 64 다 408(복덕방영업을 하는 X의 피용자 A가 X를 표시하지 아니하고 Y와 중개계약을 체결한 것이 X에게 효력을 미치는지 여부에 관하여, X의 본건 중개행위는 상행위라 할 것이고 또 상행위의 대리에 있어서는 대리인이 본인을 위한 것임을 표시하지 아니하여도 본인에 대하여 효력이 있다고 한 경우).

D. 관련논점

(1) Y는 상인인가?

(2) 이 경우 만약 X가 A의 행위는 Y회사를 위하여 대리인으로서 한 것임을 알지 못한 경우 누가 책임을 지는가?

(3) A가 Y회사를 위한 것이 아닌 경우에는 누가 책임을 지는가?

(4) 상법 제49조에서 상행위의 수임인은 위임의 본지에 반하지 않는 범위 내에서 위임을 받지 않는 행위도 할 수 있다고 규정하는바, 이는 수임인의 권한을 민법보다 확대한 것인가?

(5) 상행위의 대리권은 본인의 사망에 의하여 소멸하는가?

제 5 상사소멸시효

A. 기본판례

▣ 大判 1979. 11. 13, 79 다 1453[대출금의 지연손해금에 대하여 상사시효를 인정한 경우]

[사실관계]

X는 Y에게 대출한도액 1억 4천 5백만원, 기한 1972. 3. 31., 연체이자 연 36.5%의 조건으로 1억 1천만원을 대출하였다. 한편 Y는 1972. 3. 31. 현재 대출잔액이 4,498만원에 이르고 있는데, 1973. 11. 23. 현재 4천 1백 44만여 원을 또 지급하였다. 그런데 X는 1억 1천만원에 대하여 1972. 4. 2.부터 1972. 8. 2.까지는 연 31.2%의 비율로 1972. 8. 3.부터 1973. 11. 23.까지는 연 25%의 비율로 계산하

여 연체이자를 지급하라고 청구하였다. 이에 대하여 Y는 1973. 11. 23. 현재 대출원금은 전부 변제되었으므로 이자는 소멸되었고 그렇지 않더라도 지연이자는 민법 제766조 제 1 항에 의하여 3년이 경과한 1976. 12. 5.에 시효로 소멸되었다고 항변하였다.

이에 대하여 원심은 대출금에 대한 변제기 이후의 지연손해금에 대하여 민법 제766조 제 1 항이 적용될 여지가 없고 상법 제64조가 적용되어야 한다고 하여 Y의 주장을 배척하였다. 이에 Y가 상고하였다.

[판결요지]

은행이 그 영업행위로서 한 대출금에 대한 변제기 이후의 지연손해금은 민법 제163조 제 1 호 소정의 단기소멸시효 대상인 이자채권도 아니고, 불법행위로 인한 손해배상 채권에 관한 민법 제766조 제 1 항 소정의 단기소멸시효의 대상도 아니고, 상행위로 인한 채권에 관하여 적용될 5년간의 소멸시효를 규정한 상법 제64조가 적용되어야 한다.

B. 이론요약

(1) 상법 제64조는 "상행위로 인한 채권은 본법에 다른 규정이 없는 때에는 5년간 행사하지 아니하면 소멸시효가 완성한다. 그러나 다른 법령에 이보다 단기의 시효의 규정이 있는 때에는 그 규정에 의한다"라고 규정하고 있다. 5년의 상사시효는 쌍방적 상행위로 인한 채권이든 일방적 상행위로 인한 채권이든 불문하며, 일방적 상행위로 인한 채권은 채권자를 위한 상행위이든 채무자를 위한 상행위이든 불문한다. 또한 영업적 상행위로 인한 채권이든 보조적 상행위로 인한 채권이든 불문한다.

1) 상행위로 인하여 생긴 채무의 불이행으로 인한 손해배상채권은 상행위로 인하여 직접 생긴 채권과 실질적인 동일성을 가지므로[1] 이에 대하여는 상사시효가 적용된다는 것이 학설과 판례의 입장이다. 즉 상사시효가 적용되는 채권은 직접 상행위로 인하여 생긴 채권뿐만 아니라 상행위로 인하여 생긴 채무의 불이행에 기하여 성립한 손해배상채권도 포함한다는 것이고 이것이 판례와 통설의 입

1) 정찬형, 204면.

장이다.

2) 상사채권인 이상 면책적 채무인수가 있은 경우에도 채무인수행위가 상행위나 보조적 상행위에 해당하지 아니한 경우에도 5년의 상사시효가 적용된다.

(2) 상사채권에 관한 5년의 소멸시효기간은 다음과 같은 예외가 있다.

1) 상법의 규정 중에서 채무의 특수성 등에 비추어 일반의 상사시효보다 훨씬 단기의 소멸시효기간을 규정한 경우가 있는데, 이 경우에는 이러한 상법의 규정에 의하여 단기의 시효기간이 적용된다(商 64조 본문). 예를 들면 공중접객업자의 책임이 제154조 제 1 항에서 6개월로 정하여져 있는바, 이 경우에는 6개월이 적용되는 것이다.

2) 상법 이외의 다른 법령에 상사시효 5년보다 단기의 소멸시효기간이 규정된 때에는 그 규정에 의하여 단기의 소멸시효기간이 적용된다(商 64조 단서). 민법 제164조에서 숙박료에 대하여는 1년의 시효기간을 규정하고 있는바, 그 채권의 소멸시효기간은 5년이 아니라 1년인 것이다.

C. 관련판례

(1) 大判 2006. 4. 27, 2006 다 1381(근로계약 또는 단체협약은 보조적 상행위이므로 이에 기한 위로금채권의 시효기간은 5년이라고 본 경우).

(2) 大判 1999. 7. 9, 99 다 12376(개인이 상사시효의 적용을 받는 채무를 면책적으로 인수한 경우에도 그 인수채무의 소멸시효기간은 상사시효의 적용을 받는다고 본 경우).

(3) 大判 1997. 8. 26, 97 다 9260(상사시효가 적용되는 채권은 직접 상행위로 인하여 생긴 채권뿐만 아니라 상행위로 인하여 생긴 채무의 불이행에 기하여 성립한 손해배상채권도 포함한다고 한 경우).

(4) 大判 1996. 1. 23, 95 다 39854(위탁자의 위탁상품 공급으로 인한 위탁매매인에 대한 청구권에 대하여 상사시효를 인정한 경우).

(5) 大判 1977. 4. 12, 76 다 497(대한석탄공사에 대한 퇴직금채권에 관한 상사채권의 소멸시효기간을 인정한 경우).

D. 관련논점

(1) 비상인이 상인에게 금전을 대출한 경우에도 상사시효가 적용되는가?

(2) 상인이 제 3 자를 위한 계약의 수익자로서 수익의 의사표시를 하여 발생한 특허권의 전용실시권 설정등록절차 이행청구권은 상법 제64조의 상사시효의 대상이 되는가?(大判 2002. 9. 24, 2002 다 760 참조)

제 6 상사시효의 적용범위

A. 기본판례

▣ **大判 1993. 9. 14, 93 다 21569[상행위인 계약의 해제로 인한 원상회복청구권에 대하여도 상사시효를 인정한 경우]**

[사실관계]

X는 1994. 9. 28. 중기제작 및 판매업을 목적으로 하는 주식회사인 Y와의 사이에 굴삭기 1대를 금 69,000,000원에 36개월 할부로 매수하기로 하는 매매계약을 체결하고, 같은 날 계약금으로 금 5,000,000원, 물품인도금으로 금 5,350,000원 합계 금 10,350,000원을 Y에게 지급하고 1984. 10. 23. Y로부터 굴삭기 1대를 인수하였다.

X는 1984. 10. 24.부터 위 굴삭기를 사용하기 시작하였는데, 위 굴삭기는 처음부터 유압콘트롤 작동고장으로 가동이 불가능하였던 것을 비롯하여 14회에 걸쳐 가동이 불가능할 정도의 고장이 발생하여 그 때마다 X 소속의 하자보수원인 소외 甲이 위 굴삭기를 수리하다가 마침내 위 甲은 1985. 12. 28.경 위 굴삭기는 수리 및 사용불능이라고 하면서 수리를 포기하고 이를 전북 완주군 봉동읍 구만리 제방 위로 옮겨 방치하였다.

X는 1984. 11. 7. Y에게 위 굴삭기를 회수하여 가고 새로운 기계로 교체하여 달라는 통고를 하였으나 Y는 이에 불응하였고, 그 후 X는 1985. 12. 28.경 위 굴삭기가 위 제방 위에 방치되자 더 이상의 수리요청 및 교체요청을 중지하고 Y에 대하여 계약금 및 매매인도금의 반환을 요구하였고, 1991. 7. 6.경 다시금 Y에게 위 매매계약의 해제통보서를 보낸 후, 1991. 7. 25. Y를 상대로 위 계약금 및 물품인도금 합계 금 10,350,000원의 반환을 구하는 이 사건 소를 제기하였다.

Y는, 제1심에서는 X가 한 위 1991. 7. 6.자 해제는 위 굴삭기의 하자를 발견한 날로부터 6개월의 제척기간이 지난 후에 한 것이므로 민법 제580조의 규정에 의하여 효력이 없다고 항변하다가, 제2심에서는 위 제척기간도과의 항변을 철회하고 X가 해제일로부터 5년이 경과한 후에 이 사건 소를 제기하였으므로 X의 해제로 인한 원상회복청구권은 상사소멸시효가 완성되었다고 항변하였다.

즉 이 사건에서는 상행위인 계약의 해제로 인한 원상회복청구권에도 상사시효에 관한 규정이 적용되는지 여부에 관한 것으로, 채권자인 X는 민사시효를 주장하고 채무자인 Y는 상사시효를 주장하였고, 원심은 Y의 주장을 인정하였다.

[판결요지]

상행위인 계약의 해제로 인한 원상회복청구권 또한 상법 제64조의 상사시효의 대상이 된다고 할 것인바, 기록에 의하여 살펴보면, 원심이, 같은 취지에서, X가 이 사건 매매계약에 관한 그 주장의 해제일로부터 5년이 경과한 후에 이 사건 소를 제기하였다고 하여 위 계약해제로 인한 계약금등반환청구권은 그 소멸시효가 완성되었다고 판단하였음은 정당하고, 거기에 소론과 같은 위법이 있다고 할 수 없다. 논지는 이유 없다.

B. 이론요약

(1) 상거래의 신속한 해결을 위한 상사시효 5년의 적용범위는 상행위로 인한 채권에 적용된다. 그리고 상행위로 인한 채권은 쌍방적 상행위로 인한 채권이든 일방적 상행위로 인한 채권이든 불문하며, 일방적 상행위로 인한 채권은 채권자를 위한 상행위이든 채무자를 위한 상행위이든 불문한다. 그런데 이러한 상사시효의 규정이 이 건과 같은 상사계약의 해제로 인한 원상회복청구권에도 적용되는가?

(2) 상행위인 계약의 해제로 인한 원상회복청구권은 상사채무이므로 이에 대하여는 상사시효가 적용된다고 하는 것이 통설이고 판례이다. 이 판결도 그러한 취지인 것이다.

그 논거로는 일반적으로 상행위인 계약의 해제로 인한 원상회복청구권은 그 계약으로 인하여 직접 생긴 채권과 실질적인 동일성을 가진다는 점 또는 상사계약에 기하여 발생한 법률관계를 조기에 종결하기 위하여 상사시효제도를 둔 것이라면, 상사계약에 기하여 이미 발생한 법률관계를 해제에 의하여 청산하는 경우에도 그 법률관계의 청산을 조기에 종결하는 것이 마찬가지로 요청된다는 점 등을 들고 있다.

그 밖에 원상회복청구권은 계약의 해제라는 법률행위에 의하여 발생하는 채권이므로 「상행위로 인한 채권」이라는 법률의 문언적 해석에 있어서도 무리가 없다.

(3) 상사계약의 해제로 인하여 원상회복청구권이 발생한 경우 그 소멸시효의 기산점이 문제된다. 즉 해제로 인한 원상회복청구권은 언제부터 소멸시효가 진행하는가? 해제로 인한 원상회복청구권의 소멸시효의 기산점에 관한 학설 및 판례를 검토하여 본다.

1) 해제로 인한 원상회복청구권의 소멸시효는 해제권발생시, 즉 상대방의 채무불이행 및 최고 등의 해제권발생의 요건을 갖추어 해제권을 행사할 수 있는 때부터 진행한다는 견해로서 위 형성권행사의 결과 발생하는 청구권의 소멸시효의 기산점에 관한 통설의 입장에 충실한 견해이다.

2) 해제로 인한 원상회복청구권의 소멸시효는 본래의 계약상의 채권의 이행기부터 진행한다는 견해로서, 계약해제로 인한 원상회복의무는 계약상의 채무의 불이행으로 인한 손해배상채무와 함께 본래의 채무에 관한 채무불이행의 책임을 묻는 것으로서 본래의 채무의 변형물에 지나지 않고 실질적으로는 동일한 것이라는 점을 그 주된 논거로 하고 있다.

그러나 위 두 견해는 아직 해제를 하지 아니하여 원상회복청구권이 발생도 하지 아니한 시점에서부터 원상회복청구권의 소멸시효의 진행을 긍정하는 점에 대한 법률상의 근거가 없으며, 오히려 소멸시효는 권리를 행사할 수 있는 때로부터 진행한다는 민법 제166조의 규정에 정면으로 반하는 이론상 문제가 있다.

3) 이 건 판결이 취하는 견해로서, 해제로 인한 원상회복청구권의 소멸시효는 해제시, 즉 원상회복청구권이 발생한 때부터 진행한다는 견해이다. 형성권행사의 결과 발생하는 청구권의 소멸시효의 기산점에 관한 입장에 충실하는 한편, 본래의 계약상의 채권과 해제로 인한 원상회복청구권이 별개의 채권이라는 것을 주된 논거로 한다. 다만 이 판결은 어느 견해에 의하더라도 이미 원상회복청구권

이 시효로 인하여 소멸하였다는 결론에는 차이가 없다.

(4) 상사계약의 해제로 인한 부당이득반환청구권에도 상사시효가 적용되는지 여부에 대한 검토가 필요하다.

1) 민사시효설은 상사시효가 적용되는 채권은 상행위에 속한 법률행위에 의하여 발생하는 채권이어야 하는 것인데, 부당이득반환채권은 법률행위에 의하여 발생하는 것이 아니고 법률의 규정에 의하여 발생하는 채권이므로 비록 부당이득반환청구권의 발생원인으로 된 급부가 상사시효가 적용되는 채권에 기한 것이라고 하더라도 10년의 민사시효에 의하여야 한다는 견해이다.

2) 상사시효설은 부당이득반환청구권이 법률의 규정에 의하여 발생하는 채권이라 하더라도, 이는 상행위로 인하여 발생한 법률관계를 청산하는 것이라는 점에서는 계약해제로 인한 원상회복청구권과 다를 바가 없으므로 그 청산관계를 조기에 종료하는 것이 요청되며, 원상회복청구권은 계약해제라고 하는 법률행위를 매개로 하여 발생하는 법률관계이고 부당이득반환청구권은 법률행위를 매개로 하지 아니하고 법률의 규정에 의하여 직접 발생하는 것이라는 점은 양자를 다르게 취급할 합리적인 이유가 되지 못하므로 부당이득반환청구권의 경우에도 상사시효가 적용되어야 한다는 견해이다.

판례 중에는 “상행위에 해당하는 보증보험계약에 기초한 급부가 이루어짐에 따라 발생한 부당이득반환청구권에 대하여 5년의 상사소멸시효가 적용된다”고 한 것이 있어 이 입장을 취하는 것으로 보인다.

(5) 불법행위로 인한 손해배상채권에 상사시효가 적용되는지의 문제이다. 상인과 관련하여 발생한 채권이라도 상행위와는 무관한 불법행위로 인하여 발생한 손해배상채권에 대하여는 상사시효가 적용되지 않는다고 하는 것이 판례이고 통설이다. 다만 상사채무의 불이행을 원인으로 한 채무불이행 손해배상청구권의 경우에는 상사시효가 적용됨을 주의하여야 한다.

C. 관련판례

(1) 大判 2007. 5. 31, 2006 다 63150(상행위에 해당하는 보증보험계약에 기초한 급부가 이루어짐에 따라 발생한 부당이득반환청구권에 대하여 5년의 상사소멸시효가 적용된다고 한 경우).

(2) 大判 1993. 11. 9, 93 다 16390(상사채무인 약속어음의 원인채무가 5년의 상사시효기간이 지나서 시효소멸하였다면, 원인채무의 지급확보를 위하여 발행된 약속어음의 발행인은 위 사유를 들어 약속어음의 수취인에 대하여 약속어음금의 지급을 거절할 수 있다고 한 경우).

(3) 大判 1985. 5. 28, 84 다카 966(선박소유자가 해상물건운송계약을 체결하여 선박에 화물을 적재하고 항해하던 도중 감항능력주의의무위반 및 선장 등의 항해상의 과실로 인하여 선박이 침몰하여 화물이 멸실된 경우에 선박소유자의 선하증권소지인에 대한 불법행위로 인한 손해배상책임을 인정하면서 이러한 불법행위로 인한 손해배상채권의 경우에는 상법 제64조 소정의 일반상사시효의 적용이 없다는 취지로 판시한 경우).

(4) 大判 1978. 11. 28, 78 다 388(신용장의 매매계약은 상행위이고 따라서 그로 인한 이 건 손해배상청구채권도 상법의 적용을 받는 것이므로 그 채권은 5년의 상사시효기간의 만료로 시효소멸된다고 한 경우).

D. 관련논점

(1) 상행위로 인한 보증채무의 경우 주채무가 민사채무인 경우 5년의 상사시효에 걸리는가?

(2) 상행위와는 무관한 사무관리 등으로 인한 채권의 경우 상사시효의 적용대상이 되는가?

(3) 상사시효의 적용에 있어, 상행위를 원인으로 한 채권으로서 채무불이행으로 인한 손해배상청구권과 불법행위로 인한 손해배상청구권은 달리 취급되는가?

(4) 자동차매매상이 발행한 약속어음에 대한 어음금지급청구권의 소멸시효기간은 어떻게 되는가?

제7 상사계약의 성립시기

A. 기본판례

▣ 大判 1999. 1. 29, 98 다 48903[청약자가 미리 정한 기간 내에 이의를 하지 아니하면 승낙한 것으로 간주한다는 뜻을 청약시 표시한 경우 이는 승낙기간에 해당하여 그 기간 내에 승낙이 없으면 청약이 무효라고 본 경우]

[사실관계]

Y_1은 그 소유의 사고 승용차에 관하여 Y_2회사와 사이에 자동차종합보험계약을 체결한 후 1996. 11. 1. 05 : 00경 사고 승용차를 운전하여 호남고속도로 상행선을 진행하다가 노면에 빗물이 고여 있는 것을 발견하고 급정차조치를 취하는 순간 미끄러지며 시동이 꺼지자 섬광신호 혹은 불꽃신호 등으로 추돌사고 방지를 위한 안전조치를 취하지 아니한 채 1차로를 가로막고 정차한 사고 승용차에 그대로 머물러 있었다.

그 상태에서 소외 A회사의 종업원인 소외 B가 X회사의 자동차종합보험에 가입한 소외 회사 소유의 사고 트럭을 시속 60~70km의 속도로 운전하고 오다가 정차중인 사고 승용차를 뒤늦게 발견하여 추돌함으로써 사고 승용차에 동승하고 있던 소외 C 등 3인의 피해자에게 각각 상해를 입혔다.

X회사는 사고 트럭의 보험자로서 피해자들에게 합계 금 132,451,900원의 손해배상금을 지급하는 한편, 1996. 12. 11. Y_2회사에게 사고 트럭과 사고 승용차의 과실비율을 80 : 20으로 정하면서 7일 이내에 이의가 없으면 X회사가 정한 과실비율에 따라 손해배상금을 부담하는 데 동의한 것으로 간주하겠다는 내용의 1차 통보를 하였다가, Y_2회사 측으로부터 아무런 이의 제기가 없는 상태에서 1997. 4. 29.에 이르러 사고 트럭과 사고 승용차의 과실비율을 1차 통보상의 비율과는 역으로 20 : 80으로 정정하는 2차 통보를 하였으나, Y_2회사는 다음날인 같은 달 30. Y_2회사 자신 및 Y_1을 대리하여 X회사에 1차 통보상의 과실비율에 동의한다는 통보를 하였다.

원심은 위와 같은 인정 사실에 터잡아, X회사의 1996. 12. 11.자 1차 통보는 화해계약의 청약으로서 이를 철회할 수 없으므로 X회사가 1차 통보의 내용을 정정하는 2차 통보를 1997. 4. 29.자로 하였다고 하더라도 그에 의하여 1차 통보가 철회되었다고 할 수 없고, 또 X회사가 1차 통보 당시 7일 이내에 이의하지 아니하면 동의한 것으로 간주하겠다고 통보하였으므로, Y_2회사가 1997. 4. 30.에 이르러 1차 통보에 동의하였다고 하더라도 그 동의가 효력이 없다고 볼 수도 없으므로, X회사의 1차 통보와 그에 대한 Y_2회사의 1997. 4. 30.자 동의에 따라 이 사건 교통사고에 대한 손해분담비율에 관하여 X회사와 Y_1과 Y_2 사이에 화해계약이 성립되었다고 판단함으로써, X회사가 피해자들에게 지급한 손해배상금 중 Y_1의 과실비율에 해당하는 부분에 대하여 구상권을 행사하는 X회사의 이 사건 청구 중 1차 통보상의 사고 승용차의 과실비율에 상응하는 부분을 초과하는 부분은 이를 기각하고 있다.

[판결요지]

민법 제527조, 제528조 제 1 항 및 상법 제52조의 규정에 의하면, 각기 다른 보험회사의 보험에 가입한 피보험차량들이 일으킨 교통사고로 제 3 의 피해자가 손해를 입어 어느 한 보험회사가 손해 전액을 배상한 경우에 그 보험회사가 함께 손해배상책임을 부담하는 다른 피보험차량의 운행자나 그 보험회사와 사이에 쌍방의 손해분담비율에 관하여 화해계약을 체결하기 위한 청약을 함에 있어서도 그 청약은 원칙적으로 철회하지 못하는 것이나, 청약시 승낙기간을 정한 경우에는 그 승낙기간, 그렇지 아니한 경우에는 상당한 기간이 도과하면 그 청약은 실효되고, 이 때의 상당한 기간은 청약이 상대방에게 도달하여 상대방이 그 내용을 받아들일지 여부를 결정하여 회신을 함에 필요한 기간을 가리키는 것으로, 이는 구체적인 경우에 청약과 승낙의 방법, 계약 내용의 중요도, 거래상의 관행 등의 여러 사정을 고려하여 객관적으로 정하여지는 것이다.

청약이 상시거래관계에 있는 자 사이에 그 영업부류에 속한 계약에 관하여 이루어진 것이어서 상법 제53조가 적용될 수 있는 경우가 아니라면, 청약의 상대방에게 청약을 받아들일 것인지 여부에 관하여 회답할 의무가 있는 것은 아니므로, 청약자가 미리 정한 기간 내에 이의를 하지 아니하면 승낙한 것으로 간주한다는 뜻을 청약시 표시하였다고 하더라도 이는 상대방을 구속하지 아니하고 그 기간은 경우에 따라 단지 승낙기간을 정하는 의미를 가질 수 있을 뿐이다.

B. 이론요약

(1) 격지자(隔地者)간의 계약의 성립시기에 관한 문제에 있어, 민법학계에서는 도달을 기준으로 승낙적격을 규정한 제528조 제 1 항, 제529조와 발신을 기준으로 격지자간의 계약성립시기를 규정한 제531조의 관계에 대하여 승낙기간을 정한 경우에는 승낙기간 내에, 승낙기간을 정하지 않은 경우에는 상당한 기간 내의 부도달을 해제조건으로 하여 각각 승낙의 통지를 발송한 때에 계약이 성립한다고 보는 것이 다수의 견해이다. 그런데 상법에는 별도의 규정이 없기 때문에 민법과 동일하게 해석한다.

(2) 민법에서는 계약의 청약만으로 상대방이 어떤 의무를 부담하지 않는다. 그러나 상법은 상인이 상시 거래관계에 있는 자로부터 그 영업부류에 속한 계약의 청약을 받은 때에는 지체 없이 낙부의 통지를 발송하여야 하고 만약 이를 해태한 때에는 승낙한 것으로 간주하여, 청약을 받은 상인에 대하여 낙부통지의무를 부과하고 있다(商 53조). 이는 청약자와 상대방간에 상시적인 거래관계에 있는 경우에 특별한 사정이 없는 이상 청약한 대로 새로운 계약이 체결될 것이라고 믿는 청약자의 신뢰를 보호함과 더불어 상거래의 신속을 기하려는 취지이다.

(3) 보다 구체적인 적용요건은 다음과 같다.

1) 청약을 받은 자는 상인이어야 하나 청약을 한 자는 상인임을 요하지 않는다.

2) 상시 거래관계에 있는 자로부터의 청약이 있어야 한다. 이는 과거부터 거래관계에 있었고 장래에도 계속될 것이 예상되는 경우를 말한다. 따라서 이 사건에서와 같이 상시 거래관계가 없는 청약자가 미리 정한 기간 내에 이의를 하지 아니하면 승낙한 것으로 간주한다는 뜻을 청약시 표시하였더라도 이는 상인을 구속하지 않게 된다.

3) 청약은 승낙기간을 정하지 않은 격지자간의 청약을 말한다. 왜냐하면 대화자(對話者)간의 청약은 즉시 승낙하지 않으면 그 효력이 없고(商 51조), 승낙기간을 정한 격지자간의 청약은 청약자의 의사에서 본조를 배제하는 것으로 볼 수 있기 때문이다.

4) 청약을 받은 상인의 영업부류에 속한 것이어야 하므로, 청약을 받은 내용이 기본적 상행위 또는 준상행위에 속하는 것이어야 한다.

(4) 청약을 받은 상인은 지체 없이 낙부의 통지를 발송하여야 할 의무를 부담한다. 이 때 청약을 받은 상인은 낙부의 통지를 발송하기만 하면 되므로 부도달에 의한 불이익은 청약자가 부담한다. 청약을 받은 상인이 낙부통지의무를 해태한 때에는 그 청약을 승낙한 것으로 본다(商 53조 후단).

C. 관련판례

D. 관련논점

(1) 상시거래관계에 있는 자로부터 대화하는 도중 청약을 받은 경우에는 어떻게 되는가?

(2) 상법은 대화자간과 격지자간의 계약의 성립시기를 어떻게 다루고 있는가?

제 8　상사법정이율

A. 기본판례

▣ 大判 1985. 5. 28, 84 다카 966[불법행위로 인한 손해배상채무에 대하여 상사법정이율의 적용을 배제한 경우]

[사실관계]

Y회사의 선박에 본건 원목을 적재하고 1980. 2. 5. 인도네시아 암본항을 출항하였는바, 위 선박은 발항 당시부터 불감항의 상태에 있었음에도 Y 및 선장 등 선박사용인들은 위 선박의 감항능력유지에 관한 주의의무를 다하지 아니하였고, 항해 도중 강풍과 파도가 심한 황천하에서 선체가 기울어지는 것을 발견하고도 안전운항을 위한 적절한 조치를 취하지 아니한 항해상의 과실로 인하여 같은 달 13. 대만 북방 공해상에서 위 선박의 선체 우현외판이 파열, 침수됨으로써 본건 원목과 함께 침몰되었다. 이에 원목의 소유주가 손해배상을 청구한 사건이다.

원심은 그 중 불법행위로 인한 손해배상책임을 인정한 다음 소멸시효에 관한 쟁점부분에 대하여, Y의 위 책임은 상법 제812조, 제121조 제 1 항 · 제 2 항에 의한 1년의 단기소멸시효가 완성되어 소멸하였다는 항변에 대하여 상법 제121조 제 3 항에는 같은 조 제 1 항 · 제 2 항의 단기소멸시효에 관한 규정은 운송인이나 그 사용인이 악의인 경우에는 적용되지 아니한다고 규정되어 있고, 운송인인 Y가 본건 선박의 침몰과 그로 인한 운송물의 멸실 사실을 알고 있었으므로, 악의의 운송인에 해당되어, 위 단기소멸시효는 적용되지 아니하고 일반상사 채권에 관한 5년의 소멸시효가 적용되는바, 본건 청구가 본건 운송물을 인도할 날로부터 5년을 경과하지 아니하였으니 Y의 시효항변은 이유 없다 하여 배척하였다.

[판결요지]

상법 제812조에 의하여 준용되는 같은 법 제121조 제1항·제2항의 단기소멸시효의 규정은 운송인의 운송계약상의 채무불이행으로 인한 손해배상청구에만 적용되고 일반불법행위로 인한 손해배상청구에는 적용되지 아니하는 것이고 또한 상법 제64조의 일반상사시효 역시 상행위로 인한 채권에만 준용되고 상행위 아닌 불법행위로 인한 손해배상채권에는 적용되지 아니한다.

B. 이론요약

(1) 상행위로 인한 채무의 법정이율은 연 6分이다(商 54조). 민사채권의 이율이 연 5分으로 되어 있음에 비하여 보다 높인 이유는 기업거래에서는 보통 자금의 수요가 크다고 보고, 이러한 자금의 이용에 의하여 발생하는 이익이 크기 때문이다.

(2) 「상행위로 인한 채무」란 쌍방적 상행위뿐만 아니라 일방적 상행위로 인한 채무를 포함한다.

1) 따라서 채권자 또는 채무자의 어느 한편에 대한 일방적 상행위로 인한 채무를 포함한다고 보는 것이 통설이고 판례이다. 과거 상사법정이율은 채무자에게 상행위가 되는 경우에만 적용된다는 소수의 견해가 있었으나, 동조의 입법취지가 기업의 유지와 기업자금의 수요와 그 이용의 고수익이라는 점으로 본다면 상대가 누구인가에 관계 없이 이 규정이 적용되는 것으로 파악한다.

2) 다만 이러한 채무는 상행위로 인한 채무와 동일한 채무, 즉 채무불이행으로 인한 손해배상채무, 계약해제로 인한 원상회복채무 등을 포함한다. 즉 직접 상행위로 인하여 생긴 채무가 동일성을 지니며 변형된 것을 포함한다.

3) 상사법정이율은 당사자간에 약정이율이 없는 경우에 적용되며, 상행위에

의하여 발생된 채무라도 다른 특별법에 의하여 법정이율이 정하여진 경우에는 그 규정을 따른다.

(3) 상사법정이율은 상행위가 아닌 불법행위로 인한 손해배상채무에는 적용되지 않는다. 이는 상사시효가 불법행위로 인하여 발생한 손해배상채권에 대하여는 적용되지 않는다는 판례의 입장과 그 맥락을 같이하는 것이다. 이 사건도 이에 관한 판단으로 불법행위책임에 대하여는 상사법정이율이 적용되지 않는다는 것이다.

또한 판례는 없으나, 부당이득반환청구권에 대하여도 상사법정이율이 적용되지 않는다고 봄이 통설이다.

C. 관련판례

(1) 大判 2004. 3. 26, 2003 다 34045(상법 제54조의 상사법정이율은 상행위로 인한 채무나 이와 동일성을 가진 채무에 관하여 적용되는 것이고, 상행위가 아닌 불법행위로 인한 손해배상채무에는 적용되지 아니한다고 한 경우).

(2) 大判 2000. 10. 27, 99 다 10189(영리법인인 주택건설업자의 입주지연에 따른 지체상금채무에 대하여 상사법정이율을 적용한 경우).

(3) 大判 1992. 7. 28, 92 다 10173(건설회사가 이자약정하에 금원을 차용하였다가 아파트로 일부변제에 충당하고 채무액을 새로 정산하여 정산합의를 한 경우 잔종채무에 대한 정산약정은 상인인 건설회사가 그 영업을 위하여 한 상행위로 추정되므로 상사법정이율에 의하여야 한다고 한 경우).

(4) 大判 1986. 9. 9, 84 다 464 · 84 다카 1951(상인간의 상행위로 인한 채권에 대하여 상사법정이율을 적용한 경우).

D. 관련논점

(1) 부당이득반환청구권에 대하여는 상사법정이율이 적용되는가?

(2) 상사계약의 해제로 인한 원상회복청구권의 경우에는 상사법정이율이 적용되는가?

(3) 상사시효가 적용되는 것과 상사법정이율이 적용되는 것은 같은 맥락인가?

(4) 상사법정이율은 채무자나 채권자 쌍방에 대하여 상행위이어야 적용되는가?

제 9 연대채무

A. 기본판례

▣ 大判 1991. 11. 22, 91 다 30705[상행위로 발생한 조합채무에 대하여 연대채무를 인정한 경우]

[사실관계]

Y는 Y_2, 소외 A 등과 함께 83. 6. 2. '○○센타'라는 상가건물의 건축 및 그 점포 분양 등 사업을 공동으로 경영하기로 약정하고 그 동업 대표자로 선정되었다. 이에 따라 Y가 1984. 1. 15. X에게 위 상가건물 내의 1층 107호 점포를 대금 85,428,000원에 분양 매도하고 X로부터 그 대금 일부로 합계 금 39,899,800원을 수령하였다. 그 후 X와 Y는 1984. 8. 15. 위 분양계약을 합의해제하면서 그 원상회복으로 Y가 X에게 위 수령대금액 중 금 36,734,850원을 반환지급하기로 하였다.

이에 따라 X는 Y에 대하여 상행위인 위 상가분양사업의 동업자들인 Y_2, A 등에 대하여 위 계약금을 지급할 것을 청구하였다.

[판결요지]

조합의 채무는 조합원의 채무로서 특별한 사정이 없는 한 조합채권자는 각 조합원에 대하여 지분의 비율에 따라 또는 균일적으로 변제의 청구를 할 수 있을 뿐임은 소론과 같으나, 조합채무가 특히 조합원 전원을 위하여 상행위가 되는 행위로 인하여 부담하게 된 것이라면 그 채무에 관하여 조합원들에 대하여 상법 제57조 제 1 항을 적용하여 연대책임을 인정함이 상당하다

B. 이론요약

(1) 민법에서는 채무자가 수인인 경우에 특별한 의사표시가 없으면 각 채무자는 분할채무관계에 서게 되는 데 반하여(民 408조), 상법에서는 수인이 그 1인 또는 전원에게 상행위가 되는 행위로 인하여 채무를 부담한 때에는 연대하여 변제할

책임이 있다(商 57조 1항). 그 취지는 상거래의 채무이행을 확실하게 하여 거래의 안전을 기하기 위한 것이다.

(2) 연대채무가 발생하기 위하여는, 채무발생원인이 되는 행위가 채무자의 1인 또는 전원에게 상행위가 되어야 한다. 채권자는 상인일 필요가 없고, 채권자에게만 상행위가 되는 경우에도 이 규정이 적용되지 않는다.

(3) 수인의 채무자가 하나의 행위에 의하여 채무를 공동으로 부담하여야 한다.

1) 따라서 수인의 채무자 가운데 최소한 1인에게 상행위가 되는 행위이어야 하며, 만약 채권자에게만 상행위가 될 뿐이고 수인의 채무자 가운데 어느 1인에 대하여도 상행위가 되지 않는 행위로 채무가 발생하였다면 연대채무가 되지 않는 것이다.

2) 이 사건과 관련된 쟁점으로 공동성이 조합에 적용되는 경우이다. 조합재산은 조합원의 합유에 속하므로(民 271조 1항), 소극재산인 채무도 그러하다. 동업자들이 공동으로 또는 대표자를 통하여 거래하면, 그로 발생한 채무에 대하여 전조합원은 연대하여 책임을 지게 된다.

3) 동일인의 지배를 받는 수개의 기업의 다수 계열회사가 중간조정기구를 통하여 집단적으로 구매거래를 하는 경우 그 공동성을 인정할 수 있을 것인가? 판례는 각 구매행위의 실질적 효과가 계열회사 각자에 미친다는 점에 초점을 두고, 동 거래는 계열회사들이 조달본부에 위임하여 이루어지는 개별거래이므로 본조의 적용대상이 아니라고 하였다(大判 1987. 6. 23, 86 다카 633).

하지만 이 판결에 대하여는 대외거래의 책임과 효과의 귀속과는 다르다는 점, 각 계열회사가 통합관리기구를 창설하였다는 것은 대외거래를 공동으로 하겠다는 합의가 있어 조합으로 볼 수 있다는 점, 그리고 거래상대방도 그룹 전체의 신용을 토대로 거래한 것으로 그 신뢰를 보호할 필요가 있다는 점에서 비판의 견해가 있다.

(4) 적용범위는 기본적 상행위나 준상행위뿐 아니라 보조적 상행위로 인하여 발생한 것도 본조의 적용대상이 된다. 또한 직접 상행위로 인하여 생긴 채무만이 아니라, 이 건과 같이 상행위의 계약해제로 인한 원상회복채무, 상사채무의 불이행을 원인으로 한 손해배상채무 등도 포함한다.

(5) 연대채무의 효력은 민법의 규정에 의하고(民 414조 내지 427조), 이 때 수인의 채무자 중 1인만이 상인인 경우에도 채무자 및 채권자 전원에 대하여 상법이 적용되어, 채무자 전원은 채권자에 대하여 연대채무를 부담한다.

다만, 상법 제57조 제 1 항의 규정은 임의규정이므로 당사자간에 이와 다른 약정을 할 수 있다고 본다.

C. 관련판례

(1) 大判 1998. 3. 13, 97 다 6919(조합의 채무는 조합원의 채무로서 특별한 사정이 없는 한 조합채권자는 각 조합원에 대하여 지분의 비율에 따라 또는 균일적으로 변제의 청구를 할 수 있을 뿐이나, 조합채무가 특히 조합원 전원을 위하여 상행위가 되는 행위로 인하여 부담하게 된 것이라면 상법 제57조 제 1 항을 적용하여 조합원들의 연대책임을 인정함이 상당하다고 한 경우).

(2) 大判 1992. 11. 27, 92 다 30405(상행위로 인하여 발행한 채무의 일부 또는 전부가 부당이득이 될 경우 그 반환채무도 연대채무가 된다고 한 경우).

(3) 大判 1991. 3. 27, 90 다 7173(공동경영자로서 상법 제57조에 따른 상행위가 되는 행위로 인하여 물품대금채무를 부담한 경우에는 이를 연대하여 부담할 책임이 있다고 한 경우).

(4) 大判 1987. 6. 23, 86 다카 633(그룹 내에 설치된 조달본부의 물품구매행위에 대하여 상법 제57조 제 1 항에서 규정하고 있는 연대채무관계가 발생하지 않는다고 한 경우).

(5) 大判 1976. 12. 14, 76 다 2212(업무집행조합원 '甲'이 부당하게 이 사건 공탁금을 찾아갔기 때문에 '甲'이 업무집행조합원으로 있는 동 업체에서 부담하게 된 부당이득반환채무가 본래 상행위로 인하여 발생한 채무인 경우 '甲'이 대표로 있는 공업사의 조합채무로서 그 공동경영자 전원을 위하여 상행위가 되는 행위로 인하여 부담하게 된 위의 반환채무에 관하여 조합구성원에게 대하여 상법 제57조를 적용하여 연대채무를 인정한 것은 정당하다고 한 경우).

(6) 大判 1976. 1. 27, 75 다 1606('甲'과 '乙'은 시멘트가공보도블록 등을 제

조판매하는 '丙'회사로부터 물품을 구입하여 동업으로 '丁'에 공사자재납품을 하는 사업 및 도로포장 공사를 하되 '甲'은 주로 '丁'에 대한 교섭과 사업자금을 제공하고 '乙'은 물품의 구입과 납품 및 금전출납 등 업무를 분담 종사한 경우에는 '甲'과 '乙'은 동업자로서 '丙'에 대하여 상법 제57조에 따른 상행위로 인하여 위 물품대금채무를 부담한 것이므로 연대하여 이를 변제할 책임이 있다고 한 경우).

(7) 大判 1966. 11. 29, 66 다 1741(Y들이 양말제조업을 공동으로 경영하며 X로부터 계속적으로 원사구입을 하여 왔을 경우에 현재까지 지급하지 못한 외상대금이 남아 있다면 이는 Y들의 기본적 상행위로 인하여 부담하게 된 것이므로 Y들은 연대하여 X에 대하여 이 채무를 변제할 책임이 있다고 한 경우).

D. 관련논점

(1) 채권자에게만 상행위가 되고 수인의 채무자 누구에게 대하여도 상행위가 되지 않는 행위로 채무가 발생한 경우 연대채무인가?

(2) 채무자 수인이 상인이고 채무자들에 상행위가 되는 채무가 발생하는 경우 그 채무자들이 채권자와 합의하여 분할채무로 정할 수 있는가?

(3) 연대채무와 분할채무의 차이점에 대하여 검토하여 보자.

(4) 어음행위를 공동으로 하는 경우 상법 규정에 의하여 연대책임을 부담하는가?

제10 연대보증

A. 기본판례

▣ 大判 1959. 8. 27, 4291 민상 407[구 상법 제511조 제 2 항에 보증이 상행위라 함은 보증이 보증인에 있어서 상행위인 경우뿐 아니라 채권자에 있어서 상행위성을 가진 경우를 포함한다]

[사실관계][1)]

은행거래를 영업으로 하는 금융기관 X는 서기를 고용함에 있어 Y를 신원보증인으로 하였다. 이후 그 서기가 X에 손해를 끼치게 되자 Y에 대하여 연대보증

1) 오래 전 판결이어서 사실관계를 정확하게 확인하는 것은 불가능하였다.

인으로서의 책임을 추궁하였다. 이에 Y는 본인과 서기 모두 상인이 아니라는 항변으로서 연대보증인의 책임을 부정한 것이다.

[판결요지]

상법 제511조 제2항(현 규정 57조 2항)에 소위 보증에 상행위라 함은 보증이 보증인에 있어서 상행위인 경우뿐 아니라 채권자에 있어서 상행위성을 가진 경우를 포함한다고 해석함이 타당하다 할 것이다 본건에 있어서 일건 기록과 원 판결에 의하면 X조합은 금융기관으로서 은행거래를 영업으로 하는 자로서 1951년 7월 20일 소외인을 X조합서기로 고용하고 Y 등을 동 소외인의 신원보증인으로 하였다는 주장이므로 Y 등이 동 소외인을 위하여 X조합과 같은 이상 해당 보증행위는 상행위라 할 것이며 따라서 Y 등은 별단의 의사표시가 없는 한 주채무자 소외인과 연대하여 동인의 손해를 배상할 의무가 있다 할 것이다.

B. 이론요약

(1) 민법상으로는 당사자간에 특약이 없는 한 보증채무는 주채무에 대하여 보충성을 가지고 그에 따라 최고와 검색의 항변을 할 수 있다(民 437조). 그런데 상법에서는 보증인이 있는 경우에 그 보증이 상행위이거나 주채무가 상행위로 인한 것인 때에는, 보증인이 연대보증을 한다는 의사표시를 하지 않은 경우에도 그 보증은 연대보증이 된다(商 57조 2항). 이는 연대채무에서와 같이 상거래상 발생한 채무에 대하여 그 이행을 확실하게 하여 거래의 안전을 기하기 위한 것이라 설명한다.

(2) 상법의 규정에 의하면 보증이 상행위이거나 주채무가 상행위로 인하여 생긴 때에는 주채무와 보증인은 연대하여 변제할 책임이 있다. 이 때의 상행위란 쌍방적 상행위뿐만 아니라 일방적 상행위도 포함한다.

(3) 그런데 채권자에게만 상행위가 되는 경우도 포함하는 것인가에 대하여 견해의 대립이 있다.

1) 채권자에게만 상행위가 되는 일방적 상행위로 인한 채무도 포함한다고 보는 견해[1)]이며, 이 건 판결과 같이 판례도 이러한 입장이다. 따라서 채권자만 상인이고 주채무자와 보증인이 비상인인 경우에도 연대책임을 진다는 것이다.

1) 이기수, 293면; 채이식, 175면; 최기원, 244면.

이 견해는 법문을 중심으로 판단하며, 상법 제57조 제 2 항에서 주채무가 상행위로 인한 때는 쌍방적 상행위나 채권자 또는 채무자의 상행위로 인하여 생긴 행위를 의미하는 것으로 보면서, 채권자에게만 상행위인 행위를 제외하는 것은 무리한 해석이라는 지적이다.

2) 또 달리 채권자에게만 상행위가 되는 경우는 연대보증이 되지 않는다는 견해이다.[1] 즉 비상인의 채무를 보증한 비상인인 경우 보증인에게 연대채무를 부담시킬 수 없다는 것이다. 그 근거로는 상법 제57조의 입법취지는 상인의 신용을 강화하여 거래의 안전을 기하고자 하는 것이라면 상법 제57조 제 1 항의 적용에서 채무자측의 상행위성만을 문제삼는 것과 같이 연대보증에 관한 상법 제57조 제 2 항에서도 보증인 또는 주채무자측의 상행위성만을 문제삼아야 한다는 것이다.

이 사건에서 이 견해를 취하는 경우에는 Y는 연대책임을 부담하지 않게 된다.

(4) 보증인이 수인인 경우에 보증인 상호간에도 연대관계가 성립하는가의 쟁점도 있다. 주채무가 상행위로 인한 것인 때에는 문제가 없다. 이 경우에는 연대관계가 성립하고 보증인 중 1인이 채무를 이행하는 경우, 다른 보증인에 대하여 구상권을 행사할 수 있다.

(5) 주채무가 상행위로 인한 것이 아니고, 각 보증인이 동일한 행위가 아닌 서로 시간을 달리하여 이시(異時)에 각 보증행위를 한 경우에는 견해가 나뉜다. 이에 관한 상법 규정은 없다.

1) 주채무자와 각 보증인뿐만 아니라 보증인간에도 채권자보호의 취지에서 연대관계가 생긴다고 보는 것이 견해이다. 따라서 특약이 없는 한 보증인은 최고 및 검색의 항변권이 없으며 보증인이 수인인 경우에 분별의 이익이 없다고 보는 것이다.

2) 이 경우 특정 보증인의 보증만이 상행위이고, 이에 근거하여 제57조 제 2 항이 적용되는 때에는, 다른 보증인은 최고 · 검색의 항변권을 잃지 않으며 분별의 이익을 누린다고 보아야 한다는 견해이다. 판례(大判 1988. 10. 25, 86 다카 1729)도 이러한 입장에서 분별의 이익을 인정하고 있음을 유의하여야 한다.

---

1) 정찬형, 213면; 정동윤, 332면; 이철송, 324면.

C. 관련판례

(1) 大判 1988. 10. 25, 86 다카 1729(수인의 보증인이 각자 채무자와 연대하여 채무를 부담하는 경우에 있어서는 보증인 상호간에 연대의 특약이 없는 경우에도 채권자에 대하여는 분별의 이익이 없는 것이므로 각자 채무전액 또는 각자가 약정한 보증한도액 전액을 변제할 책임이 있는 것이라 하겠으나 보증인 상호간의 내부관계에 있어서는 일정한 부담부분이 있는 것이고 일정한 분할액에 한정하여 보증인의 지위에 놓이게 되는 것이라 한 경우).

(2) 大判 1975. 3. 11, 75 다 123(주채무가 상행위인 경우에 연대보증을 인정한 경우).

D. 관련논점

(1) 금융기관으로부터 생활자금을 대여받은 친구를 위하여 보증을 선 대학생이 있다. 상법 제57조 제 2 항의 적용을 받는가?

(2) 주채무가 채무자측에게 상행위로 인한 것이긴 하나, 보증인이 보증을 서면서 연대보증이 아니라 단순보증임을 명확히 하였고 채권자도 이를 수용한 경우에는 어떤가?

(3) 보증인이 수인 있으나 주채무자가 상인이 아니고, 각 보증인의 보증행위는 따로이 성립되었다. 이 경우 보증인 사이에 연대관계가 성립하는가?

(4) 특약에 의하여 상법 제57조 제 2 항의 적용을 배제할 수 있는가?

제11 계약의 청약을 받은 상인의 의무

A. 기본판례

▣ 大判 1996. 7. 12, 95 다 41161 · 41178[상법 제60조의 적용을 부정한 경우]

[사실관계]

X는 Y에게 공장을 대여하고 X의 물건인 초지 1 호기 등과 조정팔파기를 매도하고자 하였으나, X와 Y 사이의 매매협상이나 X의 반출 저지 등으로 반출하지 못한 채 계속 초지 1 호기 등과 조정팔파기가 설치된 공장인 이 사건 건물 부분을 단순히 점유하여 오고 있을 뿐 위 초지 1 호기 등과 조정팔파기를 실제로 가동

하고 있지 아니하였다. X는 Y에 대하여 불법점유로 인한 손해배상청구와 부당이득반환청구권을 행사하였다. 또한 X는 상법 제60조가 위 물건이 보관된 장소의 사용이익 상당의 손해의 배상에 관한 규정이라고 하면서 위 청구권을 주장한 것이다.

원심은 이 사건 건물 부분에 대한 점유는 X의 동의 또는 승낙이 있거나 신의칙상 불법점유라고 할 수 없거나 Y에게 귀책사유가 없다고 하여 불법점유라고 할 수 없고, 또한 상법 제60조가 적용되는 사안도 아니라고 하여 X의 주장을 배척하였다.

[판결요지]

상법 제60조는 상거래에 있어 청약을 받은 상인에게 일정한 범위 내에서 청약과 동시에 송부받은 견품 등 물건에 관하여 그 청약을 거절하는 경우라도 이를 반송할 때까지 보관의무를 지움과 아울러 그 보관에 따르는 비용의 상환을 구할 수 있음을 정한 규정으로서 그 송부받은 물건의 현상이나 가치를 반송할 때까지 계속 유지, 보존하는 데 드는 보관비용의 상환에 관한 규정일 뿐 그 물건이 보관된 장소의 사용이익 상당의 손해의 배상에 관한 규정은 아니다.

B. 이론요약

(1) 민법상으로는 청약을 하는 자가 청약과 동시에 물건을 송부하더라도 청약을 거절하는 상대방이 이를 보관할 의무는 없다. 그러나 상법상으로는 상인은 그 영업부류에 속한 계약의 청약을 받은 경우에 견품 기타의 물건을 받은 때에는 그 청약을 거절한 때에도 청약자의 비용으로 그 물건을 보관할 의무가 있다(商 60조). 이는 상거래의 안전과 신용유지를 기하기 위하여 기업의 책임을 강화한 것으로 볼 수 있다.

(2) 상법 제60조가 적용되기 위한 요건은 다음과 같다.

1) 청약을 받은 자는 반드시 상인이어야 하나, 청약자는 상인임을 요하지 않는다.

2) 청약을 받은 자는 그 영업부류에 속한 계약의 청약을 받아야 한다. 그러나 상법 제53조에 규정된 낙부통지의무와는 달리 상시 거래관계가 없는 경우라

하더라도, 상법 제60조의 물건보관의무는 인정된다.

3) 물건보관의무는 격지(隔地)거래의 경우에만 적용되는 것인지에 대하여는 견해의 대립이 있다. 이 의무는 격지거래에서만 생기며 대화자간의 동지(同地)거래의 경우는 적용되지 않는다고 보는 견해가 다수설이다.

반면, 동지거래에서도 물건이 청약자를 떠나 상대방의 점유하에 놓일 수 있고 이 경우에도 보관의무가 발생한다는 견해도 있다.

4) 청약을 받은 자는 청약과 관련하여 견품 기타의 물건을 받아야 한다. 이 경우의 물건은 보관이 가능한 동산 및 유가증권을 말한다. 상법 제60조는 매매의 청약뿐 아니라 위탁매매인에 대한 매도위탁이나 운송인에 대한 운송의 청약에도 적용되므로 유가증권도 포함된다고 본다.[1]

5) 그 물건의 가격이 보관비용을 상환하기에 부족하거나 보관으로 인하여 손해를 받을 염려가 있을 경우가 아니어야 한다(商 60조 단서).

(3) 청약을 받은 상인은 청약을 거절한 경우라 하더라도 그가 받은 물건을 선량한 관리자의 주의로써 보관할 의무를 부담한다.

1) 보관비용은 청약자의 부담으로 한다. 이 사건은 이에 관한 것으로 만약 Y에게 보관의무가 발생하였다고 하면 X의 주장과는 반대로 X가 보관비용을 부담하는 것이다.

2) 그리고 청약자에게 청구할 수 있는 비용은 물건의 유지나 보존에 드는 비용으로서 그 물건을 보관함으로 인하여 발생하는 기회비용을 포함하지 않는 것으로 본다.[2] 즉 장소를 차지하고 있음으로 인한 불이익 등을 말하는 것이 아니다.

3) 물건보관의무는 청약을 받은 상인에게 특별히 과해지는 법정의무이므로, 상인은 보관과 관련하여 별도의 보수는 청구하지 못한다.

(4) 청약을 받은 상인이 이러한 의무를 이행하지 않아 청약자에게 손해가 발생한 경우 청약자에게 손해배상책임을 부담한다.

C. 관련판례

大判 1999. 1. 29, 98 다 48903(상법 제53조의 청약을 받은 상인의 낙부통지의

1) 최기원, 238면; 이철송, 313면.
2) 이철송, 308면.

무에 있어서는 청약이 상시거래관계에 있는 자 사이에 그 영업부류에 속한 계약에 관하여 이루어진 것이어야 한다고 한 경우).

D. 관련논점

(1) 청약을 받은 자는 그 영업부류에 속한 계약의 청약을 받아야 한다고 규정되어 있다. 그렇다면 청약을 받은 자가 영업으로 하는 거래, 즉 기본적 상행위와 준상행위 등만을 지칭하고 보조적 상행위는 해당하지 않는가?

(2) 청약을 받은 자가 상법 제60조에 의하여 물건보관의무를 이행한 경우 상법 제61조에 규정된 보수청구권을 행사할 수 있는가?

제12 확정기매매

A. 기본판례

▣ 大判 1995. 5. 26, 93 다 61543[상법 제68조의 확정기매매를 인정한 경우]

[사실관계]

수출입업을 주요사업으로 하는 종합상사인 Y는 1990. 9. 28. X로부터 알루미늄(Primary Aluminium, Standard Ingots) 250메트릭 톤(metric ton) 상당을 합계 미화 522,500달러에 구입하되 대금결제는 매도인인 X를 수익자로 하는 취소불능 일람출급신용장을 개설하는 방식에 의하기로 하고, 위 물품에 대한 인도장소까지의 운임, 보험료는 매도인이 부담하기로 하는 계약(이른바 CIF계약)을 체결하였다. 위 계약에 따라 Y는 개설은행 한국외환은행 홍콩지점, 선적은 1990. 10. 31. 이전, 유효기간 1990. 11. 10.로 된 취소불능신용장을 개설하였다. X는 위 물품을 1990. 11. 3. 호주의 포틀랜드 항에서 선적한 다음(다만, X가 발급받은 선적서류에는 선적일자가 1990. 10. 31.로 기재되었다), 1990. 11. 26. 위 물품의 선적서류를 한국외환은행에 제시하고 그 매입을 요청하였으나 위 신용장의 유효기간이 경과되었다는 이유로 대금지급을 거절당하였다. 한편 이 사건 매매계약서상의 선적기일(Shipping date)에 관하여 X가 1990. 9. 28.자로 Y에게 보낸 확정청약서(Firm Offer)의 기재에 의하면 선적기일이 1990. 10.경(Around October, 1990)으로 되어 있고, 위 매매계약에 따라 Y가 의뢰하여 개설한 신용장의 기재에 의하면 1990. 10. 31.

이전(nor later than Oct. 31, 1990)으로 되어 있다. 그리고 X가 신용장의 개설을 통지받은 후 Y에 보낸 1990. 10. 25.자 서신에서는 신용장 개설비용의 부담에 관하여만 언급하고 있을 뿐 위 신용장상의 선적기일에 대하여는 이의를 제기하지 않았다. X는 선적서류를 Y에게 교부하지 않은 채 화물이 부산항에 도착한 후 Y에 대하여 화물의 인수를 요구하다가 거절당하자 이를 다른 데 처분한 후 X에 대하여 매매계약상의 금액과 처분가액의 차액을 손해배상으로 구하였다.

매도인인 X는 매수인 Y에 대하여 매매계약이 유효함을 전제로 손해배상을 청구하였으나, Y는 위 매매계약은 상법 제68조의 확정기매매계약으로서 X회사가 선적기일인 1990. 10. 31.까지 선적하지 않았으므로 그 매매계약은 자동적으로 해제된 것으로 의제되었다고 주장하였고, 원심은 Y의 주장을 받아들였다. 이에 X가 상고한 것이다.

[판결요지]

국제해상매매계약에 있어서 이른바 시아이에프(C.I.F.) 약관이 있는 경우에 매도인은 목적물을 계약 소정의 목적지까지 운송하기 위하여 운송계약을 체결하고 약정된 일자 또는 기간 내에 선적항의 본선상에 물품을 인도하여야 하고, 그 운송에 관한 선하증권 및 보험증권, 상품송장 등의 서류를 매수인(신용장이 개설된 경우에는 신용장개설은행)에게 교부하고 그 대금을 청구할 수 있는 것으로서, 이 경우에 선하증권상의 선적기일은 원칙적으로 계약상의 선적기일과 부합하여야 하는 것이므로, 이러한 시아이에프 매매계약에 있어서 선적기간의 표기는 불가결하고 중요한 계약요건이 되며, 더욱이 매매의 목적물이 매매 당시 가격변동이 심한 원자재이고, 매수인은 수출입을 주된 업무로 하는 종합상사로서 전매를 목적으로 하여 매매계약을 체결한 경우에는 보통 수입상은 수입원자재의 재고량, 수요·공급상황, 국제 및 국내의 가격동향, 선적지로부터 양륙지까지의 물품의 항해일수 등을 감안하여 가장 유리한시점에 물품이 수입항에 도착되도록 수출상과 교섭하여 선적기일을 정하는 것이므로 선적기일에 관한 약정은 계약상 특히 중요한 의미를 가지며, 선적이 늦어지는 경우에는 사정에 따라서는 매수인이 손해를 볼 우려가 있으며, 또 매매대금은 매도인을 수익자로 하는 신용장을 개설하는 방법에 의하여 결제하기로 하였으면, 매도인으로서는 계약상 내지 신용장상의 선적기간 내에 목적물이 선적되었다는 기재가 있는 선하증권을 신용장개설은행에 제시하여야만 은행으로부터 그 대금을 지급받을 수 있다는 등의 사정을 종합하여, 원자재매매계약이 그 성질 또는 당사자의 의사표시에 의하여 약정된 선적기간 내에 선적되지 아니하면 계약의 목적을 달성할 수 없는 상법 제68조 소정의 이른바 확정기매매에 해당한다.

B. 이론요약

(1) 상법상 확정기매매란 민법상 정기행위의 일종으로서 매매의 성질 또는 당사자의 의사표시에 의하여 일정한 일시 또는 일정한 기간 내에 이행하지 아니하면 계약의 목적을 달성할 수 없는 매매를 말한다(民 545조, 商 68조).

1) 매매의 성질에 의하여 정해지는 경우로서 급부의 객관적 성질로 보아 목적물의 이용시기가 한정되거나 특히 이행의 시기가 중요한 의미를 가지는 매매를 말한다. 이행시기가 계약의 목적과 불가분의 관계를 가질 정도로 매매의 본질적 요소가 되는 경우로서, 단순히 이행기간이 정해졌다고 하여 확정기매매가 아니다.

2) 당사자의 의사표시에 의하여 정하여지는 경우이다. 의사표시에 의한 경우는 계약시에 표시된 채권자의 주관적 동기에 비추어 이용시기 등이 한정되어 있는 매매이다. 예를 들면 전매가 예정되어 있거나, 선적기일이 정해져 있음을 알리고 수출상품을 주문하는 경우 등이 그러하다.

3) 이 사건에서도 판례는 CIF매매에 있어 선적기간은 중요한 요소로서 매매 당시 목적물의 가격변동이 심하고, 매수인이 전매를 예정하고 있는 경우에는 선적기일의 준수가 중요한 의미를 지니므로 이를 확정기매매로 보고 있다.

4) 대금채권을 가지고도 확정기매매가 될 수 있다. 다만 대금채권을 기준으로 하는 경우에는, 성질에 의한 확정기매매는 될 수 없고 의사표시에 의한 확정기매매가 될 수 있을 뿐이다. 예컨대 매도인이 대금의 사용처와 사용시기 등을 한정하고 있음을 밝힌다면 대금지급에 관한 확정기매매로 볼 수 있다.

(2) 민법상 정기행위와 상법상 확정기매매 모두 일반의 채무불이행에 비하여 특칙의 규정을 가진다.

1) 민법상 정기행위의 이행지체가 있는 경우 보통의 이행지체와는 달리 이

행의 최고를 요하지 않고 이행기의 경과로 바로 해제권이 발생한다(民 545조). 즉 이행지체가 있는 경우 해제권이 발생하는 것으로 해제권자의 해제의 의사표시를 요하지 않고 이행기의 경과로 바로 해제권이 발생하게 된다.

2) 상법상 확정기매매에 해당하는 경우에는 이행시기를 경과한 때에는 상대방이 즉시 이행청구를 하지 않은 이상 해제된 것으로 의제된다(商 68조). 즉 민법상 정기행위는 해제권만이 발생하고 그 해제를 위하여는 해제의 의사표시가 있어야 하나, 상법상 확정기매매는 해제의 효력이 발생하는 것이다. 이는 매도인의 보호와는 무관하며 다만 상사매매를 신속히 종결시키기 위한 것이다.

3) 그런데 확정기매매에 관한 상법 제68조는 당사자 쌍방이 모두 상인이고 쌍방 모두에게 상행위가 되는 경우에 한하여 적용되는 것이다. 따라서 확정기매매라 하더라도 당사자 중 일방에게만 상행위가 되는 때에는 민법의 규정이 적용된다.

(3) 상법 제68조에 규정된 구체적인 적용요건은 다음과 같다.

1) 확정기매매, 즉 상인간의 매매에 있어서 매매의 성질 또는 당사자의 의사표시에 의하여 일정한 일시 또는 일정한 기간 내에 이행하지 아니하면 계약의 목적을 달성할 수 없는 매매이어야 한다. 이 사건은 이것이 쟁점이 되었던바, 확정기매매에 해당한다고 판단한 것이다.

2) 채무자의 귀책사유에 의한 채무불이행이 있어야 하는지 여부에 대하여는 견해가 나뉜다. 민법상 계약해제의 일반법리에 비추어 채무자의 귀책사유에 의한 채무불이행이 있어야 한다는 견해[1]가 있음에 반하여, 민법에서는 해제권만이 발생하나 상법은 민법에 대한 특칙으로 상거래의 신속을 도모하기 위한 것이라는 근거에서 채무불이행이 채무자의 귀책사유에 의한 것인지를 불문한다는 견해[2]도 있다. 이에 관한 판례는 아직 없다.

3) 채권자가 즉시 이행청구를 하지 않아야 한다. 통지는 도달한 때에 효력이 생기므로 도달에 대한 위험은 채권자가 부담한다. 여기서 「즉시」라 함은 이행기의 직후를 말한다. 채권자가 즉시 이행청구를 하였다면 계약을 해제할 의사가 없다고 볼 수 있기 때문이다. 또한 통지를 즉시 하였다는 입증책임도 채권자에게

1) 정찬형, 227면; 이철송, 343면.
2) 최기원, 266면; 정동윤, 404면.

있다고 해석한다.

(4) 위 요건을 충족하는 경우 확정기매매계약은 해제된 것으로 의제된다(商68조). 그 효과는 민법상 계약해제에 관한 원칙이 적용되어 당사자는 상대방에 대하여 원상회복의무가 있고 손해배상청구권도 가진다.

C. 관련판례

(1) 大判 2009. 7. 9, 2009 다 15565(계약 당사자 사이에 종전에 계약이 체결되어 이행된 방식, 당해 매매계약에서의 구체적인 이행 상황 등에 비추어 볼 때, 가격변동이 심한 원자재를 계약 목적물로 한 국제 중개무역이라는 사유만으로는 상법 제68조에 정한 상인간의 확정기매매에 해당한다고 볼 수 없다고 한 경우).

(2) 大判 2003. 4. 8, 2001 다 38593(상인 사이에 이루어진 선물환계약은 그 약정 결제일에 즈음하여 생길 수 있는 환율변동의 위험〈이른바, 환리스크〉을 회피하기 위하여 체결되는 것으로서 그 성질상 그 약정 결제일에 이행되지 않으면 계약의 목적을 달성할 수 없는 상법 제68조 소정의 확정기매매라 한 경우).

(3) 大判 1966. 1. 18, 65 다 45(일반 민사매매계약에서 이행의 최고 없이도 계약의 해제권이 발생한다고 한 경우).

D. 관련논점

(1) CIF매매란 매도인이 지정된 목적지까지 물품을 운송하는 데 필요한 비용 및 운임을 지급하고 운송중의 물품의 멸실 또는 손상의 위험에 대한 해상보험을 부보하며 보험료를 지급하는 거래조건이다. 다만 목적물에 대한 위험의 이전은 선적항에서 본선의 난간을 통과할 때 매도인으로부터 매수인에게 이전된다. 즉 CIF계약의 본질적인 특징은 매도인이 운송계약과 보험계약을 체결하고 이를 증명하는 선적서류를 취득한 후 선적서류를 매수인의 대금지급과 상환으로 매수인에게 교부하는 것이다. 따라서 상업적 의미에서 볼 때 CIF계약은 물품 그 자체의 매매가 아니라 물품에 관련된 선적서류의 매매라고도 할 수 있다. 이러한 CIF매매계약을 계약의 성질상 또는 당사자의 의사표시에 의한 확정기매매라고 할 수 있는가?

(2) 어떠한 매매거래가 확정기매매에 해당할 수 있는지 그 예를 찾아보자.

(3) 확정기매매의 적용요건에 있어 채무자의 귀책사유 여부에 관한 각 견해 중 무엇이 타당하다고 보는가?

(4) 대금채권을 기준으로도 확정기매매가 성립할 수 있는가?

제13 매수인의 목적물의 검사·통지의무

A. 기본판례

▣ 大判 1987. 7. 21, 86 다카 2446[부대체물을 제작하여 공급하는 계약에는 매수인의 목적물의 검사와 하자통지의무를 부정한 경우]

[사실관계]

X는 1회용 자동포장지를 제조판매하는 회사이고 또 Y는 율무·들깨·코코아·맛우유 등의 국산차를 제조판매하는 회사이다. X는 Y가 의뢰한 규격의 도안에 따라 X에 이건 1회용 자동포장지를 제조·공급하기로 약정하여 위 포장지를 제조·공급하고, Y는 위 포장지대금의 변제를 위하여 X에 약속어음을 발행하였다. 종래 X는 그 제조한 국산차를 타처에서 주문·구입한 1회용 자동포장지에 넣어 포장하여 시중에 판매하여 왔는데 그 포장지에는 일정한 무늬와 Y의 상호가 인쇄되어 있고, 또 일정한 규격으로 되어 있어 그 규격이 조금이라도 초과하면 Y의 자동포장기계로는 그 포장지를 바르게 절단할 수 없게 되어 있었다. Y는 X로부터 이 건 자동포장지를 인도받고 그 하자의 유무를 검사하지 아니하고 2개월 가까이 그대로 보관하고 있다가 위 포장지를 꺼내어 포장작업을 할 때에 비로소 위 포장지의 세로 규격이 1.5~2mm 초과하여 X의 자동포장기계로는 그 포장지를 바르게 절단할 수 없어 위 포장지 전부가 사용될 수 없다는 것을 발견하고 이 사실을 X에 통지하였다. X가 지급기일에 Y로부터 받은 약속어음을 지급제시하였으나 그 지급이 거절되었다.

원심은 X가 제조하여 Y에 공급한 이 건 1회용 자동포장지의 하자는 수령당시 쉽게 발견할 수 있는 것인데도 X가 Y로부터 위 포장지를 수령한 후 지체 없이 검사하지 아니하고 있다가 약 2개월 후에야 비로소 그 하자를 발견하여 통지를 한 것은 시기에 늦은 통지이고 따라서 Y는 X에 대하여 상법 제69조 제 1 항에 의한 이 건 매매계약의 해제권을 행사할 수 없다고 판시하였다.

[판결요지]

당사자의 일방이 상대방의 주문에 따라 자기소유의 재료를 사용하여 만든 물건을 공급할 것을 약정하고 이에 대하여 상대방이 대가를 지급하기로 약정하는 이른바 제작물공급계약은 그 제작의 측면에서는 도급의 성질이 있고 공급의 측면에서는 매매의 성질이 있어 이러한 계약은 대체로 매매와 도급의 성질을 함께 가지고 있는 것으로서 그 적용법률은 계약에 의하여 제작공급하여야 할 물건이 대체물인 경우에는 매매로 보아서 매매에 관한 규정이 적용된다고 할 것이나 물건이 특정의 주문자의 수요를 만족시키기 위한 부대체물인 경우에는 당해 물건의 공급과 함께 그 제작이 계약의 주목적이 되어 도급의 성질을 강하게 띠고 있다 할 것이므로 이 경우에는 매매에 관한 규정이 당연히 적용된다고 할 수 없다.

상법 제69조 제1항의 매수인의 목적물의 검사와 하자통지의무에 관한 규정의 취지는 상인간의 매매에 있어 그 계약의 효력을 민법 규정과 같이 오랫동안 불안정한 상태로 방치하는 것은 매도인에 대하여는 인도 당시의 목적물에 대한 하자의 조사를 어렵게 하고 전매의 기회를 잃게 될 뿐만 아니라, 매수인에 대하여는 그 기간중 유리한 시기를 선택하여 매도인의 위험으로 투기를 할 수 있는 기회를 주게 되는 폐단 등이 있어 이를 막기 위하여 하자를 용이하게 발견할 수 있는 전문적 지식을 가진 매수인에게 신속한 검사와 통지의 의무를 부과함으로써 상거래를 신속하게 결말짓도록 한 것이다.

따라서 이 사건 포장지는 Y만이 이를 사용할 수 있고 X나 Y로서는 타에 매각처분하기가 곤란하거나 불가능하여 부대체물에 해당하므로, 상법 제69조가 적용되지 않는다. 원심판결을 파기환송한다.

B. 이론요약

(1) 민법에 의하면 매수인은 매매목적물에 하자가 있음을 안 날로부터 6월 이내에 매도인에게 담보책임을 추궁할 수 있지만(民 580조, 582조), 상사매매의 경우에는 특칙이 적용된다. 상법 제69조에 의하면 매수인은 목적물을 수령하면 지체 없이

이를 검사하여야 하고 만약 하자가 있으면 그 하자를 즉시 매도인에게 통지하여야 한다. 그리고 목적물에 즉시 발견할 수 없는 하자가 있더라도 최소한 6월 이내에는 이를 검사하여 통지하여야 한다.

(2) 상인간의 매매에 있어서 매수인에게 이러한 목적물검사 · 하자통지의무를 과한 것은 매매의 효력을 장기간에 걸쳐 불안정한 상태에 두는 것이 부당할 뿐만 아니라 장기간이 경과한 후에 매도인에게 하자담보책임을 추궁하게 되면 매도인이 목적물의 인도 당시 목적물에 하자가 없었다는 것을 반증하기가 곤란하고 더욱이 매수인이 그 기간중 유리한 시기를 택하여 투기를 할 염려가 있으므로 매수인에게 신속한 목적물검사 · 하자통지의무를 과하여 상거래의 신속한 결제를 기하고 나아가 상인의 신용을 중시하기 위한 것이다.

(3) 이 규정이 적용되기 위한 요건은 다음과 같다.

1) 상법 제69조는 당사자 쌍방이 모두 상인이고 쌍방 모두에게 상행위가 되는 경우에 한하여 적용된다. 상인간의 매매라 하더라도 그 매매가 어느 일방에게는 전혀 상행위가 되지 않는다면 이 규정은 적용되지 않는다.

2) 당사자간에 반대의 약정이 없어야 한다. 상사매매에 관한 상법의 특칙은 임의규정이므로 반대약정을 한 때에는 그 적용이 배제된다.

3) 매수인이 매매의 목적물을 수령하였어야 한다. 이 때의 수령이란 검사할 수 있어야 하므로 목적물 자체를 실제로 수령하는 것을 의미하고, 화물상환증이나 선하증권 등의 양수에 의하여 목적물에 대한 권리가 이전하는 경우를 포함하지는 않는다.

4) 목적물에 물건의 하자 또는 수량의 부족이 있어야 한다. 민법상 매도인의 담보책임의 대상과 비교하여 보면 상법 제69조는 물건의 하자에 대하여는 적용되지만 권리의 하자 중에서는 수량부족에 대하여만 적용된다. 그러므로 수량부족 이외의 권리의 하자의 경우에는 매수인은 상법 제69조의 매수인의 검사통지의무를 부담하지 않고 민법의 원리에 의하여 매도인에게 담보책임을 물을 수 있다.

5) 매도인이 목적물을 인도할 당시에 물건의 하자 또는 수량부족을 알지 못하여야 한다(商 69조 2항). 상법 제69조는 매수인의 투기적인 거래로부터 매도인을 보호하기 위한 취지의 규정이므로 악의의 매도인은 보호할 가치가 없기 때문이다.

(4) 부대체물을 제작하여 공급하는 계약에도 상법 제69조가 적용되는지가 문제되고 이 사건은 이것이 쟁점이다. 제작물공급계약의 법적 성질에 대하여는 목적물이 대체물인 경우에는 매매로, 부대체물인 경우에는 도급으로 해석하는 것이 통설이다. 따라서 이 건과 같이 부대체물에 하자가 있는 경우 이는 매매가 아니므로 상법 제69조가 당연히 적용되는 것은 아니고 원칙적으로는 수급인의 담보책임에 관한 민법상의 규정(民 667조 내지 672조)이 적용되는 것이다. 판례도 이러한 입장을 취한 것이다.

판례는 이 사건 포장지는 부대체물에 해당하는 것으로 이러한 경우에는 상법 제69조 제 1 항의 취지에 따라 그 거래관계를 보다 신속하게 결말지을 필요가 요구된다고 없다고 한다.

(5) 상사매매에만 본조가 적용되는 것이므로, 건물의 임대차계약에는 적용되지 않는다. 부동산임대업자로부터 건물 일부를 임차하면서 공칭 임대차면적을 기준으로 임대차보증금 등이 정해졌으나, 실임대차면적은 이보다 적음을 이유로 목적물의 면적 부족분에 해당하는 임대차보증금, 월임료 등 과다지급분을 손해배상으로 청구한 사건에서, 법원은 상사매매에 관한 상법 제69조는 민법의 매매에 관한 규정이 민법 제567조에 의하여 매매 이외의 유상계약에 준용되는 것과 달리, 상법에 아무런 규정이 없는 이상 상인간의 수량을 지정한 건물의 임대차계약에 준용될 수 없다고 하였다(大判 1995. 7. 14, 94 다 38342).

C. 관련판례

(1) 大判 2008. 5. 15, 2008 다 3671(상사매매에서의 매수인의 검사통지의무에 관한 제69조는 그 성질상 임의규정이므로 당사자간의 약정으로 이와 달리 정할 수 있다고 한 경우).

(2) 大判 1995. 7. 14, 94 다 38342(상인간의 수량을 지정한 물건의 임대차계약에 상법 제69조가 적용되지 않는다고 한 경우).

(3) 大判 1993. 6. 11, 93 다 7174·7181(매도인이 상인이 아니라는 이유로 매수인의 목적물의 검사와 하자통지의무를 부정한 경우).

(4) 大判 1991. 8. 13, 91 다 14970(중매인이 수협으로부터 수산물을 경락받은 경우에도 상법 제69조가 적용된다고 본 경우).

D. 관련논점

(1) 이 건에서 목적물이 부대체물이 아니라 대체물이었다면 판결은 어떻게 바뀔 것인가?

(2) 상사매매의 매수인이 상법 제69조의 의무를 이행하지 아니한 경우 손해배상책임을 따로이 부담하는가?

(3) 임대업을 하는 상인 X가 자신의 영업을 위하여 상인 Y로부터 목적물을 임차하는 경우 상법 제69조를 유추적용할 수 있는가?

제14 매수인의 목적물의 검사·통지의무의 기간

A. 기본판례

▣ 大判 1999. 1. 29, 98 다 1584[6월 내에 발견할 수 없는 하자에 대하여도 매수인의 과실여부를 불문한다는 경우]

[사실관계]

X는 부동산임대업을 개시할 목적으로 그 준비행위로서 당시 부동산임대업을 하고 있던 상인인 Y로부터 이 사건 건물을 매수하여 점유를 이전받았으나, 점유이전일로부터 6개월이 지나서야 그 건물의 하자를 발견하였다. X는 Y에게 그 하자에 대한 손해배상을 구하였으나, Y는 상법 제69조의 규정에 따라 X의 손해배상청구권은 소멸하였다고 항변한다.

[판결요지]

영업의 목적인 기본적 상행위를 개시하기 전에 영업을 위한 준비행위를 하는 자는 영업으로 상행위를 할 의사를 실현하는 것이므로 그 준비행위를 한 때 상인자격을 취득함과 아울러 이 개업준비행위는 영업을 위한 행위로서 그의 최초의 보조적 상행위가 되는 것이고, 이와 같은 개업준비행위는 반드시 상호등기, 개업광고, 간판부착 등에 의하여 영업의사를 일반적·대외적으로 표시할 필요는 없으나 점포구입 · 영업양수 · 상업사용인의 고용 등 그 준비행위의 성질로 보아 영업의사를 상대방이 객관적으로 인식할 수 있으면 당해 준비행위는 보조적 상행위로서 여기에 상행위에 관한 상법의 규정이 적용된다.

설령 매매의 목적물에 상인에게 통상 요구되는 객관적인 주의의무를 다하여도 즉시 발견할 수 없는 하자가 있는 경우에도 매수인은 상법 제69조에 따라 6월 내에 그 하자를 발견하여 지체 없이 이를 통지하지 아니하면 매수인은 과실의 유무를 불문하고 매도인에게 하자담보책임을 물을 수 없다.

B. 이론요약

(1) 상사매매에 있어 매수인의 검사와 통지의무는 상법 제69조에 규정되어 있다. 여기서는 그 구체적 의무의 내용과 기간은 아래와 같다.

1) 상사매매의 경우 매수인은 수령 후 「지체 없이」 검사하여야 한다. 매수인의 검사의 시기와 방법 등은 목적물의 종류 등에 따라 객관적으로 정하여지는 것으로서 매수인의 주관적 사정은 고려되지 않는다. 즉 매수인의 과실유무는 문제되지 않는 것이다.

그 하자가 즉시 발견할 수 없는 것이면 6월 내에 검사하여야 한다(商 69조 1항 2문). 하자의 성질 때문이 아니라 매수인의 부주의로 즉시 발견되지 아니한 경우는 여기에 해당하지 않는다.

2) 매수인이 목적물을 검사한 결과 하자 또는 수량부족을 발견한 경우에는 즉시 이에 관하여 매도인에게 통지를 발송하여야 할 의무를 부담한다. 상법은 검사는 「지체 없이」라고 규정하고 통지는 「즉시」라는 기간으로 설정하여 두고 있다.

즉시 발견할 수 없는 하자가 있어 그 검사의무를 6월로 연장하는 경우라 하더라도 발견한 경우는 「즉시」 통지할 의무를 부담한다.

(2) 위 통지를 발송하였다는 사실에 대한 입증책임은 매수인이 부담한다. 담보책임의 전제요건으로 매수인의 검사 및 통지의무를 부과하고 있는 것으로 보아 입증책임도 매수인이 부담하는 것으로 본다.

(3) 상법 제69조의 요건이 충족되는 경우 매수인이 검사 · 통지의무를 이행하면 매도인에게 담보책임을 추궁할 수 있게 된다. 따라서 목적물에 대한 하자의

경우 계약해제권과 손해배상청구권 또는 하자 없는 물건 등을 청구할 수 있고(民575조, 580조, 581조, 582조), 매수인은 이러한 권리를 그 사실을 안 날로부터 6월 내에 행사하여야 한다(民582조). 목적물에 대한 수량부족의 경우에는 대금감액청구권과 손해배상청구권을 행사할 수 있고(民572조, 574조), 매수인은 이 권리를 그 사실을 안 날로부터 1년 내에 행사하여야 한다(民574조, 573조).

(4) 상사매매의 매수인이 상법 제69조의 검사·통지의무를 이행하지 않으면 매수인은 매도인에게 담보책임을 물을 수 없다. 즉 매수인이 통지의무를 해태하면 목적물의 하자가 치유되는 효과가 생긴다.

다만, 예외적으로 매매의 목적물에 즉시 발견할 수 없는 하자가 있는 경우에는 예외로 하고 있다(商69조 단서). 그런데 매매목적물에 대한 하자가 즉시 발견할 수 없을 뿐 아니라 수령한 날로부터 6월 내에 발견하는 것 자체도 불가능한 경우라 하더라도 상법 제69조가 적용될 것인가의 문제도 제기되고, 이 건 판례는 이것이 쟁점이다.

1) 위 경우에도 적용된다는 견해이다. 상법 제69조의 취지가 상거래의 신속한 처리와 매도인 보호임에 비추어 비록 목적물의 하자가 그 성질상 점유이전일로부터 6월 내에 도저히 발견할 수 없었던 것이라 하더라도 6월이 경과한 이상 매수인은 매도인의 담보책임을 추궁할 수 없다는 것이다.[1]

2) 위 경우 상법 제69조를 적용할 수 없다는 견해로 6월 내에 드러나지 않는 하자가 있는 경우까지 제69조를 적용한다면 매도인의 담보책임 자체를 면제하는 결과가 되기 때문에 본조는 최소한 6월 내에 발견할 수 있는 하자에 대하여만 적용되고 6월 내에 발견할 수 없는 하자가 있는 경우에는 매수인은 민법의 일반원칙에 따라 매도인에게 담보책임을 추궁할 수 있다는 견해이다.[2]

3) 이 건 판결은 "즉시 발견할 수 없는 하자가 있는 경우에도 매수인은 상법 제69조에 따라 6월 내에 그 하자를 발견하여 지체 없이 이를 통지하지 아니하면 매수인은 과실의 유무를 불문하고"라고 하여 매수인의 과실여부를 불문하고 상법 제69조를 적용하는 입장이다. 이는 상사매매에 관한 상법의 규정은 법률관계를 신속히 종결시킴으로써 매도인을 보호하는 데 그 주된 취지가 있는 것으로 타

1) 최준선, 7~8면.
2) 이철송, 347면.

당한 판결로 평가한다.

C. 관련판례

(1) 大判 1993. 6. 11, 93 다 7174·7181(사과의 과심이 썩은 하자는 육안으로 쉽게 확인할 수 있는 성질의 것이 아니고 사과를 쪼개어 보지 않으면 발견하기 어려운 성질의 숨은 하자라고 한 경우).

(2) 大判 1990. 12. 21, 90 다카 28498·28504(매수인이 목적물의 검사와 하자통지의무를 이행하였다는 입증책임을 부담한다고 본 경우).

(3) 大判 1988. 12. 13, 87 다카 2986(영국의 물품매매법〈The Sales of Goods Act, 1979〉 제34조 제 1 항에 의하면 물품매매에 있어서 통상적으로 매수인은 매도인의 담보책임〈Warranty〉에 의존할 권리가 있기 때문에 그 물품을 검사하지 아니하였다는 이유만으로는 그 손해의 회복이 금지되지 아니한다고 한 경우).

D. 관련논점

(1) 상사매매에서 목적물에 즉시 발견할 수 없는 하자가 있는 경우라 가정하자. 매수인이 즉시 발견할 수 없는 하자가 있음에도 불구하고 절저한 조사를 통하여 수령 직후 하자를 발견하였다. 그러나 하자를 발견한 이후 1개월이 지난 시점에서 하자의 통지를 한 경우 매수인은 매도인에 대하여 담보책임을 물을 수 있는가?

(2) 이 건에서 X는 언제부터 상인의 자격을 취득하는가?

(3) Y로서는 상법 제69조가 기본적 상행위 또는 준상행위 등의 영업적 상행위에만 적용되는 것이지 보조적 상행위에는 적용되지 않는 것으로 주장할 수는 없는가?

(4) 매수인은 하자통지에 대한 방법을 어떻게 하여야 하나?

(5) 위 경우 Y에게 악의가 있는 경우라면 어떤가?

제15 법정이자청구권

A. 기본판례

▣ 大判 2007. 3. 15, 2006 다 73072[상인간에서 금전소비대차가 있었음을 주장하면서 약정이자의 지급을 구하는 청구에 상사법정이자의 지급을 구하는 취지가 포함되었다고 본 경우]

[사실관계]

X는 A가 대주주로 있는 회사이고, Y는 주물제품제조업 등을 목적으로 설립된 회사인데 1997. 말경 시작된 외환위기의 영향으로 자금사정이 악화되자 인천지방법원에 회사정리절차개시신청을 하여 인천지방법원 99회13호 회사정리사건에서 2000. 8. 31. 인천지방법원(이하 '정리법원'이라 한다)으로부터 회사정리절차개시결정을 받았는데, 정리법원은 2001. 7. 14. B를 Y의 관리인으로 선임하였으며, 정리법원은 이 사건 소송계속중인 2005. 10. 7. 정리회사 C회사에 대하여 회사정리절차종결결정을 하였고, 이에 Y가 정리회사 C회사의 관리인 B의 지위를 수계하였다. X는 Y에게 40억 원을 이자 연 10%로 정하여 대여하였다가 그 중 21억 3,900만 원 및 이에 대한 연 10%의 비율에 의한 원리금을 변제받았으나, 변제받지 못한 나머지인 이 사건 청구금원 1,861,000,000 및 이에 대한 연 10%의 비율에 의한 약정이자의 지급을 구한다.

원심은 X가 Y에게 1,861,000,000원의 대여금채권을 가지고 있음을 인정한 다음 위 대여금에 대하여 연 10%의 비율에 의한 약정이자 및 지연손해금의 지급을 구하는 X의 청구에 대하여 이자 지급약정이 체결되었음을 인정할 증거가 없다는 이유로 이를 배척하고, 다만 이 사건 소장 송달 다음날 이후의 지연손해금 청구만을 인용하였다.

[판결요지]

상인간에서 금전소비대차가 있었음을 주장하면서 약정이자의 지급을 구하는 청구에는 약정이자율이 인정되지 않더라도 상법 소정의 법정이자의 지급을 구하는 취지가 포함되어 있다고 보아야 한다. 대여금에 대한 약정이자의 지급 청구에는 상법 소정의 법정이자의 지급을 구하는 취지도 포함되어 있다고 보아야 하므로, 법원으로서는 이자 지급약정이 인정되지 않는다 하더라도 곧바로 위 청구를 배척할 것이 아니라 법정이자 청구에 대하여도 판단하여야 한다.

X의 위 이자지급 청구에는 상법 소정의 법정이자의 지급을 구하는 취지도 포함되어 있다고 보아야 할 것이므로 원심으로서는 X와 Y 사이에 이자 지급약정이 체결되었음이 인정되지 않는다 하더라도 곧바로 X의 이자지급 청구를 배척할 것이 아니라 X의 법정이자 청구에 대하여도 판단하였어야 할 것이다. 원심판결에는 이 점에 관한 판단유탈로 인하여 재판에 영향을 미친 위법이 있다. 그러므로 원심판결의 X의 패소 부분 중 이자청구 부분을 파기하고, 이 부분 사건을 다시 심리 · 판단하게 하기 위하여 원심법원에 환송하기로 한다.

B. 이론요약

(1) 민법상 소비대차는 당사자간에 특약이 없는 이상 무이자가 원칙이지만(民 598조, 600조, 601조), 상법은 상인이 그 영업에 관하여 금전을 대여한 경우에는 법정이자를 청구할 수 있다(商 55조 1항). 그 취지는 상인의 영리성을 보장하여 주기 위한 것이다.

(2) 금전의 소비대차에 관한 법정이자청구권의 적용요건을 보면 아래와 같다.

1) 상인이 금전을 대여한 경우이다. 따라서 차주는 상인일 필요는 없다. 2010년 상법이 개정되기 이전에는 '상인간'의 거래로 한정하고 있었으나, 과거 입법론으로 상법 제55조 제 2 항 및 제61조가 상인과 비상인간의 행위에도 적용되는 점과의 균형상, 금전의 소비대차에 있어서도 상인과 비상인간의 행위에도 적용될 것을 요구하는 견해가 다수이었다.

2) 영업에 관하여 금전을 대여한 경우이다. 최소한 대주(貸主)인 상인의 입장에서는 상행위가 되어야 한다.

3) 이자약정의 유무를 묻지 않는다. 이 사건에서와 같이, 판례는 이자약정의 유무에 불구하고 대주에게 법정이자청구권을 인정하고 있는 것이다.

(3) 체당금의 법정이자청구권에 관하여도 상법은 특칙을 둔다(商 55조 2항).

1) 체당(替當)이란 금전소비대차가 아니면서 널리 타인의 채무의 변제로서 금전을 지출하는 행위를 말한다. 체당을 하게 되는 원인으로는 위임, 임치, 사무관리 등이 있다.

2) 민법에서는 위임과 임치의 경우는 필요비에 대한 법정이자청구권을 인정하고 있으나(民 688조, 701조), 사무관리의 경우에는 관리자가 본인을 위하여 필요비 또는 유익비를 지출한 때에는 본인에 대하여 그 상환을 청구할 수 있다고만 규정하여(民 739조 1항) 관리자에게 체당금에 대한 법정이자청구권을 인정하지 않는다.

3) 상법은 상인이 그 영업범위 내에서 타인을 위하여 금전을 체당한 때에는 체당한 날 이후의 법정이자를 청구할 수 있다고 규정한다(商 55조 2항). 민법과는 달리 모든 경우에 체당금에 대한 법정이자청구권을 인정하고 있는 것이다. 따라서 사무관리의 경우에는 체당금에 대한 법정이자청구권이 민법의 특칙이 된다. 이러한 규정을 두고 있는 취지는 대주에게 법정이자청구권을 인정하는 바와 같이 상인의 영리성을 보장하기 위한 것이다.

4) 상인이 그 영업범위 내에서 체당하여야 한다. 영업범위는 영업부류에 속한 행위뿐만 아니라 영업을 유익 또는 편리하게 하는 모든 보조적 상행위를 포함한다.

C. 관련판례

D. 관련논점

(1) 상인이 그 영업범위 내에서 타인을 위하여 금전을 체당한 경우 체당금에 대한 법정이자청구권 이외에도 상법 제61조에 의한 보수청구권을 행사할 수 있는가?

(2) 금전소비대차의 경우와 체당금의 경우에서 그 당사자를 달리 적용할 필요가 있다고 보는가?

(3) 위 사건에서 X가 이자약정이 10%이었음을 입증한 경우는 어떤가?

(4) 상인간의 금전소비대차에서 당사자들이 무이자로 약정할 수 있는가?

제16 상인의 보수청구권

A. 기본판례

▣ 大判 1977. 11. 22, 77 다 1889[상법 제61조에서 타인을 위하여 행위한다는 의미]

[사실관계]

X는 Y 소유의 특정 부동산(서울시 종로 1가 소재 대지와 건물)의 매수중개를 A로부터 의뢰받고 자신이 입회인이 되어 매매계약서를 작성하였으므로 Y에 대하여 중개수수료를 지급하라고 청구하였다. 그러나 Y는 X가 부동산소개업자임을 알지 못하였고 X와의 관계에서 부동산중개위탁계약을 성립시킨 바도 없으며 X는 Y를 위하여 일한 적도 없으므로 중개수수료를 지급할 수 없다고 항변하였다. 원심은 X의 청구를 기각하였고 X가 상고하였다.

[판결요지]

상법 제61조에 의하면 상인이 그 영업범위 내에서 타인을 위하여 행위를 한 때에는 이에 대하여 상당한 보수를 청구할 수 있다고 규정되어 있고, 여기에 타인을 위하여 행위한다 함은 타인의 이익을 위하여 행위한다는 뜻이라 할 것인바 기록에 나타난 전 증거자료를 검토하여도 X가 Y를 위하여 이 건 부동산의 매매중개를 하였다고 보여지는 자료가 없으며 원심의 판단취지 중에는 X는 소외 A를 위하여 행위하였을 뿐이라고 판시하여 X에게는 상법 제61조상의 보수청구권도 없다는 취지의 판단도 포함되었다 할 것이고 원심의 위 판단은 정당하다 할 것이니 원심이 상법 제61조의 법리를 오해하였다거나 이 점에 대한 판단을 함에 있어 채증법칙을 위반하였다는 취지의 논지는 그 이유 없고, 원심이 그 판결이유에서 X · Y간에는 명시적이거나 묵시적인 이 건 부동산의 중개위탁계약이 성립된 바 없다고 판단함에 있어 거친 증거취사관계를 검토하니 원판결에는 소론과 같은 채증상의 위법사유가 없고 또 원심이 Y로서는 X가 부동산소개업자임을 알지 못하였다고 판단한 점도 정당하여 채증상 잘못이 없거니와 가사 X가 부동산소개업자인 사실을 알았다고 하더라도 X가 이 건 부동산매매중개에 있어서 Y의 이익을 위하여 행위한 사실이 인정되지 않는 이상 X에게는 위 상법상의 보수청구권이 없음은 위 상법 제61조의 해석상 명백한 법리이다.

B. 이론요약

(1) 민법상 위임계약에서 수임인은 특별한 약정이 없으면 위임인에 대하여 보수를 청구하지 못하는 데 반하여(民 686조 1항), 상법은 상인이 그 영업범위 내에서 타인을 위하여 행위를 한 때에는 이에 대하여 상당한 보수를 청구할 수 있다고 규정하여(商 61조), 특약이 없는 경우에도 상인의 보수청구권을 인정하고 있다. 상인의 영리성을 보장하고 이에 관한 분쟁을 미연에 방지하기 위한 규정이다.

(2) 상인이 그 영업범위 내에서 행위하여야 한다. 행위를 하는 자가 상인이어야 하며 그 상대방은 상인임을 요하지 않는다. 영업범위 내의 행위란 영업부류에 속한 상행위뿐 아니라 영업을 유익 또는 편리하게 하는 모든 보조적 상행위도 포함한다.

그 행위는 법률행위이든 사실행위이든 불문하고 그 행위를 하게 된 원인이 위임, 임치 등과 같이 계약상의 의무에 기한 것이든 또는 의무 없이 하든 불문한다. 그러나 상인이 타인을 위하여 불법행위를 하는 경우에는 보수청구권이 발생하지 아니한다.

(3) 위임계약 등이 있을 필요는 없으나, 「타인을 위하여 행위」할 것을 요구한다. 그런데 그 의의에 대하여 견해가 대립되고, 이 사건에서의 쟁점이 된다.

1) 그 행위가 법률상 또는 사실상의 효과가 타인에게 귀속됨을 뜻한다는 견해[1]이다. 특약이 없는 한 타인을 위하여 행위를 한 이상 그에 대한 보수청구권이 타인의 이익의 유무에 의하여 좌우되는 것은 부당하다고 본다.

2) 「타인의 이익을 위하여」 행위한다는 의미로 해석하는 견해이다.[2] 반드시 그 행위의 결과가 현실적으로 타인의 이익이 될 것까지는 요구하지 않는다 하더라도 최소한 타인의 이익을 위한다는 의사에 기하여 행위를 한 경우 보수청구권을 인정하여야 한다는 것이다. 이 사건에서 대법원이 취한 태도로서 "타인을 위하여 행위를 한다 함은 타인의 이익을 위하여 행위한다는 뜻"이라고 판시한다.

(4) 당사자간에 보수를 지급하지 않는다는 특약 또는 그러한 내용의 거래관

1) 최기원, 238면.
2) 정찬형, 236면; 이철송, 316면.

행이 없어야 한다. 예컨대 중개인은 결약서를 작성하여 교부하기 이전에는 보수를 청구할 수 없도록 하여(商 100조 1항), 특정한 경우 법률은 보수청구권을 명문으로 배제하고 있다. 또한 거래의 관행상 당연히 수반되는 서비스제공행위나 기타 무상으로 인식되는 행위에 대하여는 특약이 없는 한 보수를 청구하지 못한다.

(5) 위 요건이 성립하면 상인은 상대방에 대하여 상당한 보수를 청구할 수 있다.

1) 상인의 이러한 보수청구권은 상대방의 승낙을 요하지 않고 당연히 발생하는데 상당한 보수인지의 여부는 거래의 관행, 사회의 통념, 상인의 노력정도, 타인의 이익정도 등에 의하여 구체적인 사정하에서 개별적으로 결정된다.

2) 그러나 행위의 대가가 이미 매매대금, 운임, 수수료 등에 포함된 경우나 상품의 포장 등과 같이 관습상 무상으로 하는 행위에 대하여는 별도로 보수를 청구하지 못한다. 또한 중개인은 중개를 위하여 노력하였으나 고객간에 계약이 성립하지 않은 경우 보수를 청구하지 못한다.

C. 관련판례

(1) 大判 1976. 6. 8, 76 다 766(부동산매매에 있어서 매수인측 소개인이 소개료는 매수인으로부터 받기로 하여 그 액을 약정하지 아니한 경우에는 법원은 제반사정을 참작하여 그 소개료액을 정할 수 있고 그 액수를 정함에 있어서는 반드시 감정에 의하여서만 정할 수 있는 것은 아니라고 한 경우).

(2) 大判 1956. 4. 12, 4289 민상 81(중개인이 노력을 하였어도 계약이 성립되지 않은 이상 보수를 청구할 수 없다고 한 경우).

D. 관련논점

(1) 중개인이 중개노력을 한 결과 계약이 성사되었다. 그러나 계약 일방당사자가 별다른 이유 없이 계약을 해제한 경우 중개인은 보수청구권을 상실하는가?

(2) 부동산소개업자의 경우에는 상법 제61조의 보수청구권을 취득하는가?

(3) 운송인이 운송행위를 하였으나 운송물의 전부 또는 일부가 송하인의 책임 없는 사유로 멸실한 때, 보수를 청구할 수 있는가?

(4) 상법 제61조의 상인에는 소상인도 포함되는가?

제17 상사임치

A. 기본판례

▣ 大判 1983. 11. 8, 83 다카 1476[상인의 임치책임을 부정한 경우]

[사실관계]

Y는 X를 위하여 건고추 2,900근을 매수한 후 고추시세가 상당한 수준으로 상승하여 매각처분할 수 있을 때까지 무상으로 보관하여 주기로 X와 약정하였다. 1981년 Y는 그의 점포 2층에 보관중인 위 건고추를 수차 매각하라고 X에게 권유하였으나 X는 시세가 맞을 때까지 편리를 봐 달라고 거절하여 오다가, 그해 5월경에는 Y가 위 건고추를 속히 처분하지 않으면 7월경에는 벌레가 먹어 못쓰게 되니 빨리 처분하든지 인도받아가라고까지 하였으나 X는 시세가 싸다는 등 또는 보관장소가 없다는 이유로 거절하였다. 그 해 9월경 위 고추는 적절하지 못한 보관방법으로 변질되고 벌레가 먹어 상품으로서의 가치가 없게 되었다. 따라서 X는 상법 제62조에 의하여 Y에게 임치책임을 묻게 되었다.

이에 대하여 원심은 X의 청구를 인정하고 손해배상액을 정함에 있어 X의 과실을 참작하여 과실상계를 하였다. 이에 Y가 상고하게 된 것이다.

[판결요지]

상인이 그 영업범위 내에서 물건의 임치를 받은 경우에는 보수를 받지 아니하는 때에도 선량한 관리자의 주의로 보관할 의무가 있으므로 이를 게을리하여 임치물이 멸실 또는 훼손된 경우에는 채무불이행으로 인한 손해배상책임을 면할 수 없으나, 다만 수치인이 적법하게 임치계약을 해지하고 임치인에게 임치물의 회수를 최고하였음에도 불구하고 임치인의 수령지체로 반환하지 못하고 있는 사이에 임치물이 멸실 또는 훼손된 경우에는 수치인에게 고의 또는 중대한 과실이 없는 한 채무불이행으로 인한 손해배상책임이 없다고 할 것이다.

X와 Y 사이의 위 건고추 보관약정은 기간의 약정이 없는 임치라고 할 것이므로 수치인인 Y는 언제든지 그 계약을 해지할 수 있다고 할것인바, 원심이 인정

하고 있는 바와 같이 위 건고추가 변질되고 벌레먹기 전인 1981. 5.경 Y가 X에게 보관물의 처분과 인수를 요구하였다면 이는 임치계약을 해지하고 임치물의 회수를 최고한 의사표시라고 볼 여지가 있고, 그와 같이 본다면 X가 원심인정과 같이 시세가 싸다는등 이유로 그 회수를 거절한 이상 이 때부터 수령지체에 빠진 것이라 하겠으므로 그 후 Y가 보관중인 위 건고추가 변질되고 벌레가 먹음으로써 상품가치가 상실되었다고 하여도 그것이 Y의 고의 또는 중대한 과실로 인한 것이 아닌 한 Y에게 그 배상책임을 물을 수 없을 것이다. 원심판결을 파기하고, 사건을 다시 심리케 하고자 환송하기로 한다.

B. 이론요약

(1) 민법에 의하면 무상수치인은 임치물을 자기재산과 동일한 주의로 보관하면 되지만(民 695조), 상법은 상인이 그 영업범위 내에서 물건의 임치를 받은 경우에는 보수를 받지 아니한 때에도 선량한 관리자의 주의를 다하도록 하여 민법보다 그 주의의무를 가중하고 있다(商 62조). 이는 상거래의 수요에 적응하고 상인의 신용을 유지하기 위한 규정이다.

(2) 상법 제62조가 적용되기 위한 요건은 다음과 같다.

1) 수치인은 상인이어야 한다. 임치인은 상인이 아니어도 된다. 수치인이 특수업종인 경우, 예를 들면 공중접객업자의 임치책임의 경우는 상법 제152조 제 1 항, 창고업자의 경우는 상법 제160조에서 규정하고 있으므로, 상법 제62조가 적용되지 않는다.

2) 상인이 그 영업범위 내에서 물건의 임치를 받아야 한다. 이때 영업으로 임치하는 경우는 창고업자의 임치로서 상법 제160조에서 별도도 규정하고 있기 때문에, 영업범위 내의 의미는 영업을 위하여 임치하는 경우, 즉 보조적 상행위의 경우만 의미하는 것으로 본다는 견해가 있다.[1)]

그러나 창고업자처럼 수치를 기본적 상행위로 하는 경우에도 상법 제62조가 적용된다는 견해가 있고 판례도 이를 적용하는 것으로 보인다.[2)]

---

1) 정찬형, 238면.
2) 大判 1994. 4. 26, 93 다 62539 · 62546. "창고업자인 피고 이상돈이 그 영업범위 내에서 위 건고추의 입고와 보관에 관여한 점 등에 비추어, 피고 이상돈은 위 물품인수증을 원고에게 발행함으로써 원고에 대한 관계에서는 적어도 위 건고추에 대한 무상수치인의 지위에서"라고 판시하고 있다.

3) 임치계약이 유효하게 존속하고 있어야 한다. 임치계약이 해지된 후 임치인이 그 임치물을 수령지체하고 있는 동안에는 일반원칙에 따라 수치인의 책임이 결정된다. 이 건 판결은 수치인인 상인 Y가 그의 주의의무를 게을리하지 않았음을 이유로 Y의 책임을 부정한 것이 아니고, X와 Y간의 임치계약이 해지되었음을 이유로 Y의 책임을 부정한 것이다.

4) 상인은 그 물건의 보관에 관하여 보수를 받지 않아야 한다. 이 때의 보수는 물건의 보관 그 자체와 관련하여 받는 경우뿐만 아니라 상법 제61조에 의하여 상인이 영업범위 내에서 타인을 위해 행위를 한 때에는 특약이 없더라도 보수를 청구할 수 있고 이러한 경우를 포함한다. 따라서 본조에서 규정하고 있는 무보수의 경우는 실제 발생하기 어렵다.

따라서 본조는 청약을 거절한 상인이 견품 기타의 물건을 보관한 경우(商 60조 본문), 중개인이 견품을 보관하는 경우(商 95조) 및 무보수의 특약이 있는 경우 등으로 적용범위가 제한된다.[1)]

5) 상법 제62조는 임의규정이므로 당사자간에 이를 경감하거나 배제하는 특약이 없어야 한다.

(3) 상인은 선량한 관리자의 주의로써 그 물건을 보관하여야 할 의무를 부담한다. 수치인이 이 의무에 위배하여 임치물이 멸실·훼손된 때에는 손해배상책임을 진다. 다만 이 사건과 같이 임치인이 임치물의 수령을 지체한 때에는 일반원칙에 따라 수치인의 선관주의의무는 소멸하고, 고의·중과실이 없으면 손해배상책임을 지지 않는다.

C. 관련판례

(1) 大判 1994. 4. 26, 93 다 62539·62546(임치계약의 직접 당사자가 아닌 창고업자에 대하여 적어도 무상수치인으로서의 주의의무가 있다고 본 경우).

(2) 大判 1991. 5. 28, 91 다 2052(수입업자가 육상운송인과 운송계약을 체결하고 운송을 마친 후 운송기구를 반환하지 않은 때에는 이를 선량한 관리자의 주의로써 보고하여야 하는데, 이를 이행하지 않아 손해배상책임을 부담한다고 본 경우).

---

1) 김성태, 454면.

D. 관련논점

(1) 상법 제62조의 일반상인의 책임과 상법 제160조의 창고업자의 임치책임을 비교하여 보자.

(2) 상법 제152조 제 1 항의 공중접객업자의 임치책임과 비교하여 보자.

(3) 위 사건에서 임치계약이 유효하게 존속하고 있었던 경우라면 법원은 어떠한 판결을 내렸을 것인가?

(4) 상법 제62조에서 요건으로 하고 있는 「보수를 받지 아니하는 때」란 어떤 경우가 있을 것인지 생각하여 보자.

제18 익명조합의 의의

A. 기본판례

▣ 大判 1962. 12. 27, 62 다 660[익명조합관계를 부정한 경우]

[사실관계]

제 1 심 피고 Y_1은 1959년 4월 21일 X와 간에 기간은 정함이 없이 X는 본건 형광등공장에 300,000원을 출자하고 위 Y_1은 영업성적 여하에 불구하고 영업이 익금에서 매월 금 18,000원을 매월 20일 X에게 지급한다는 익명조합계약을 하고 Y_2는 판시와 같이 X 명의로 위 Y_1을 위하여 연대보증을 하였다. X는 Y_1과 Y_2에 대하여 금원의 반환을 청구하였으나 익명조합계약이고 이익이 없어 지급할 수 없다고 항변하였다. 그러나 원심은 이 계약은 상법상의 익명조합계약이라고 할 수 없다고 하고 Y_1과 Y_2의 항변을 배척하였다. 이에 Y_2가 상고한 것이다.

[판결요지]

상법 제535조는· 익명조합계약은 당사자의 일방이 상대방의 영업을 위하여 출자를 하고 그 영업에서 생하는 이익을 분배할 것을 약속함으로 인하여 그 효력이 발생한다 규정하였으므로 당사자의 일방이 상대방의 영업을 위하여 출자를 하는 경우라 할지라도 그 영업에서 이익이 난 여부를 따지지 않고 상대방이 정기적으로 일정한 금액을 지급하기로 약정한 경우에는 가령 이익이라는 명칭을 사용하였다 하더라도 그것은 상법상의 익명조합계약이라고 할 수 없는 것이다.

Y_2는 원심에서 Y_2의 정관 제 9 조에는 수지예산을 정한 이외의 의무부담 또는 권리포기는 이사회의 의결을 거쳐 문교부장관의 인가를 받아야 하기로 되어 있고 같은 정관 제20조에는 재산의 취득관리에 관한 사항 일시차입금에 관한 사항 기타 중요한 사항 등은 이사회의 결의를 거쳐야 되게 되어 있는바 본건에 있어서는 이사회의 결의도 없고 문교부장관의 인가도 없으니 Y_2가 한 연대보증은 무효라고 주장하였음이 본건 기록상 명백하며 만약 Y_2가 한 본건 연대보증 당시 시행되었던 구 민법규정에 의하여 X가 악의인 경우에는 본건 연대보증은 무효이므로 원심은 그 점에 관하여 심리판단하여야 함에도 불구하고 원심은 그 점에 관하여 아무런 심판을 하지 아니하였음이 원판결의 판시상 명백하다. 그렇다면 원판결에는 판결에 영향을 미칠 중요한 사항에 관하여 판단을 유탈한 위법이 있다고 하지 아니할 수 없다.

B. 이론요약

(1) 익명조합은 자본주와 유능한 기업인이 결합하는 형태의 공동기업이다. 익명조합은 경제적으로는 출자자와 영업자의 공동기업 형태의 일종이면서도, 법률상으로는 영업자의 단독기업인 점이 특색이다.

(2) 익명조합은 당사자의 일방이 상대방의 영업을 위하여 출자를 하고, 상대방은 그 영업으로 인한 이익을 분배할 것을 약정하는 계약(商 78조)이다.

1) 익명조합을 통하여 자본가(익명조합원)는 직접 경영에 참여하지 않으면서 영업이익에 참여할 수 있으며, 경영자(영업자)는 이자 없는 자금을 공급받아 경영활동을 수행할 수 있다.

2) 익명조합의 목적은 자본가와 유능한 경영자가 합작하여 기업을 형성하는데 있다.

(3) 익명조합은 계약이다. 익명조합원과 영업자가 체결하는 유상, 쌍무, 불요식, 낙성계약으로서, 민법상의 전형계약이 아닌 상법상의 특수한 계약이다. 다만 대내적인 측면에서는 조합성이 있으므로 대내적 문제에 관하여는 민법상의 조합에 관한 규정을 유추적용할 수 있다고 본다.[1)]

(4) 계약의 내용은 익명조합원은 출자하고, 영업자는 이익을 분배할 것을 약

1) 정찬형, 255면; 이철송, 339면.

정하는 것이고, 이것이 익명조합계약의 본질적 요소가 된다.

1) 출자의무를 부담하는 자는 익명조합원뿐이며(商 78조 전단) 출자목적물도 금전 기타의 재산만을 출자할 수 있고, 이러한 출자는 영업자의 재산에 귀속한다(商 79조).

2) 익명조합원이 출자한 금전 기타의 재산은 영업자의 재산으로 본다(商 79조). 즉 출자재산에 대하여 공유관계 또는 민법상의 조합과 같은 합유관계가 생겨나는 것이 아니라 영업자의 단독소유가 된다. 따라서 영업자가 그 출자한 재산을 사용으로 소비한다고 하더라도 횡령이 되지 않는다.

3) 영업자의 이익분배에 관한 약정에서 영업자는 이익의 유무를 불문하고 매월 일정액을 익명조합원에게 지급할 것을 약정하는 것도 익명조합계약이 될 수 있는가에 대하여는 견해가 나뉘고, 이 건도 이에 관한 것이다. 이 건 판례, 그리고 다수의 견해는 상법 제78조가 "영업으로 인한 이익을 분배한다"고 규정하고 있는 만큼 소비대차계약은 될지라도 익명조합계약은 될 수 없다고 한다.

소수의 견해로서 계약의 전 취지로 보아 당사자간에 경제적 공동사업을 인정할 수 있는 관계가 있는가, 또는 단순히 원금이용을 허용한 데 지나지 않는가 등을 가려서 판단할 것이며, 예컨대 영업자의 상대방이 영업에 관한 감시권이나 기타의 간섭권을 가지고 있다면 고정적인 이익분배를 약정하는 경우에도 익명조합계약이 될 수 있다는 의견도 있다.

4) 손실의 분담은 익명조합의 본질적 요소가 아니지만, 공동기업의 일반원칙에 비추어 명시적인 반대의 특약이 없는 이상 이를 분담하기로 하는 묵시적 약정이 있는 것으로 추정한다.[1] 기타 상법은 손실분담에 관한 몇 개의 규정을 둔다. 첫째, 익명조합원의 출자가 손실로 인하여 감소된 때에는 그 손실을 전보한 후가 아니면 이익배당을 청구하지 못한다(商 82조 1항). 둘째 손실이 출자액을 초과한 경우에도 익명조합원은 이미 받은 이익을 반환하거나 또는 증자할 의무가 없다(商 82조 2항). 다만 이러한 규정들은 다른 약정이 있으면 적용되지 않는 임의규정이다.

5) 익명조합과 소비대차를 비교하면, 소비대차는 확정이자를 지급함에 반하여 익명조합은 불확정한 이익을 분배하는 점과 특약에 의하여 배제하지 않는 한 손실도 분담한다는 점이 다르다. 따라서 익명조합에서는 계약의 종료시에는 잔액만을 반환하는 것으로 족하나, 소비대차에서는 원본전액을 반환하여야 한다.

1) 정찬형, 258면.

또한 익명조합원의 지위는 원칙적으로 양도할 수 없는 데 반하여, 소비대차에 의한 채권은 양도할 수 있다는 점에서 차이가 있다. 그리고 익명조합원은 업무의 감시권이 있는 등 영업자의 영업에 일부 관여하나, 소비대차의 대주는 차주의 원본사용에 관여할 권리가 없다는 점도 차이가 있다.

(5) 익명조합계약의 당사자는 「영업자」와 「익명조합원」이다. 당사자는 이들에 한하며 민법상의 조합과 같이 3인 이상이 있을 수 없다.

1) 익명조합원은 상인이든 비상인이든 상관이 없으나, 영업자는 상인이어야 한다. 익명조합에 있어 익명조합원의 출자는 영업자의 「영업을 위한」 것이며, 영업자는 「영업으로 인한」 이익을 분배하여 주기 때문이다.

2) 하지만 영업자의 상인자격이 계약체결 당시에 존재하여야 하는 것은 아니며 계약체결을 통하여 그의 영업의사가 상대방에게 객관적으로 인식가능하게 되어 비로소 상인자격을 취득한 경우라도 상관이 없다.

C. 관련판례

(1) 大判 1983. 5. 10, 81 다 650(매일 매상금 중 일정비율의 금액을 지급할 것을 약정한 것은 상법상의 익명조합계약이 아니라고 한 경우).

(2) 大判 1973. 1. 30, 72 도 2704(익명조합원이 영업을 위하여 출자한 금전 기타의 재산은 영업자의 재산이 되므로, 그 영업자는 타인의 재물을 보관하는 자의 입장에 서지 않는다).

(3) 大判 1972. 8. 29, 72 다 1097(익명조합에서 영업자가 건축한 건물에 대하여 익명조합원 영업을 위하여 출자한 금전 기타의 재산은 영업자의 재산이 되므로, 그 영업자는 타인의 재물을 보관하는 자의 입장이 되지 않는다고 한 경우).

(4) 大判 1971. 12. 28, 71 도 2032(익명조합원이 출자한 재산을 영업자가 처분하는 경우 횡령죄가 아니라고 본 경우).

(5) 大判 1957. 11. 18, 4290 민상 616(대외관계에 있어서는 어느 주식회사의 지방출장소장으로 되어 있으나 대내적으로는 그 회사의 영업을 위하여 출자를 하고 그 영업에서 생기는 이익의 분배를 받을 것을 약정한 사실이 인정될 수 있는

경우에는 특별한 사정이 없는 한, 출자를 한 자와 화사와의 관계가 익명조합관계라고 한 경우).

D. 관련논점

(1) Y_1이 Y_2에 대하여 회계장부와 대차대조표 및 기타의 서류를 열람할 수 있는 권리가 있는 등 감시권이 있다고 인정되는 경우는 어떤가?

(2) 익명조합원은 손실을 분담하지 않기로 하는 특약을 한다면, 그 본질과 반하지는 않는가?

제19　익명조합원의 지위

A. 기본판례

▣ 大判 1977. 1. 25, 77 다 2092[익명조합관계를 부정하여 익명조합원의 지위에 관한 상법규정을 적용하지 아니한 경우]

[사실관계]

X는 대구시에서 칠성부화장을 경영하는 양계업자로서 1972. 12. 14. Y가 경영하는 사료제조공장인 경강사료에서 사료 40톤을 구입하여 양계에 주었던바, 닭들이 난소협착증을 일으켜 산란율이 30%로 떨어지고 30,945,600원 상당의 손해를 보았다. 이에 X는 Y에게 불법행위로 인한 손해배상청구소송을 제기하였으며 Y는 경강사료가 유양산업을 상호변경한 것이며 형식상 대표자가 A로 되어 있을 뿐 아니라 Y는 A의 동업자로서 익명조합원인 만큼 책임이 없다고 주장하였다.

원심은 경강사료로서 Y 경영의 경강제분공장 내에 위치하고 Y가 실질적 경영자일 뿐 아니라 A는 Y의 피용자임이 분명하니 Y가 X에 대하여 불법행위로 인한 손해배상의 책임이 있다고 판시하였다. 이에 Y가 상고한 것이다.

[판결요지]

이 사건 사료의 제조공장은 종전부터 Y가 경영하여 오다가 1972. 4. 10. 그 상호를 개칭하면서 영업감찰상의 명의만을 Y로부터 당시 판매과장이던 A로 변경등록하였을 뿐 실질적으로는 Y가 계속하여 경영하여 온 것이라면 원심의 인정사실이 충분히 긍인되는 바이고 －(중략)－ 그리고 위와 같은 사실관계라면 이 사건 사료공장의 경영형태를 상법상의 익명조합이라 할 수도 없을 것이므로, Y가 익명조합의 자본주에 해당함을 전제로 하는 상고이유는 채용될 수 없다.

B. 이론요약

(1) 익명조합은 당사자의 일방이 상대방의 영업을 위하여 출자를 하고, 상대방은 그 영업으로 인한 이익을 분배할 것을 약정하는 계약(商 78조)이다. 익명조합원은 출자를, 영업자는 영업의 수행을 주요 내용으로 한다.

(2) 영업의 수행은 영업자만이 부담하고, 영업자가 정당한 사유 없이 영업을 개시하지 아니하거나 영업을 휴업 또는 폐지한 경우에는 익명조합원은 채무불이행을 이유로 손해배상을 청구하거나 계약을 해지할 수 있다(商 83조 2항). 이러한 맥락에서 익명조합원이 출자한 금전 기타의 재산은 영업자의 재산으로 본다(商 79조).

1) 이 건 판결에서 Y는 자신이 익명조합원으로서 영업을 수행하지 않았다고 주장하고 있으나, 법원은 실제의 경영자는 Y이었음을 인정하면서 따라서 Y는 익명조합원이 될 수 없고 그 계약관계도 익명조합계약이 아니라고 한 것이다.

2) 관련 쟁점으로 영업수행의무를 부담하는 영업자가 익명조합원에 대하여 경업피지의무를 부담하는지에 대하여 상법상 규정이 없어 견해가 대립된다. 상법 규정이 없는 이상 당연히 경업피지의무를 부담하는 것은 아니라 어떠한 경업행위가 앞서 본 영업수행의무 위반이 되는지를 구체적으로 따져 그 허용 여부를 결정해야 한다는 견해도 있으나, 영업자가 동종영업을 경업한다면 익명조합원과 이익충돌의 결과를 초래하고 익명조합원 이익의 희생하에 자기의 이익을 도모하는 것이므로 경업피지의무를 부담한다고 해석하여야 한다.

(3) 익명조합에서는 위와 같이 영업자가 단독으로 영업을 수행할 권리와 의무를 가진다. 하지만 익명조합원도 공동기업의 형태로서 자금을 투자한 자이므로 소비대차의 대주와는 다른 지위가 부여된다.

1) 익명조합원은 영업자에 대하여 계약에서 정한 바에 따라 영업을 할 것을 청구할 수 있다. 그러므로 계약에 위반하여 영업을 하는 때에는 그에 대한 손해배상청구권과 계약의 해지권을 가진다(商 83조 2항).

2) 익명조합원은 영업자의 경영에 참여할 수는 없으나, 출자자로서 합자회

사의 유한책임사원과 동일한 감시권이 인정되고 있다(商 86조, 277조). 즉 익명조합원은 영업연도 말에 있어서 영업시간 내에 한하여 영업자의 회계장부, 대차대조표 기타의 서류를 열람할 수 있고, 영업자의 업무와 재산상태를 검사할 수 있다(商 277조 2항).

3) 상법 규정은 없으나 익명조합원은 영업자에 대하여 선량한 관리자의 주의로써 공동의 이익을 도모할 것을 바탕으로 경업피지청구권을 가진다고 본다. 다만 개입권에 관한 규정은 없으므로 계약의 해지 또는 손해배상을 청구할 수 있을 뿐이다.

(4) 익명조합은 내부적으로는 익명조합원과 영업자의 공동기업이지만 외부적으로는 영업자의 단독영업이므로 영업으로 인한 제 3 자에 대한 관계에서의 권리 · 의무는 영업자에게만 귀속된다. 그 결과 영업자는 영업으로 인한 채무에 대하여 출자액과 관계 없이 무한책임을 부담한다.

(5) 익명조합원은 영업을 수행할 권리가 없으므로 제 3 자와 법률관계를 가질 여지도 없고 또한 제 3 자에 대하여 책임을 부담하지도 않는다.

1) 상법도 이러한 뜻에서 익명조합원은 영업자의 행위에 관하여는 제 3 자에 대하여 권리나 의무가 없다고 규정한다(商 80조). 즉 익명조합의 영업상 행위는 대외적으로 영업자의 단독영업이므로 익명조합원은 제 3 자에 대하여 영업으로 인한 어떠한 권리도 취득하지 않고 의무도 부담하지 않는 것이 원칙이다.

이 사건에서 Y의 주장이 받아들여져 익명조합계약이 긍정된다면, Y는 익명조합원으로서 X에 대하여 손해배상책임을 부담하지 않는다는 점이다.

2) 다만 외관책임의 원리에서 상법은 익명조합원이 자기의 성명을 영업자의 상호 중에 사용하게 하거나 자기의 상호를 영업자의 상호로 사용할 것을 허락한 때에는 그 사용 이후의 채무에 대하여 영업자와 연대하여 변제할 책임이 있다고 규정한다(商 81조).

그런데 상법 제81조가 없더라도 상법 제24조에 의하여 익명조합원에게 명의대여자로서의 책임을 물을 수 있고, 따라서 상법 제81조는 제24조에 대한 주의규정에 불과하다고 볼 것이며, 양자는 동일하게 해석하는 것이 옳다. 그러므로 상법 제81조의 법문에는 표현되어 있지 않으나, 제24조에서와 같이 익명조합원은 선의의 제 3 자에 대하여만 책임을 지는 것으로 해석하여야 한다.

C. 관련판례

(1) 大判 1973. 1. 30, 72 도 2704(익명조합원이 영업을 위하여 출자한 금전 기타의 재산은 영업자의 재산이 되므로, 그 영업자는 타인의 재물을 보관하는 자의 입장에 서지 않는다).

(2) 大判 1972. 8. 29, 72 다 1097(익명조합에서 영업자가 건축한 건물에 대하여 익명조합원 영업을 위하여 출자한 금전 기타의 재산은 영업자의 재산이 되므로, 그 영업자는 타인의 재물을 보관하는 자의 입장이 되지 않는다고 한 경우).

D. 관련논점

(1) 이 사건에서 Y의 주장이 받아들여지려면 어떠한 상황 설정이 필요한지 제시하여 보자.

(2) 익명조합원이 영업자의 영업을 감시할 수 있는 구체적 권리로는 어떠한 것들을 생각할 수 있는가?

(3) 익명조합계약의 종료에 관한 상법규정들을 검토하여 보자.

(4) 익명조합에서 당사자의 지위 양도는 어떻게 되는가?

제 2 장 각 칙

제 1 대 리 상

1. 대리상의 의의

A. 기본판례

▣ 大判 1999. 2. 5, 97 다 26593[대리점총판계약이라는 명칭을 사용한 경우에도 상법상의 대리상이 아니라고 한 경우]

[사실관계]

원고는 X회사 외 2인(외 2인의 원고는 자연인 X_2, 같은 X_3)이고 피고는 Y회사이다. Y회사는 X회사에게 노래방기기 중 본체인 '스토어'를 판매하였으며, 같은 X회사는 이에 10여종의 주변기기를 부착하여 노래방기기 세트의 판매가격을 결정하여 위 소비자에게 판매하였으며, X_2, X_3는 X회사로부터 위 노래방기기세트를 매수하였다. X회사는 Y회사가 대리점총판계약이라고 하는 명칭을 사용하는 것을 허용하였다. Y회사는 국제신문에 Y회사제품의 전문취급점 및 A/S센터 전국총판으로 X회사를 기재한 광고를 한번 실었으며, X_2와 X_3는 위 광고를 보았다. X회사는 Y회사를 믿고 위 노래방기기의 판매, 설치 사업을 하다가 Y회사가 제조한 이 사건 스토어에 근본적으로 중대한 결함이 있어서 위 노래방기기의 판매, 설치사업을 중단하게 되었다. Y회사에 대하여 X회사는 제조물책임 및 하자담보책임을 묻고, X_2와 X_3도 Y회사와 직접 거래를 한 것은 아니지만 Y회사에 대하여 상법상의 대리상 계약을 적용하여 제조물책임 및 계약당사자책임을 물었다.

이 사건에서는 X_2와 X_3의 청구가 대리상의 논점과 연관된다. 원심은 X_2와 X_3의 청구에 대하여 Y가 책임을 부담하지 않는다고 하였다. 원심은 X_2와 X_3에 대한 매도인은 X회사이고, Y회사가 이 사건 스토어의 판매촉진을 위하여 신문을 통해 광고를 한 바가 있고, 위 노래방기기에 Y회사의 명칭이 새겨져 있다는 사실만으로는 X_2와 X_3들이 Y회사를 매도인으로 하여 위 노래방기기를 매수하였다고 판단할 수는 없으므로, Y회사가 X_2와 X_3들에게 위 노래방기기를 매도한 매도인이었음을 전제로 매도인의 하자담보책임을 구하는 청구도 더 나아가 손해액 등에 관하여 살필 필요 없이 그 이유가 없다고 하였다.

이에 X_2와 X_3는 다음과 같은 이유로 상고하였다. "제품의 총판과 애프터서비스를 위탁한 총판대리점은 상법 제87조의 대리상이므로 본인을 위하여 판매하는 것임을 표시하지 아니하여도 본인에게 효력이 있다. X회사가 Y회사 제품인 스토어의 전문취급점, 애프터서비스센터, 전국총판장이라고 Y회사가 신문광고를 낸 것은 상품판매와 애프터서비스에 관한 권리 · 의무를 위임한다는 통지로서 Y회사는 민법 제125조에 의하여 본인으로서 책임이 있다. 따라서 Y회사는 X_2와 X_3에 대하여 매도인으로서의 책임이 있다."

[판결요지]

어떤 자가 제조회사와 대리점 총판 계약이라고 하는 명칭의 계약을 체결하였다고 하여 곧바로 상법 제87조의 대리상으로 되는 것은 아니고, 그 계약 내용을 실질적으로 살펴 대리상인지의 여부를 판단하여야 하는바, 제조회사와 대리점 총판 계약을 체결한 대리점이 위 제조회사로부터 스토어(노래방기기 중 본체)를 매입하여 위 대리점 스스로 10여 종의 주변기기를 부착하여 노래방기기세트의 판매가격을 결정하여 위 노래방기기세트를 소비자에게 판매한 경우에는 위 대리점을 제조회사의 상법상의 대리상으로 볼 수 없고, 또한 제조회사가 신문에 자사 제품의 전문취급점 및 A/S센터 전국총판으로 위 대리점을 기재한 광고를 한 번 실었다고 하더라도, 전문취급점이나 전국총판의 실질적인 법률관계는 대리상인 경우도 있고 특약점인 경우도 있으며 위탁매매업인 경우도 있기 때문에, 위 광고를 곧 제조회사가 제 3 자에 대하여 위 대리점에게 자사 제품의 판매에 관한 대리권을 수여함을 표시한 것이라고 보기 어렵다.

B. 이론요약

(1) 일정한 상인을 위하여 상업사용인이 아니면서 상시 그 영업의 부류에 속하는 거래의 대리 또는 중개를 하는 자를 대리상이라 한다(商 87조).

1) 대리상은 상업사용인이 아닌 독립한 상인이다. 대리상은 기업의 외부에서 독립한 상인으로서 기업을 보조하는 자로서, 상명하복의 관계에 있는 상업사용인과 구별된다.

2) 「일정한 상인」을 위하여 거래의 대리 또는 중개를 한다. 이 점에서 불특정다수인을 보조하는 중개인 또는 위탁매매인과는 다르다.

3) 「상시」 거래의 대리 또는 중개를 하여야 하므로, 대리상은 본인인 상인과 계속적 거래관계에 있어야 한다.

4) 대리상은 일정한 상인의 「영업부류」에 속하는 거래의 체결을 그 상인의 명의와 계산으로 대리하거나 중개하는 자이다. 그러므로 매매업을 하는 상인을 위하여 금융의 대리 또는 중개를 하는 자는 상인이 아니다.

5) 상법상의 대리상은 반드시 대리점 또는 이와 유사한 명칭을 사용하여야 하는 것은 아니다. 다른 명칭이라도 행위의 전체적 성질에 따라 상법상의 대리상이 될 수도 있고, 또한 대리상이라는 명칭을 사용하는 경우라도 상법상의 대리상이 아닐 수도 있다. 즉 명칭은 중요하지 않고 계약의 내용을 중심으로 하여 대리상 여부를 판단하는 것이다.

이 사건에서도 대리점이라는 명칭을 사용하긴 하였어도 상법상의 대리상이 아니라고 판단한 경우이다.

(2) 상법상의 대리상은 다음과 구별되어야 한다.

1) 「특약점」이라고도 부르는 것으로, 대리점이라는 명칭을 사용하긴 하나 상품의 공급자로부터 제공된 상품을 매입하여 자기의 명의와 계산으로 판매하는 경우로 이 때에도 대리점이라는 명칭을 사용하기도 하고, 특히 「특약점」이라 부르기도 한다. 이 경우는 상품의 구입대금과 판매대금의 차액으로써 이익을 보는 점에서 보통의 매매업과 동일하다. 이 경우는 상법상 대리상이 아니며, 민법의 매매와 상사매매의 규정이 적용된다.

이 사건도 대리상이 아니라 오히려 특약점에 해당하는 경우이다. X는 Y로부터 기기를 구입하여 거기에 추가 설치하여 판매한 경우로써 대리상이라고 할 수 없다고 판시한 것이다.

2) 「위탁매매인」에 해당하는 경우이다. 상품의 공급자로부터 제공된 상품을 자기명의로써 그러나 상품공급자의 계산으로 판매하는 자의 영업소를 대리점이

라고 하는 경우도 있다. 하지만 이 경우는 특정한 상인으로부터 계속적인 상품의 공급을 받는 위탁매매인에 해당한다. 상법상의 위탁매매인에 관한 규정이 적용된다.

(3) 대리상의 주된 의무는 선관주의의무(民 681조)이나 상법에 규정된 대리상의 의무를 간략히 살피면 다음과 같다.

1) 대리상이 거래의 대리 또는 중개를 한 때에는 지체 없이 본인에게 그 통지를 발송하여야 한다(商 88조). 대리상이 이를 해태한 때에는 손해배상책임을 진다.

2) 대리상은 본인의 허락 없이 자기나 제 3 자의 계산으로 본인의 영업부류에 속한 거래를 하거나 동종영업을 목적으로 하는 다른 회사의 무한책임사원 또는 이사가 되지 못한다(商 89조 1항). 겸직금지의무를 위반한 경우에는 해지권과 손해배상청구권을 행사할 수 있고, 경업금지의무에 위반한 경우에는 개입권과 해지권, 손해배상청구권을 행사할 수 있다(商 89조 2항, 17조 2항 내지 4항).

3) 대리상은 계약의 종료 후에도 계약과 관련하여 알게 된 본인의 영업상의 비밀을 준수하여야 한다(商 92조의3). 대리상은 일회적인 거래로 관계가 종결되는 중개인과는 달리 본인과 지속적인 대리관계를 가지는 것으로 본인의 영업비밀을 지득할 기회가 많고 긴밀한 신뢰관계가 요구된다. 상법은 이러한 신뢰관계를 보호하기 위하여 계약의 종료 후에도 대리상에게 비밀준수의무를 부과하고 있다. 만약 이를 위반하는 경우 손해배상책임을 부담한다. 이 의무는 대리상계약이 종료된 후에도 부담한다는 점에서 특징이 있다.

(4) 대리상은 다음과 같은 권리를 가지고 이러한 권리를 가지는 경우는 명칭을 불문하고 상법상의 대리상으로 판단할 여지가 많게 된다.

1) 상인이 그 영업범위 내에서 타인을 위하여 행위를 한 때에는 이에 대하여 상당한 보수를 청구할 수 있다(商 61조).

2) 대리상은 거래의 대리 또는 중개로 인한 채권 등이 변제기에 있는 때에는 그 변제를 받을 때까지 본인을 위해 점유하는 물건 또는 유가증권을 유치할 수 있다(商 91조 본문). 피담보채권은 변제기가 도래한 것으로서 거래의 대리 또는 중개로 인한 채권에 한정된다. 유치목적물은 대리상이 본인을 위해 그 점유를 취득한 것이면 충분하고 그것이 누구의 소유인지는 불문한다. 피담보채권과 목적물 사이에 개별적인 관련성을 요하지 않으며, 유치권의 성립을 배제하는 반대약정이 없어야 한다(商 91조 단서).

3) 대리상의 활동으로 본인이 새로운 고객을 획득하거나 영업상의 거래가

현저하게 증가하고 이로 인하여 계약의 종료 후에도 본인이 이익을 얻고 있는 경우에는 대리상은 본인에 대하여 상당한 보상을 청구할 수 있다(商 92조의 2 1항 본문). 다만 그 계약의 종료가 대리상의 귀책사유로 인한 경우에는 보상을 청구하지 못한다(동조 단서). 이를 대리상의 보상청구권이라 한다. 대리상계약이 종료된 후에도 본인이 대리상의 노력으로 계속 이익을 얻고 있는 경우 본인이 대리상에게 상당한 보상을 하도록 함으로써 형평을 기하고자 하는 취지이다.

요건이 충족되어 대리상이 보상청구권을 취득하는 경우 보상금액은 원칙적으로 계약종료 전 5년간의 평균 연보수액을 초과할 수 없으나, 계약의 존속기간이 5년 미만인 경우에는 그 기간의 평균 연보수액을 기준으로 한다(商 92조의 2 2항).

대리상의 보상청구권은 대리상계약이 종료한 날로부터 6월을 경과하면 소멸한다(商 92조의 2 3항). 이는 당사자간의 법률관계를 조속히 종결시키기 위한 취지로서 6월은 제척기간이다.

4) 체약대리상은 위임의 범위 이내에서 대리권을 가지나, 중개대리상은 거래의 중개를 할 뿐이고 대리권이 없다. 그러나 중개대리상의 경우에도 민법의 규정에 의하여 표현대리에 의하여 본인에게 책임이 인정되는 경우도 있을 것이다.

그런데 중개대리상의 경우 거래상대방은 직접 본인에 대하여 통지를 하여야 하는 불편이 있을 수 있어 그 편의를 도모하고자 물건의 판매나 중개의 위탁을 받은 대리상은 매매의 목적물의 하자 또는 수량부족 기타 매매의 이행에 관한 통지를 받을 권한이 있다고 규정하여 통지수령권한은 인정한다(商 90조).

C. 관련판례

D. 관련논점

(1) 대리상계약과 위탁매매계약을 비교하여 본다.

(2) 대리상계약과 매매계약을 비교하여 본다.

(3) 대리상의 종류에 따른 권리의 차이점이 무엇인지 생각하여 본다.

(4) 만약 위 사건에서 X가 Y로부터 구입한 것이 아니라 판매분에 대한 수수료를 받았다고 하는 경우에는 어떠한가?

2. 대리상과 상업사용인의 구별

A. 기본판례

▣ 大判 1962. 7. 5, 62 다 244[화재보험도급계약에 따라 보험회사지점의 운영을 맡은 자를 대리상이 아니고 상업사용인이라고 한 경우]

[사실관계]

X보험회사와 Y간에 체결된 화재보험도급계약 등(동 회사 대전지점의 설치 및 운영관계를 규정한 것)에 의하여 Y는 소관 구내에서 X회사의 명의로 보험계약의 과집 및 체결을 하고 또 보험료를 영수하며, X회사는 이에 대하여 보수로서 매월 금 2만환을 지급하는 외에, 보통화재보험에 있어서는 순보험료의 40%, 월부화재보험에 있어서는 순보험료의 30%을 지급한다. 그러나 Y는 보험계약과집에 필요한 제반경비 · 관내 대리점에 대한 수수료 · 교통비 및 교제비 기타 일체비용은 부담하기로 한 경우이다. 이 사건에서 Y는 X의 대리상인지 여부가 쟁점으로 등장하였다.

[판결요지]

Y는 X회사의 상업사용인에 불과하며 단지 Y가 받을 보수에 관하여 위와 같은 수수료제를 취하는 동시 그 경비에 관하여도 위와 같은 약정을 한 것에 불과한 취지이며 X와 Y의 관계를 상업사용인이 아니고 대리상 관계라고 인정한 것은 잘못된 것이라고 판결하였다.

B. 이론요약

(1) 일정한 상인을 위하여 상업사용인이 아니면서 상시 그 영업의 부류에 속하는 거래의 대리 또는 중개를 하는 자를 대리상이라 한다(商 87조). 대리상은 일정한 상인의 영업을 계속적으로 보조하는 점에서 상업사용인과 같고 경업피지의무를 부담하는 점에서도 상업사용인과 유사하다.

(2) 대리상은 기업의 외부에서 보조하는 독립한 상인임에 반하여 상업사용인은 영업주와 종속적 관계에 있다. 이 사건은 대리상과 상업사용인과의 구별에 관한 건으로 구체적인 계약내용으로 보아 대리상이 아니라 상업사용인으로 판단한 것이다.

(3) 대리상과 상업사용인의 구체적 차이점에 대하여 살펴본다.

1) 대리상은 수수료를 받는 데 비하여, 상업사용인은 보수를 받는다. 이 사건에서도 Y가 보수를 받는 것이며, 형식적으로만 수수료를 받는 것처럼 하고 있었다고 본 것이다.

2) 대리상은 기업의 위험을 스스로 부담하는 데 반하여, 상업사용인은 보수를 받는 자로서 기업성이 없다.

3) 대리상은 특정되는 경우 복수의 상인을 보조할 수 있는 데 반하여, 상업사용인은 1인 상인만을 보조한다.

4) 대리상은 독립된 상인이므로 자연인뿐 아니라 법인도 될 수 있으나, 상업사용인은 자연인만 될 수 있다.

5) 대리상은 거래의 대리 또는 중개를 한 때에는 지체 없이 본인에게 그 통지를 발송하여야 할 의무를 부담함에 반하여(商 88조), 상업사용인은 다른 정함이 없는 한 통지의무를 지지 않는다.

6) 대리상은 본인의 영업부류에 속한 거래나 동종영업을 목적으로 하는 회사의 무한책임사원 또는 이사가 되지 못한다(商 89조). 하지만 상업사용인은 영업주의 영업부류에 속한 거래를 할 수 없는 것은 대리상의 경우와 같으나, 상업사용인은 영업의 문적이 다른 회사의 무한책임사원과 이사 또는 다른 상인의 사용인이 되지 못하는 점은(商 17조) 대리상과 다르다.

(4) 현실에서 대리상과 상업사용인을 구별하는 것이 쉽지 않을 수 있다. 구별의 일반적 기준으로는 위에서의 차이점에 유의하여, 자신의 영업소인지, 보수가 수수료 본위인지 고정적 급료인지, 영업상의 위험 및 비용을 누가 부담하는지, 자신의 상호 등을 사용하는지 여부 등에 의하여 결정하게 될 것이다.

C. 관련판례

D. 관련논점

(1) 이 사건에서 대리상계약으로 인정받기 위하여는 어떠한 사실관계가 필요할 것인지 생각하여 보자.

(2) 대리상은 상업사용인을 겸할 수 있는가?

(3) 대리상과 위탁매매인의 차이점에 대하여 생각하여 보자.

제2 중 개 업

A. 기본판례

▣ 大判 1972. 8. 22, 72 다 1071 · 1072[중개인의 이행담보책임을 인정한 경우]

[사실관계]

대구시 서문시장에서 포목중개업을 하는 Y는 1968. 12. 22.부터 1970. 9. 14.까지의 사이에 X로부터 직물 도합 1,654필을 인수하여 이를 그의 중개로서 시장상인들에게 판매하였다. 중개료는 그 시장의 상관습상 판매하는 필당 구전의 50원으로 하고 대금결제시에 지급하기로 약정하였다. 그러나 Y는 중개인으로서 X 소유의 직물을 가져가서 자기책임하에 판매하였으나 그 대금 632,600원을 결제하지 않았다. X는 Y에게 그 물품대금소송을 제기하면서 그 수령할 대금의 일부로 중개료를 지급하는 것이라고 주장하는 반면, Y는 중개인으로서 직접 직물을 매수한 것이고 그 중개료는 Y에게 미리 지급할 의무가 있다고 주장하면서 반소로서 중개료 청구소송을 제기하였다. 이에 대하여 원심은 X의 청구를 배척하였고 X가 상고하게 된 것이다.

[판결요지]

상법 제96조와 제99조에 의하면 타인간의 상행위의 중개를 영업으로 하는 중개인은 그의 중개에 의하여 성립된 당사자간의 계약이 즉시 이행될 성질의 것이 아닌 이상 각 당사자의 성명 또는 상호, 계약연월일과 그 계약의 요령을 기재한 서면을 작성하여 각 당사자로 하여금 이에 기명날인케 한 후 그 서면을 각 상대방에게 교부하여야 하며 중개인이 임의 또는 당사자 일방의 요구에 따라 상대방에게 그의 성명 또는 상호를 표시하지 않았을 경우에는 그 중개인 자신이 상대방에 대하여 그 계약에 대한 이행책임을 지어야 한다는 것인즉, 원판결이 대구시 서문시장에서 포목중개업을 하는 Y(반소 X 이하 Y라 약칭한다)가 1968. 12. 22.부터 1970. 9. 14.까지의 사이에 직물의 생산판매를 하고는 X로부터 그의 소유인 직물 도합 1,654필을 인수하여 이를 그의 중개로서 시장상인들에게 판매하였다는 사실을 확정하였고 그것이 즉시 이행된 매매가 아니었음이 기록상 뚜렷한 본건에 있어 원심으로서는 설사 Y가 위 직물판매에 관한 중개에 대하여 X가 주장한 바와 같이 그 직물들을 자신이 직접 매수하였다거나 X에 대하여 그 판매대금에 대한 책임을 지기로 확약한 사실이 없었던 것임이 원판결의 이유설시와 같았다 할지라도 Y에 대하여 그 중개판매로 인한 잔대금의 지급을 구하는 X의 본소청구를 그 판매를 중개한 Y가 X에 대하여 이를 매수한 당사자의 기명날인이 있는 그 중개에 관한 전술한 바와 같은 서면을 교부하였다는 사실을 심리판단하지 않고서는(그 서면의 교부가 없었다면 X로서는 그 매수당사자를 알 길이 없었을 것이고 설사 그 당사자를 알았다 할지라도 그에 대하여 대금을 청구할 수는 없을 것이다) 그 판매가 중개인에 의한 것이었다는 사실의 확정만으로서 이를 배척할 수는 없었던 것(기록상 X의 본소청구를 Y에 대한 중개개입의무의 이행을 구하는 것이었다고 보지 못할 바도 아니었다)이었다고 할 것이다. 그러한즉 원심이 위 중개에 관한 서면의 교부에 관한 사실의 유무에 대한 심리나 판단이 없을 뿐 아니라 그 판매의 상대방(X청구의 잔대금을 부담할 당사자)이 누구였던가를 확정한 바도 없이 X의 본소 청구를 기각하였음은 심리미진과 이유불비의 위법을 면치 못할 것이다.

B. 이론요약

(1) 타인간의 상행위의 중개를 영업으로 하는 자를 중개인이라 한다(商 93조).

1) 계약체결을 할 수 없고 중개만을 한다는 점에서 대리상(商 87조) 중 하나인 중개대리상과 유사한 면이 있다. 하지만 중개대리상은 일정한 상인을 위하여 계속적으로 중개를 함에 반하여 중개인은 불특정 다수의 중개를 하는 점에서 다르다. 또한 중개라는 사실행위만을 하는 점에서 본인을 위하여 법률행위를 대리하는 체약대리상과도 구별된다.

2) 상행위의 중개를 하여야 한다. 상법상 중개인은 상행위의 중개를 하여야 하므로 타인 중의 일방은 적어도 상인이어야 하고, 이 점에서 상행위가 되지 않는 행위의 중개를 하는 「민사중개인」과 구별된다.

(2) 중개인의 주된 의무로는 선관주의의무와 다음과 같은 상법상의 의무가 있다.

1) 견품보관의무(商 95조)

중개인이 그 행위에 관하여 견품을 받은 때에는 그 행위가 완료될 때까지 이를 보관하여야 한다. 중개인의 견품보관의무의 종기인 「행위가 완료할 때」는 그 물건의 품질에 관하여 분쟁이 발생하지 않을 것이 확실하게 된 때이다.

2) 결약서교부의무(商96조)

이 건과도 관련된 쟁점으로서, 당사자간에 계약이 성립된 때에는 중개인은 지체 없이 각 당사자의 성명 또는 상호, 계약연월일과 그 요령을 기재한 서명을 작성하여 기명날인 또는 서명한 후 각 당사자에게 교부하여야 한다(商96조 1항). 이 서면을 결약서라 하고 중개인의 기명날인 또는 서명을 담고 있어야 하는 점에서 계약서와는 구별된다. 이것은 중개인이 중개한 사항에 대하여 계약이 성립한 사실 및 그 내용을 명확히 하여 당사자간의 분쟁을 예방하고자 하는 취지이다.

이 건에서는 Y가 결약서교부의무를 이행하였는지 여부에 대하여 심리하지 않았다고 하여 원심을 파기한 것으로 X는 매수인이 누구인지 알 수 없으므로, Y에 대하여 대금을 청구할 수밖에 없다는 것이다.

3) 장부작성의무(商97조)

중개인은 결약서에 기재한 사항을 중개인의 장부에도 기재하여야 하며 이렇게 작성되는 중개인 장부를 「일기장」이라고도 한다. 당사자는 언제든지 자기를 위한 중개에 관련된 장부내용의 등본을 교부해 줄 것을 중개인에게 청구할 수 있다.

4) 성명상호묵비의무(商98조)

당사자가 자기의 성명 또는 상호를 상대방에게 표시하지 아니할 것을 중개인에게 요구한 때에는 중개인은 그 상대방에게 교부할 결약서와 중개인장부의 등본에 그 성명 또는 상호를 기재하지 못한다.

5) 개입의무 또는 이행담보책임(商99조)

중개인이 임의로 또는 당사자의 요구에 의하여 당사자 일방의 성명 또는 상호를 상대방에게 표시하지 아니한 때에는 상대방은 중개인에 대하여 이행을 청구할 수 있고, 이를 이행담보책임 또는 개입의무라 한다. 중개인은 계약체결을 위한 사실행위를 하는 자에 불과하지만 당사자 일방의 상호 또는 성명을 묵비하고 거래한 경우 상대방 당사자를 보호하기 위하여 상법상 특별규정으로서 중개인에게 담보책임을 부과한 것이다. 이행을 한 중개인은 상대방 당사자에게 구상청구할 수 있다(民481조).

이 건에서는 Y가 거래당사자가 아닌 중개인에 불과하고 Y가 판매대금에 대한 명시적인 이행책임을 부담하겠다는 명시적인 의사표시를 하지 않았다 하더라도 중개인의 의무인 결약서교부의무를 이행하지 아니하여, X로서는 상대 당사자가 누구인지를 확정할 수 없다면 T가 이행담보책임을 부담하여야 한다는 것이다.

(3) 중개인의 권리는 다음과 같다.

1) **보수청구권**(商 100조)

이 건에서 중개인 Y는 반소로써 자신의 보수청구권을 행사하였다. 중개인도 상인이므로 당연히 보수청구권을 취득하나(商 61조), 상법은 중개인에 대하여는 특칙을 두고 있다. 그 행사요건으로는 먼저, 중개인의 중개에 의하여 당사자간에 계약이 성립하여야 한다. 계약이 성립한 이상은 그 이행의 유무를 불문하나 다만 중개인의 중개행위와 계약성립간에는 상당인과관계가 있어야 한다. 또한 중개인은 제96조의 규정에 따른 결약서를 각 당사자에게 교부하지 아니하면 보수를 청구할 수 없다. 즉 결약서의 작성교부절차가 완료되어야 보수청구권을 행사할 수 있다. 그리고 중개인의 보수는 특약이 없으면 당사자 쌍방이 균분하여 부담한다.

이 건 Y가 보수청구권을 행사하기 위하여는 결약서 교부의무를 이행하여야 하였음에도, 원심이 이러한 결약서 교부의무를 이행하였는지 여부에 대한 사실확인을 하지 않았다는 취지로 파기환송하고 있다.

2) 기타의 권리

중개인의 보수에는 중개를 함에 있어 소요된 비용이 보통 보수 중에 포함되어 있기 때문에, 특약 또는 관습이 없는 한 그 상환을 청구할 수 없다. 그리고 중개인은 중개만을 할 뿐 스스로 행위의 당사자가 되는 것이 아니고 또 당사자의 대리인도 아니므로, 다른 약정 또는 관습이 있는 경우를 제외하고 당사자를 위하여 지급 기타의 급여를 받을 권한도 없다(商 61조).

C. 관련판례

(1) 大判 2007. 12. 20, 2005 다 32159(구 부동산중개업법 및 같은 법 시행규칙 등 관련 법령에서 정한 한도를 초과하는 부동산 중개수수료 약정이 강행법규 위반으로 무효라고 한 경우).

(2) 大判 1985. 10. 8, 85 누 542(선박매매대금을 연불조건으로 지급하는 경우

중개수수료의 산정방법은 연불에 따른 이자를 제외한 선박매매금액을 기준으로 산정하여 지급하는 것이 일반거래의 관행인 사실이라고 인정한 경우).

D. 관련논점

(1) 이 사건에서 Y의 주장이 받아들여지려면 어떠한 요건을 갖추어야 하는가?

(2) 결약서의 기재사항, 법적 성질, 그리고 그 교부시기에 대하여 검토하여 보자.

(3) 중개인의 개입의무와 위탁매매인의 개입의무를 비교하여 보자.

(4) 중개계약 중에서 일방적 중개계약의 의의에 대하여 정리하여 보자.

제 3 위탁매매업

1. 위탁매매인의 의의

A. 기본판례

▣ 大判 1995. 12. 22, 95 다 16660[위탁판매인이 영업점포의 상호나 영업장소를 변경하였다고 하여서 위탁판매계약이 해지된 것으로 볼 수 없다고 한 경우]

[사실관계]

X자동차주식회사는 1992. 10. 23. 춘천시 효자 3 동에서 '광장오토바이센터'를 운영하는 A와의 사이에 계약기간을 3년으로 하여 X회사가 제조한 오토바이의 위탁판매계약을 체결하였다. Y는 A가 위 위탁판매거래로 X회사에게 부담하게 될 일체의 민사상 채무를 연대보증하였다. 이후 A는 1993. 3.경 위 광장오토바이센터를 B에게 양도하고, 자신은 춘천시 석사동에 '태양오토바이부속'이라는 상호로 새로운 사업자등록으로 오토바이 부품을 판매하기 시작하였고, 위 위탁판매계약에 기하여 X회사로부터도 종전과 같이 오토바이 공급을 받아왔다. X회사와 A 사이의 위 위탁판매계약은 1993. 12. 17.경 종료되었다.

X회사는 A가 위 위탁판매계약으로 인한 채무를 변제하지 아니하자 연대보증인인 Y를 상대로 그 지급을 구하는 소송을 제기하였다. 이에 대하여 Y는 위 위탁판매계약이 1993. 3.경 해지되었으며, 그렇지 않다고 하여도 Y의 연대보증은 A

가 상호와 영업장소를 변경한 후의 거래에 대해서는 미치지 않는다고 항변하였다.

원심(서울高判 1995. 2. 24, 94 나 36096)은 Y의 연대보증책임을 인정하였다.

Y는 대법원에 상고하였다.

[판결요지]

대법원은 상고를 기각하였다.

위탁판매 계약이 수탁판매인의 영업점포의 상호 변경이나 영업장소의 변경으로 당연히 해지된다고 볼 수 없고, 또한 위탁판매점 계약에서 상품 전시시설이 계약의 중요 요소가 된다고 볼 수 있는 것도 아니므로 소외 A가 영업장소를 이전한 태양오토바이부속이라는 상호의 점포에 전시시설이 있는지를 심리하여야 한다거나 그 유무에 따라 계약의 해지 여부에 관한 판단이 달라진다고 볼 수 없다.

B. 이론요약

(1) 위탁매매인의 의의

위탁매매인은 자기명의로써 타인의 계산으로 물건 또는 유가증권의 매매를 영업으로 하는 자이다(商 101조). 이를 분설하면 다음과 같다.

1) 자기명의(법률적 형식)

위탁매매인은 「자기명의」로써 타인의 계산으로 영업을 하는 자이다. 흔히 자기명의로써 타인의 계산으로 법률행위를 하는 것을 「주선」이라고 하며, 위탁매매는 가장 대표적인 주선행위이다. 주선행위는 그 법률적 효과는 행위자에게, 경제적 효과는 타인에게 귀속되는 특징이 있다. 위탁매매는 그 효과가 타인에게 귀속되는 점에서 대리와 비교된다. 그러나 대리는 법률적 효과와 경제적 효과가 모두 본인에게 귀속되지만, 위탁매매는 법률적 효과는 위탁매매인에게 경제적 효과는 위탁자에게 귀속되는 점에서 차이가 있다. 따라서 대리에 관한 규정들(商 48조, 50조)은 위탁매매에 대해서는 적용되지 않는다.

2) 타인의 계산(경제적 효과)

위탁매매인은 자기명의로써 「타인의 계산」으로 영업을 하는 자이다. 타인의 계산으로 물건 또는 유가증권의 매매를 영업으로 하므로 거래에서 발생하는 이익은 전부 타인(위탁자)에게 귀속하고 위탁매매인은 단지 그 수고에 대하여 보수를 받는 데 불과하다.

3) 물건 또는 유가증권의 매매(위탁매매의 대상)

(가) 물　건

위탁매매인은 「물건 또는 유가증권」의 매매를 영업으로 하는 자이다. 여기서 물건에는 부동산이 포함된다고 보는 설과 포함되지 않는다고 보는 설이 있다. 부동산을 제외할 근거가 없다는 견해[1]도 있으나, 부동산은 포함되지 않는다고 본다. 부동산을 위탁매매의 대상에 포함시키면 제 3 자와의 관계 등 거래관계에 혼란을 가져올 가능성이 크기 때문이다. 예를 들어 부동산을 위탁매매하자면 일단 위탁매매인 앞으로 등기를 이전하였다가 다시 거래상대방에게 이전해야 한다. 이 경우 상법 제103조(위탁물의 귀속)에 의하면 위탁매매인이 위탁자로부터 받은 물건 또는 위탁매매로 인하여 취득한 물건은 위탁자와 위탁매매인 또는 위탁매매인의 채권자간의 관계에서는 위탁자의 소유로 보게 되는데, 부동산의 소유권이 등기부상 위탁매매인에게 머물러 있는 동안에는 등기내용과는 다른 소유관계가 형성되고, 부동산등기의 내용을 신뢰하여 위탁매매인과 거래한 제 3 자가 불측의 손해를 받을 염려가 크다.[2]

(나) 유가증권

유가증권은 사권이 체화되어 있는 증권으로서 그 권리의 발생, 이전, 행사의 전부 또는 일부에 증권의 소지를 필요로 하는 것을 말한다(통설).

유가증권 중 상장주식, 상장채권들은 한국거래소가 개설한 증권시장(유가증권시장 및 코스닥시장)에서 매매되는데(資金 9조 13항), 증권시장에서 매매를 할 수 있는 자는 한국거래소의 회원으로 한정되어 있다(資金 388조). 따라서 회원 아닌 자가 증권시장에서 상장주식, 상장채권을 매매하려면 회원에게 매매를 위탁해야 한다.

(다) 매　매

위탁매매인은 자기명의로써 타인의 계산으로 물건 또는 유가증권의 「매매」를 영업으로 하는 자이다. 여기서 매매는 매수 또는 매도를 의미한다. 매수와 매도간에 내적 연관성이 있을 필요는 없다. 위탁자를 위해서 매수만을 주선하거나 매도만을 주선하는 것도 가능하기 때문이다.

1) 손주찬, 310면; 정찬형, 284면.
2) 이철송, 418면.

자기명의로써 타인의 계산으로 매매 아닌 행위를 영업으로 하는 자(광고주선업자, 운송주선업자 등)를 준위탁매매인이라고 하며 위탁매매에 관한 규정을 준용한다(商 113조). 상법은 운송의 주선을 영업으로 하는 자(운송주선인)에 대해서는 별도의 규정을 두고 있다(商 114조 이하).

4) 영업으로(상인성)

위탁매매인은 자기명의로써 타인의 계산으로 물건 또는 유가증권의 매매를 「영업으로」 하는 자이다. 주선계약을 체결하는 것을 영업으로 하며(商 46조 12호), 주선행위 자체를 영업으로 하는 것은 아니다. 위탁매매인이 위탁의 실행으로서 하는 매매계약은 주선계약의 이행에 지나지 않으며, 위탁매매인이 영업을 위하여 수행하는 보조적 상행위가 된다(商 47조 1항). 물건 또는 유가증권의 위탁행위가 상행위인가 아닌가는 불문한다.

(2) 위탁매매계약의 종료

1) 일반적 종료사유

위탁자와 위탁매매인 사이의 위탁매매계약은 물건 또는 유가증권의 매매라는 법률행위를 위탁하는 계약이므로 위임계약이다(통설). 따라서 각 당사자는 언제든지 위탁매매계약을 해지할 수 있다(商 112조, 民 689조). 다만 민법상으로는 위탁자의 사망은 위임종료의 원인이나(民 690조), 상법상으로는 상인이 그 영업에 관하여 수여한 대리권은 본인의 사망으로 인하여 소멸하지 않으므로(商 50조) 위탁자가 상인인 경우에는 위탁자의 사망은 위탁매매계약의 종료사유가 되지 않는다.

2) 이 사건의 경우

위탁매매계약의 해지는 묵시적 또는 명시적으로도 가능하다. 이 사건의 경우에 대법원은 A(위탁판매인)가 영업점포의 상호나 영업장소를 변경한 것만으로는 위탁판매계약이 당연히 또는 묵시적으로 해지되었다고 볼 수 없다고 판단하였다. 또한 위탁판매계약에서는 상품전시시설이 계약의 중요요소가 된다고 볼 수 있는 것도 아니므로 A가 영업장소를 이전한 태양오토바이부속이라는 상호의 점포에 전시시설이 있는지를 심리하여야 한다거나 그 유무에 따라 계약의 해지 여부에 관한 판단이 달라진다고 볼 수 없다고 보았다.

C. 관련판례

大判 1995. 3. 24, 94 다 17826(계속적 계약은 당사자 상호간의 신뢰관계를 그 기초로 하는 것이므로, 당사자의 일방이 그 계약상의 의무를 위반하고 그로 인하여 계약의 기초가 되는 신뢰관계가 파괴되어 계약관계를 그대로 유지하기 어려운 정도에 이르게 된 경우에는 상대방은 그 계약관계를 해지할 수 있다고 한 경우).

D. 관련논점

(1) 대리상, 중개인, 위탁매매인은 다른 상인의 영업활동을 보조하는 보조상이라는 공통점이 있다. 그렇다면 대리상, 중개인, 위탁매매인간에는 어떠한 차이가 있는가?

(2) 위탁매매인과 운송주선인의 공통점과 차이점은 무엇인가?

(3) 대리상계약에서는 그 존속기간을 약정하지 아니한 때에는 각 당사자는 2개월 전에 예고하고 계약을 해지할 수 있도록 하였으나(商 92조), 위탁매매계약에서는 이러한 규정을 두지 않은 이유는 무엇인가? 그렇다면 위탁계약에서 존속기간을 약정하지 아니한 경우에는 언제 계약을 해지할 수 있는가?

2. 유가증권 위탁판매계약의 성립시기

A. 기본판례

▣ 大判 1994. 4. 29, 94 다 2688[증권거래에 있어서 위탁계약은 직무상 권한이 있는 직원이 고객으로부터 금원이나 주식을 수령하면 곧바로 성립하고, 이후 그 직원의 금원수납에 관한 처리는 위탁계약의 성립에 영향이 없다고 한 경우]

[사실관계]

A는 Y증권회사의 논현지점장으로 근무하던 중 X에게 주식투자를 권유하였고, 1989. 2. 13.경 논현지점의 지점장실에서 X와 매매거래설정약정서를 작성하고 예탁금으로 금 62,000,000원을 수령하였다. 그러나 A는 X가 돌아가자마자 바로 위 약정서를 폐기하고 X 명의의 인장을 위조하여 동일한 내용의 약정서와 Y증권회사의 관리대장에 위조된 인감을 날인함으로써 위조인감이 정상적으로 신고된 인감인 것처럼 조작하였다. 이후 A는 위 위조인감을 사용하여 X로부터 예

탁받은 주식 3,159주 등을 임의로 운용하여 오다가 X의 계좌에 있던 예탁금 총 164,000,000원을 인출하여 미국으로 도피하였다.

X는 Y증권회사를 상대로 손해배상청구를 제기하였다.

원심(서울高判 1993. 12. 9, 92 나 61517)은 A는 위 예탁금과 주식을 위탁받은 것처럼 X를 기망함으로써 위 예탁금과 주식을 편취하였다고 볼 것이고, Y증권회사는 A의 사용자로서 A의 사무집행과 관련하여 저지른 위 불법행위로 인하여 고객인 X가 입은 손해를 배상할 의무가 있다고 판단하였다. 그리고 Y증권회사가 배상하여야 할 손해배상금액은 예탁금 및 주식의 편취 당시 시가 상당액으로 판단하였다.

Y증권회사는 대법원에 상고하였다.

[판결요지]

대법원은 원심판결을 파기환송하였다.

증권매매거래의 위탁계약의 성립시기는 직무상 권한이 있는 직원이 증권매매거래를 위탁한다는 의사로 이를 위탁하는 고객으로부터 금원이나 주식을 수령하면 곧바로 위탁계약이 성립하고, 이후 그 직원의 금원수납에 관한 처리는 위 계약의 성립에 영향이 없다.

따라서 X가 위탁의 의사로 예탁금과 주식을 제공하고 직무상 권한이 있는 A가 이를 수령한 이상, A가 처음부터 X가 예탁하는 현금과 주식을 유용(횡령)할 생각이었다 하더라도 위 X와 Y증권회사 사이에는 증권매매거래의 위탁계약이 적법하게 성립되었다 할 것이고, X는 자신의 의사대로 위탁계약이 실현된 이상 위 위탁계약 성립 당시에는 아무런 피해가 없다고 볼 것이다. 또한 A가 X의 인장을 위조하고 이를 이용하여 약정서를 위조한 행위는 (저자 註: Y증권회사를 상대로) 업무상 횡령을 하기 위한 일련의 예비행위나 수단에 불과할 뿐이어서, A가 X로부터 예탁된 현금이나 주식을 편취하였다고는 볼 수 없다. 이와 달리 A가 X의 예탁금과 주식을 위 예탁계약 성립시에 편취하였다고 보아 그 당시의 위 예탁금 및 주식의 시가상당액을 손해액으로 인정한 원심판결에는 위탁계약의 성립에 관한 법리를 오해하여 판결에 영향을 미친 위법이 있다. 이 점을 지적하는 상고이유의 논지는 이유 있다.

B. 이론요약

(1) 위탁자와 위탁매매인 사이의 위탁매매계약은 물건 또는 유가증권의 매매라는 법률행위를 위탁하는 계약이므로 위임계약이다. 이러한 위탁계약의 성질을 감안하여 상법은 특별한 규정이 없는 경우에는 위임에 관한 규정을 적용하고 있다(商 112조).

(2) 위임계약은 당사자 일방이 상대방에 대하여 사무의 처리를 위탁하고 상대방이 이를 승낙함으로써 그 효력이 생긴다(民 680조). 이러한 위임계약은 낙성, 불요식계약이며, 명시적 또는 묵시적으로도 성립할 수 있다.

(3) 이 사건 대상판결에서는 마치 금원이나 주식을 수령하면 곧바로 위탁계약이 성립한다고 표현하여서 위탁계약을 마치 요물계약인 것처럼 설시하는 것은 의문이나, 위탁계약이 성립한다는 결론에는 찬성한다.[1] 결국 고객(위탁자)인 X가 위탁할 의사로 예탁금과 주식을 위탁매매인(Y증권회사)에게 제공하고 직무상 수령할 권한이 있는 A가 예탁금 등을 수령한 이상, A가 처음부터 X가 예탁하는 현금과 주식을 유용할 생각이었다 하더라도 X와 Y증권회사 사이에는 증권매매거래의 위탁계약이 적법하게 성립하였다고 볼 것이다.

C. 관련판례

(1) 大判 2004. 2. 27, 2001 다 38067(국민주택채권이나 양도성예금증서와 같은 유가증권매매거래의 위탁계약의 성립시기는 직무상 권한이 있는 직원이 증권매매거래를 위탁한다는 의사로 이를 위탁하는 고객으로부터 금원이나 주식을 수령하면 곧바로 위탁계약이 성립한다고 할 것이고, 그 이후에 그 직원의 금원 수납에 관한 처리는 위 계약의 성립에 영향이 없다고 한 경우).

(2) 大判 1997. 2. 14, 95 다 19140(채권매매거래에 있어서 위탁계약은 직무상 권한이 있는 직원이 채권매매거래를 위탁한다는 의사로 이를 위탁하는 고객으로부터 금원이나 채권을 수령하면 곧바로 위탁계약이 성립하고, 그 이후에 그 직원의 금원수납에 관한 처리는 위탁계약의 성립에 영향이 없다고 한 경우).

(3) 大判 1987. 12. 22, 87 도 2168(예금계약은 예금자가 예금의사를 표시하면

---

1) 정찬형, 「판례상법(상)」(박영사, 2007), 175~76면.

서 금융기관에 돈을 제공하고 금융기관이 그 의사에 따라서 그 돈을 받아 확인을 하면 그로써 성립하고, 은행의 담당직원이 예금주 몰래 그 돈을 유용하였어도 마찬가지라고 한 경우).

(4) 大判 1980. 11. 11, 80 다 135(고객인 甲이 증권회사의 지배인 겸 영업부장실에서 적당한 시기에 적당한 증권을 적당량 매입 매도하여 이득금이 남도록 관리하여 달라고 하면서 주식매수 대금조로 금전을 교부하고 그 영업부장의 명함 뒷면이나 위 증권회사 영업부장용 메모지상에 그 금원을 보관하고 있다는 취지의 보관증을 작성 교부받았다면 甲과 그 증권회사 사이에 증권매매 위탁계약이 성립되었다고 본 경우).

D. 관련논점

(1) 일반적인 계약의 성립시기는 언제인가? 일반적인 계약의 성립시기와 증권거래에 있어서 위탁매매계약의 성립시기에는 차이가 있는가?

(2) 위 대법원 파기환송판결의 취지에 따른다. 이 사건 대상판결은 X에게 유리하게 작용할 것인가, 아니면 불리하게 적용할 것인가? 여러분이 X의 대리인이라면 Y증권회사를 상대로 어떠한 주장을 하여야 하는가?

3. 형법상 위탁물의 소유권 귀속

A. 기본판례

▣ 大判 1982. 2. 23, 81 도 2619[위탁판매에 있어서 위탁물의 소유권은 위탁자에게 속하고, 그에 대한 판매대금도 다른 특약이나 특별한 사정이 없는 이상 위탁자에게 귀속한다고 한 경우]

[사실관계]

Y는 X로부터 포장용 비닐을 공급받아 축산진흥회에 납품하되 축산진흥회로부터 그 대금을 수령하면 그 판매로 인한 이익의 존부에 관계 없이 X에게 그 대금 387만원만 지급하기로 하였다. 이에 따라 Y는 X로부터 비닐 506롤을 수차에 걸쳐 공급받아 포장에 적합하도록 가공한 후에 Y의 이름으로 경쟁입찰에 참여하고 그 대금을 모두 수령하였다. X는 약정한 대금을 제대로 지급받지 못하자 Y를 횡령죄로 고소하였다.

원심(서울刑事地判 1981. 7. 23, 80 노 7268 · 81 노 3612(병합))은 이 사건 거래가 위탁판매 계약이라는 사실을 인정할 만한 증거가 없다는 이유로 무죄를 선고하였다.

검사는 대법원에 상고하였다.

[판결요지]

대법원은 상고를 기각하고 원심판결을 유지하였다.

위탁판매에 있어서는 위탁물의 소유권은 위탁자에게 속하고, 그 판매대금은 다른 특약이나 특별한 사정이 없는 한 이를 수령함과 동시에 위탁자에 귀속한다 할 것이므로 이를 사용, 소비한 때에는 횡령죄를 구성한다.

Y(피고인)가 X(고소인)로부터 포장용 비닐을 공급받아 축산진흥회에 납품하되 축산진흥회로부터 대금을 수령하면 그 판매로 인한 이익의 존부에 관계 없이 X에게 그 대금 387만원만 지급하기로 하고 X로부터 비닐 506롤을 수차에 걸쳐 공급받아 포장용에 적합하도록 Y가 가공한 후에 Y의 이름으로 경쟁입찰에 참가하여 납품하고 그 대금을 모두 수령한 사실은 인정할 수 있으나, 위 사실만으로는 양자 사이의 위 물품의 공급관계가 외상판매인지 위탁판매인지 분간되지 아니하며 달리 이 사건 거래가 외상매매가 아닌 위탁판매 계약이라는 사실을 인정할 만한 증거가 없다.

B. 이론요약

(1) 법률적 형식과 경제적 이익의 분리

위탁매매인은 자기명의로써 타인의 계산으로 물건 또는 유가증권의 매매를 영업으로 하는 자이다(商 101조). 위탁매매인은 자기명의로써 물건 또는 유가증권의 매매를 하는 것이지만 그것은 타인인 위탁자의 계산으로 하는 것이므로 그 법률적 형식과 경제적 이익이 분리된다. 따라서 위탁매매로 인한 대금채권이나 물건의 소유권이 누구에게 귀속되는지가 문제된다.

(2) 상법 제103조

상법은 위탁매매인이 위탁자로부터 받은 물건 또는 유가증권이나 위탁매매로 인하여 취득한 물건, 유가증권 또는 채권은 위탁자와 위탁매매인 또는 위탁매매인의 채권자간의 관계에서는 이를 위탁자의 소유 또는 채권으로 본다(商 103조). 이러한 상법의 태도는 위탁자와 위탁매매인 또는 위탁매매인의 채권자간의 관계에서 위탁자의 보호에 치중하는 것이나, 거래의 안전과 선의의 제 3 자가 불측의 손해를 입을 수 있음을 고려할 때 이러한 태도가 타당한지는 의문이다. 위탁매매인의 채권자가 위탁물에 대한 강제집행을 하는 경우에는 위탁자는 그 채권자를 상대로 이의의 소를 제기할 수 있다(民執 48조).

(3) 이 사건의 경우

이 사건에서 대법원은 X의 Y에 대한 비닐의 공급관계가 외상판매인지 위탁판매인지 분명하지 않다는 이유로 Y의 횡령죄를 인정하지 아니하였다. 만일 Y가 X로부터 공급받은 비닐을 Y의 명의로 판매하고 그에 대한 수고의 대가로 판매수수료를 받기로 하였다면 위 비닐의 공급관계는 위탁판매관계로 보여질 가능성이 높아지고, Y가 횡령죄로 규율될 가능성도 높아졌을 것이다.

C. 관련판례

大判 1986. 6. 24, 86 도 1000(위탁판매에 있어서는 위탁품의 소유권은 위임자에게 속하고 그 판매대금은 다른 특약이나 특단의 사정이 없는 한 이를 수령함과 동시에 위탁자에게 귀속한다 할 것이므로 이를 사용·소비한 때에는 횡령죄를 구성한다. 피고인은 고소인 김○○로부터 판매수당을 받기로 하고 이 사건 물품을 교부받아 판매하였는바, 그렇다면 특단의 사정이 없는 한 양자 사이의 물품공급관계는 위탁판매로 보여지고 피고인이 그 대금을 소비한 행위는 업무상횡령죄를 구성한다고 한 경우).

D. 관련논점

(1) 위탁매매인은 자기명의로써 타인의 계산으로 물건 또는 유가증권의 매매를 영업으로 하는 자이다(商 101조). 이러한 위탁매매인의 요건 중 이 사건에서는 어떠한 부분이 가장 문제되고 있는가? 그 이유는 무엇인가?

(2) 위 C. 관련판례 大判 1986. 6. 24, 86 도 1000에서는 횡령죄를 인정하였다. 이 사건 대상판결과의 차이점은 무엇인가?

4. 위탁매매인의 주의의무와 채무불이행책임

A. 기본판례

▣ 大判 1991. 5. 24, 90 다 14416[주식의 매매 등을 위탁받은 증권회사(위탁매매인)는 선량한 관리자의 주의로써 위탁받은 주식을 보관하고 해당 주식에 대한 이익배당금의 수령이나 무상증자에 따른 신주인수 등 주식위탁과 관련하여 통상 위탁자에게 손해가 되지 않고 경제적으로 이익이 된다고 볼 수 있는 제반사항을 처리하여야 할 의무가 있으며 이를 위반하면 채무불이행에 해당한다고 한 경우]

[사실관계]

X는 1984. 5. 11. 절친한 사이인 A가 지점장으로 있는 Y증권회사의 명동지점에 X 명의로 매매거래구좌를 설정하였다. 이후 X는 A에게 두 차례에 걸쳐 1천 2백만원을 송금하여 액면금 5백원의 고려합섬주식회사 주식 2만 2천주를 매수하였고, A에게 거래구좌의 통장 및 인감을 건네주고 주식의 매입, 매도 등 거래 전반을 위임하였다. A는 X 명의로 거래를 계속해 오다가 1984. 11. 15.경 X구좌의 주식을 모두 매도하여 대금 중 금 12,317,000원을 인출하여 횡령하였다. 이에 X는 Y증권회사를 상대로 주식인도청구소송을 제기하였고 승소확정판결을 받아 1988. 11.경 액면금 5천원의 기명식 보통주식 2천 2백주를 반환받았다(고려합섬주식회사 주식은 1987. 8.경 액면금 5천원으로 병합되었다).

이에 더하여 X는 Y증권회사는 선량한 관리자의 주의로써 위 주식을 보관하면서 그 주식에 대한 배당금 및 무상주는 이를 수령, 보관하고 위 고려합섬주식회사가 유상증자를 할 경우에는 위탁자인 X가 신주납입금을 불입하여 신주를 인수할 수 있도록 X에게 통지하는 등의 채무가 있음에도 불구하고, Y증권회사는 그러한 채무를 이행하지 아니하였고 이로 인하여 X는 위 주식에 대한 1985. 8. 25.부터 1988. 12. 31.까지 사이의 법정과실인 배당금 및 유무상주식을 취득하지 못하였다고 주장하였다. X는 주위적으로 Y증권회사는 X로부터 금 18,143,747원을 지급받음과 상환으로 고려합섬주식회사 발행의 액면금 5천원의 기명식 보통주식 5,291주(무상주 429주와 유상주 4,862주)의 인도를 구하고, 예비적으로 위 주식에 대한 배당금의 합계 금 484만원과 1986. 12. 20.부터 1988. 12. 25.까지 사이에 유상주 1,623주를 인수하여 처분하였더라면 X가 취득하였을 차익금의 합계 금 5,886,870원의 지급 및 위 무상주 338주의 인도를 구하였다.

원심(서울高判 1990. 10. 17, 90 나 4541)은 X와 Y증권회사 사이에는 위 고려합섬 주식에 대한 임치 및 매매위탁약정이 성립되었고, 이에 따라 Y증권회사는 선량한 관리자의 주의로써 위 주식을 보관하고 수임사무의 처리로 인하여 받은 금전 기타 물건 및 수취한 과실을 위임인인 X에게 반환하여야 할 의무가 있다고 인정하였다. 그러나 원심은 A는 Y증권회사의 피용자의 지위에 있음과 동시에 X의 사무를 처리하는 자의 지위에 있기 때문에 A의 횡령행위에 대한 채무불이행 또는 불법행위로 인한 손해배상책임이나 Y증권회사의 사용자 책임이 문제될 수 있음은 별론으로 하고, X의 위임을 받은 A의 청구에 따라 Y증권회사가 X구좌의 예탁금을 반환한 사실만을 가지고서는 Y증권회사가 X에 대한 약정상의 채무불이행을 하였다고 할 수 없다고 보았다. 원심은 이에 따라 무상증자에 의한 주식의 인도 및 이익배당금의 지급을 구하는 X의 청구를 배척하였다.

X는 대법원에 상고하였다.

[판결요지]

대법원은 원심판결을 파기환송하였다.

기록에 의하면 X는 A를 통하여 그의 재량적 판단 아래 주식거래를 하여 이득을 남겨 줄 것을 의뢰함과 동시에 이익배당금의 수령이나 무상증자에 따른 신주인수 등 주식위탁과 관련하여 통상 위탁자인 X에게 손해가 되지 않고 경제적으로 이익이 된다고 볼 수 있는 제반사항의 대행을 포괄적으로 위임한 것으로 인정된다. 따라서 X와 A의 사용인인 Y증권회사 사이에 있어서도 같은 내용의 증권매매위탁약정이 성립되었다고 할 것이고, Y증권회사가 위탁받은 주식에 관한 이익배당금의 수령이나 무상증자에 의한 신주인수를 이행하지 아니하였다면 특단의 사정이 없는 한 이는 위탁매매약정에 관한 채무불이행을 구성하며 이로 인하여 X가 입은 손해를 배상하여야 할 의무가 있다.

다만 유상증자에 따른 신주인수에 관하여는 달리 보아야 할 것이다. 왜냐하면 유상증자의 경우는 주식위탁자 본인의 청약 및 그에 따른 업무대행위임에 관한 명시적인 의사표시가 있는 때에 한하여 증권회사인 Y가 그 업무를 대행처리하는 것이 거래관행임을 알 수 있기 때문이다(제 1 심의 사단법인 대한증권업협회에 대한 사실조회의 회신 참조). 따라서 특약이 없는 한 유상주식의 인수에 관한 통지나 업무대행이 X와 Y증권회사 사이의 원고와 피고 사이의 위탁매매약정상의 채무에 당연히 포함되는 것이라고 할 수 없는 것이다.

결국 원고의 이 사건 청구를 모두 배척한 원심판결은 증권매매위탁약정의 해석에 관한 법리오해의 위법이 있다고 할 것이므로 논지는 이유 있다.

B. 이론요약

(1) 위탁매매인의 의무와 종류

1) 선관주의의무

상법은 위탁자와 위탁매매인간의 관계에는 위임에 관한 규정을 적용하고(商 112조), 위탁매매가 민법상 위임의 일종임을 분명히 하고 있다. 따라서 위탁매매인은 일반적인 의무로서 선관주의의무를 부담하고, 선량한 관리자의 주의의무로서 위탁사무를 처리하여야 한다(商 112조, 民 681조). 위탁자를 위하여 적시에 물건을 판매하고 매수한 물건을 위탁자에게 인도하며, 위탁자에게 물품대금을 인도하거나 대금채권을 양도하여야 한다. 이 밖에 필요한 물건을 보관하고 위탁자에 속할 권리의 보전조치도 취하여야 한다. 위탁매매인은 위탁자의 지시가 있는 때에는 이에 따라야 하며, 이 지시에 위반한 경우에는 위탁자는 그 매매가 자기를 위하여 한 것으로 인정할 것을 거부하거나, 위탁약정의 불이행을 이유로 손해배상을 청구할 수 있다.

2) 위탁실행의 통지 및 계산서 제출의무

위탁매매인은 선관주의의무 이외에도 상법에 규정된 각종 의무를 부담한다. 먼저 위탁매매인이 위탁받은 매매를 한 때에는 지체 없이 위탁자에 대하여 그 계약의 요령과 상대방의 주소, 성명의 통지를 발송하여야 하며(발신주의), 계산서를 제출하여야 한다(商 104조). 이 경우 통지의무는 위탁자의 청구를 요하지 아니하는 점에서 민법상의 수임인의 보고의무(民 683조)와는 차이가 있다.

3) 지정가액준수의무

위탁자는 위탁매매인에게 매매가격을 일임하는 수도 있으나 지정하는 경우도 있다. 이 경우에는 위탁매매인은 매매가액에 있어서 그 지정에 따라야 한다.

위탁매매인이 그 지정가격보다 염가로 매도하거나 또는 고가로 매수한 경우에는 위탁의 취지에 반하는 것이므로 위탁자는 그 매매를 자기를 위하여 한 것으로 인정할 필요가 없다. 그러나 위탁매매인 자신이 그 차액을 부담하는 때에는 위탁자로서는 손실이 없을 것이며 가급적 위탁매매에 의한 거래의 성립을 조장하여야 할 것이므로, 상법은 그 매매는 위탁자에 대하여 효력이 있는 것으로 하였다(商 106조 1항). 위탁자가 지정한 가격보다 고가로 매도하거나 염가로 매수한 경우에는 그 차액은 다른 약정이 없으면 위탁자의 이익으로 한다(商 106조 2항).

4) 이행담보책임

위탁매매인은 위탁자를 위한 매매에 관하여 상대방이 채무를 이행하지 아니하는 경우에는 위탁자에 대하여 이를 이행할 책임을 진다(商 105조 본문). 위탁매매인의 위탁자에 대한 이행담보책임이 인정되기 위해서는 그 채무의 성질상 대체급부가 가능한 것이어야 한다. 예컨대 매도위탁의 경우에는 대금채무가 될 것이지만, 매수위탁의 경우에는 물품공급의무가 될 것이므로 특히 대체성이 문제된다. 다만 위탁매매인의 이행담보책임을 배제하는 다른 약정이나 관습이 없어야 한다(商 105조 단서).

5) 위탁물의 훼손 · 하자 등의 통지 및 처분의무

위탁매매인이 위탁매매의 목적물을 인도받은 후에 그 물건의 훼손 또는 하자를 발견하거나 그 물건이 부패할 염려가 있는 때 또는 가격하락의 상황을 안 때에는 지체 없이 위탁자에게 그 통지를 발송하여야 한다(商 108조 1항). 위탁매매인이 수임인으로서 선관주의의무를 가지는 점에서 볼 때에는 당연한 것이며 주의적인 규정이다.

(2) 이 사건의 경우

이 사건에서 대법원은 무상증자에 의한 신주인수 등은 위탁매매약정에 포괄적으로 포함되어 있고, Y증권회사가 위탁받은 주식에 관한 이익배당금의 수령이나 무상증자에 의한 신주인수를 이행하지 아니하였다면 특단의 사정이 없는 한 이는 위탁매매약정에 관한 채무불이행을 구성하며 이로 인하여 X가 입은 손해를 배상하여야 할 의무가 있다고 서술하고 있다.

이는 증권거래에 있어서 고객보호의무를 통하여 금융기관의 책임을 도출하는 대법원 판례의 태도와 관계가 있다고 본다. 금융기관과의 증권거래에 있어서 그 거래경위와 거래방법, 고객의 투자상황(재산상태, 연령, 사회적 경험도 등), 거래의 위험도 및 이에 관한 설명의 정도 등을 종합적으로 고려한 후 당해 거래행위가 고객에 대한 보호의무를 저버려 위법성을 띤 행위인 것으로 평가될 수 있는 경우에 금융기관의 책임, 특히 불법행위책임을 인정하기 때문이다(大判 1994. 1. 11, 93 다 26205; 同 2003. 1. 10, 2000 다 50312; 同 2006. 6. 29, 2005 다 49799 등 다수).

그러나 단순히 선관주의의무를 위반한 것만으로 금융기관의 채무불이행책임을 인정하는 태도에는 찬성하기 어렵다. 선관주의의무는 수임인의 기본적인 의무이나 주된 의무라기보다는 부수의무에 불과하고, 단지 부수의무위반만을 이유로 채무불이행 손해배상책임을 인정하면 금융기관이 기울여야 하는 주의의무의 정도와 수준을 설정하기 어렵기 때문이다.

이 사건에서도 대법원은 원심판결과 달리 선량한 관리자의 주의의무위반에 대해서는 직접 언급하고 있지 않다. 그 대신에 무상증자에 의한 신주인수 등은 위탁매매약정에 포괄적으로 포함되어 있고, 증권회사가 위탁받은 주식에 관한 이익배당금의 수령이나 무상증자에 의한 신주인수를 이행하지 아니하였다면 특단의 사정이 없는 한 이는 위탁매매약정에 관한 채무불이행을 구성한다고 서술하고 있다. 이는 단순히 선관주의의무를 위반한 것으로 채무불이행책임을 인정하기보다는 무상증자에 의한 신주인수, 배당금의 수령 등이 위탁매매약정에 포괄적으로 포함되어 있고, 직접 위탁매매약정을 위반하였다고 판단한 것으로 보인다.

C. 관련판례

(1) 大判 2006. 6. 29, 2005 다 49799(기업어음〈CP〉의 거래에 있어서 신용등급이 그 기업어음의 가치에 중대한 영향을 미치는 중요정보에 해당하므로, 증권회사가 고객에게 거래의 대상인 기업어음의 신용등급을 제대로 고지하지 않았다면, 달리 고객이 이미 그 신용등급을 알고 있었다거나 신용등급을 제대로 고지하였더라도 그 기업어음을 매수하였으리라는 등의 특별한 사정이 없는 한, 이로써 고객보호의무 위반으로 인한 불법행위 손해배상책임이 성립한다고 한 경우).

(2) 大判 2003. 1. 10, 2000 다 50312(증권회사의 투자자에 대한 불법행위책임

이 성립되기 위하여는, 이익보장 여부에 대한 적극적 기망행위의 존재까지 요구하는 것은 아니라 하더라도, 적어도 거래경위와 거래방법, 고객의 투자상황〈재산상태, 연령, 사회적 경험 정도 등〉, 거래의 위험도 및 이에 관한 설명의 정도 등을 종합적으로 고려한 후, 당해 권유행위가 경험이 부족한 일반 투자가에게 거래행위에 필연적으로 수반되는 위험성에 관한 올바른 인식형성을 방해하거나 또는 고객의 투자상황에 비추어 과대한 위험성을 수반하는 거래를 적극적으로 권유한 경우에 해당하여, 결국 고객에 대한 보호의무를 저버려 위법성을 띤 행위인 것으로 평가될 수 있어야 한다는 경우).

(3) 서울高判 1991. 1. 23, 90 나 21577(확정)(증권의 포괄적 일임매매가 구 증권거래법상 금지되어 있다고 하여도 해당 직원이 고객의 일임에 따라 포괄적 일임매매거래를 한 것이 고객과의 관계에서 위법행위가 된다고 할 수 없고, 주가하락으로 인하여 고개의 예탁금잔액이 감소되었다 하더라도 추이를 예견하기 어려울 정도로 주가변동이 심한 주식시장의 특성상 이를 해당 직원의 고의 또는 과실로 인한 손해라고 할 수 없으므로, 증권회사의 불법행위로 인한 손해배상책임을 인정하기 어렵다고 한 경우).

D. 관련논점

(1) 위탁매매인은 위탁자에게 어떠한 의무를 부담하는가? 어떠한 권리를 가지는가?

(2) 위탁매매인(특히 금융기관)이 부담하는 선관주의의무의 법적 성격은 무엇인가? 이 사건에서 Y증권회사의 선관주의의무위반은 채무불이행을 구성하는가? 불법행위를 구성하는가?

(3) 원심은 Y증권회사의 채무불이행책임을 부정하였다. 그 이유는 무엇인가?

(4) 이 사건에서 대법원은 이익배당금 수령이나 무상증자에 따른 신주인수, 그리고 유상증자에 따른 신주인수의 경우를 달리 보았다. 그 이유는 무엇인가?

5. 투자신탁에 있어서 위탁회사(집합투자업자)의 투자자보호의무

A. 기본판례

▣ 大判 2007. 9. 6, 2004 다 53197[증권투자신탁에서 위탁회사가 기업어음 투자등급에 관하여 약관과 달리 기재된 투자신탁운용계획서를 고객에게 교부하여 잘못된 정보를 제공한 경우, 고객의 신뢰를 저버리고 위 운용계획서와 달리 운용하여 고객에게 피해가 발생하였다면 그로 인한 손해를 배상할 책임이 있다고 한 경우]

[사실관계]

Y투자신탁주식회사는 이 사건 투자신탁을 운용하는 위탁회사이고, A증권회사는 이 사건 투자신탁의 판매회사, X신용카드 주식회사는 이 사건 수익증권을 매수한 수익자이다. A증권회사는 Y투자신탁으로부터 제공받은 이 사건 운용계획서를 X카드사에게 교부하였다. 이 사건 운용계획서상에서는 예상수익률이 연 7.2% 내지 12.9%로 제시되어 있었고, 그 산출근거로서 펀드구성(Trading과 Buy&Hold), 투자대상(국공채, 회사채, 기업어음 등) 투자비중이 적시되어 있었으며, 펀드구성 중 투자대상항목은 "A³⁻ 등급 이상의 기업어음(CP)"으로 기재되어 있었다. 그런데 이 사건 펀드에 적용되는 투자신탁약관에는 기업어음 등의 투자상품에 관하여 신용평가등급에 따른 제한을 둔다는 내용이 없었다.

X카드사는 이 사건 수익증권 가운데 500억원을 매수하였다. 그런데 Y투자신탁은 A³⁻ 등급에 미달하는 대우계열사의 기업어음을 펀드에 편입하였으며, 대우계열사의 부실로 인하여 X카드사는 결국 약 38억원에 불과한 상환금만을 지급받았다. X카드사는 이처럼 크게 손실을 보게 되자 Y투자신탁을 상대로 (i) 위 운용계획서의 조건을 위반하였음을 이유로 한 채무불이행 손해배상청구, (ii) 투자자보호의무를 위반하였음을 이유로 한 불법행위 손해배상청구를 제기하였다.

원심(서울高判 2004. 8. 25, 2002 나 26919)은 이 사건 운용계획서에 기재된 내용이 구체적으로 설명되지 아니하였다는 사실만으로는 여신전문금융기관인 X카드사에 대한 투자자보호의무를 위반하였다고 볼 수 없다고 하면서 X카드사의 손해배상청구를 기각하였다.

X카드사는 원심판결에 불복하여 대법원에 상고하였다.

[판결요지]

대법원은 원심판결을 파기환송하였다.

1. 운용계획서의 구속력

증권투자신탁에서 투자자인 고객('투자자')에게 약관의 내용과 다른 투자신탁운용계획서를 교부한 경우에 투자신탁운용계획서의 내용이 개별약정으로서 구속력이 있는지 여부는 투자신탁운용계획서의 내용, 그와 같은 서류가 교부되게 된 동기와 경위, 당사자의 진정한 의사 등을 종합적으로 고찰하여 논리와 경험칙에 따라 합리적으로 판단하여야 한다. 이 사건 운용계획서는 그 작성 목적과 명의, 형식 및 내용 등에 비추어 보면 작성 당시 예견할 수 있었던 제반 경제상황을 바탕으로 향후의 펀드 운용에 대한 계획을 나타내는 문서에 지나지 않는다고 할 것이므로 Y투자신탁과 수익자인 X카드사간의 개별약정이 되어 Y투자신탁에게 구속력을 미친다고 볼 수는 없다.

2. 위탁회사의 투자자보호의무

증권투자신탁은 일반 공중을 위한 간접 증권투자제도로서 증권의 종류나 매매의 시기 및 방법 등에 의하여 그 수익률이 변동함으로 인하여 항상 위험이 따르고 그 위험은 원칙적으로 투자자가 부담할 수밖에 없다고 할 것이나, 이는 위험부담의 중요한 사항인 투자신탁의 구성, 투자대상, 투자비중 등에 관하여 정확한 정보가 제공되고 이에 따라 투자자의 투자결정이 적정하게 이루어질 것을 전제로 한다. 증권투자신탁에서 위탁회사가 판매회사와 사이에 수익증권 판매위탁계약을 체결함으로써 수익증권의 판매업무를 직접 담당하지 않는 경우에도, 투자신탁의 설정자 및 운용자인 위탁회사는 수익증권의 판매에 직접적인 이해관계가 있는 당사자로서, 투자신탁설명서를 작성하여 수익증권을 취득하고자 하는 자에게 제공하여야 하며, 투자신탁이 설정된 이후에는 신탁재산의 투자운용결정 및 지시를 하고, 구 증권투자신탁업법(2003. 10. 4. 법률 제6987호로 제정된 '간접투자자산 운용업법'으로 폐지되기 전의 법) 제17조 제 1 항에 따라 선량한 관리자로서 신탁재산을 관리할 책임을 지며 수익자의 이익을 보호하여야 하므로, 투자자에게 투자종목이나 대상 등에 관하여 올바른 정보를 제공함으로써 투자자가 그 정보를 바탕으로 합리적인 투자판단을 할 수 있도록 투자자를 배려하고 보호하여야 할 주의의무가 있다.

증권투자신탁에서 당해 거래가 이루어진 구체적인 경위, 투자신탁재산의 특성 및 위험도 수준, 투자자의 투자 경험 및 능력 등 제반 사정을 고려하여 볼 때 위탁회사가 투자대상에 대하여 오해를 생기게 하는 표시 등을 하고도 아무런 조치를 취하지 아니하여 투자자가 당해 거래에 수반하는 위험성이나 투자내용에 관하여 정확한 인식을 형성하는 데 장애를 초래하도록 잘못된 정보를 제공한 경우에는, 투자자의 신뢰에 위배되는 행위를 함으로써 투자자가 입은 손해를 배상할 의무가 있다.

B. 이론요약

(1) 증권투자신탁의 의의

증권투자신탁은 간접투자제도의 하나로서 투자자로부터 증권투자에 운용할 목적으로 자금의 관리를 위탁받은 위탁자가 그 자금 등을 수탁자로 하여금 당해 위탁자의 지시에 따라 특정 유가증권에 대하여 투자 · 운용하고, 그에 따른 수익권을 분할하여 당해 불특정다수인에게 취득시키는 제도이다(구증권투자신탁업법 2조 1항, 자본시장법의 제정으로 집합투자기구의 일종으로 모두 통합되었다. 資金 188조 이하).

(2) 증권투자신탁에서 당사자 사이의 법률관계

이 사건의 경우에서는 A증권회사(판매회사)가 X카드사(투자자)에게 설명한 내용이 투자신탁약관의 내용과 다른 경우, 판매회사의 설명을 증권투자신탁계약의 내용으로 하여서 위탁회사에 대하여도 구속력을 인정할 것인지가 문제된다. 이는 증권투자신탁에서 위탁회사와 판매회사의 법률관계, 위탁회사와 투자자의 법률관계를 어떻게 볼 것인지와 관련되어 있다.

1) 위탁회사와 판매회사의 관계

위탁회사와 판매회사의 관계에 관하여는 상법상의 위탁매매라고 보는 견해가 있다. 그런데 상법상 일반적인 위탁매매에서는 위탁매매인은 자기명의로 매매를 하기 때문에 상대방인 제 3 자에 대하여 직접 권리를 취득하고 의무를 부담하며 위탁자와 제 3 자 사이에는 아무런 법률관계가 존재하지 않는다. 그러나 증권투자신탁 등 집합투자(간접투자)의 관계에서는 각종 법규 등에 근거하여 위탁회사와 수익자 사이에 일정한 법률관계가 존재하므로 위탁회사와 판매회사와의 관계를 단순히 상법상의 위탁매매로 보기에는 곤란한 점이 있다.

민법상 위임계약에 의한 대리로 보는 견해도 있으나, 이 경우에는 일반적으로 판매회사가 위탁회사와 사이에 '자기의 책임'으로 판매업무를 수행하기로 약정하는 점을 설명하기 곤란한 점이 있다(저자 註: 자본시장법은 구간투법상 간접투자의 관계인으로 되어 있는 판매회사의 개념을 폐지하고, 집합투자증권의 판매를 영업으로 할 수 있는 자의 범위를 투자매매업 · 투자중개업에 대한 인가를 취득한 자로 통일하였다).

2) 위탁회사(집합투자업자)와 투자자(수익자)의 관계

위탁회사(집합투자업자)와 투자자(수익자) 사이의 법률관계를 어떻게 이해할 것인지도 문제된다. 투자자와 집합투자업자 사이의 관계의 성질에 대해서는 학설이 나뉘고 있으나 신탁으로 보는 것이 타당하다.[1] 이 사건에서 대법원은 "증권투자신탁에서 위탁회사가 판매회사와 사이에 수익증권 판매위탁계약을 체결함으로써 수익증권의 판매업무를 직접 담당하지 않는 경우에도, … 선량한 관리자로서 신탁재산을 관리할 책임을 지며 수익자의 이익을 보호하여야 하므로, 투자자에게 투자종목이나 대상 등에 관하여 올바른 정보를 제공함으로써 투자자가 그 정보를 바탕으로 합리적인 투자판단을 할 수 있도록 투자자를 배려하고 보호하여야 할 주의의무가 있다고 할 것이다"고 설시하고 있는바, 이는 위탁회사(집합투자업자)와 투자자간에 직접적인 신탁관계를 인정한 것으로 볼 것이다.

C. 관련판례

(1) 大判 2006. 5. 11, 2003 다 51057(투자신탁회사의 임직원이 고객에게 투자신탁상품의 매입을 권유할 때에는 그 투자에 따르는 위험을 포함하여 당해 투자신탁의 특성과 주요 내용을 설명함으로써 고객이 그 정보를 바탕으로 합리적인 투자판단을 할 수 있도록 고객을 보호하여야 할 주의의무가 있고, 상품안내서 등의 교부를 통하여 투자신탁의 운용개념 및 방법과 신탁약관에서 정하는 사항에 대한 개략적인 정보를 제공한 경우에는 투자신탁설명서나 약관 등을 직접 제시하거나 교부하지 않았다고 하여 설명의무 위반이 된다고 단정할 수 없다고 한 경우).

---

1) 김건식 · 정순섭, 「자본시장법」(두성사, 2009), 586면.

(2) 大判 1998. 10. 27, 97 다 47989(증권투자의 위험은 원칙적으로 투자자가 부담할 수밖에 없는 것이고, 증권투자신탁에 있어서도 투자전문가인 위탁자가 신탁재산에 대하여 선량한 관리자로서의 주의의무를 다한 이상, 그 신탁재산의 운용 결과에 대한 손익이 모두 수익자에게 귀속되는 소위 고위험 고수익〈high risk high return〉의 실적배당주의와 그 실적이 오로지 수익증권 구좌수라는 투명한 기준에 의하여 수익자에게 균분되는 수익자 평등대우주의를 그 본질로 한다고 한 경우).

(3) 大判 1994. 1. 11, 93 다 26205(증권회사의 임 · 직원이 강행규정에 위반된 이익보장으로 투자를 권유하였으나 투자 결과 손실을 본 경우에 투자가에 대한 불법행위책임이 성립하기 위해서는, 이익보장 여부에 대한 적극적 기망행위의 존재까지 요구하는 것이 아니라 하더라도, 적어도 거래경위와 거래방법, 고객의 투자상황〈재산상태, 연령, 사회적 경험정도 등〉, 거래의 위험도 이에 관한 설명의 정도 등을 종합적으로 고려한 후 당해 권유행위가 경험이 부족한 일반 투자가에게 거래행위에 필연적으로 수반되는 위험성에 관한 올바른 인식형성을 방해하거나 고객의 투자상황에 비추어 과대한 위험성을 수반하는 거래를 적극적으로 권유한 경우에 해당하여 결국 고객에 대한 보호의무를 저버려 위법성을 띤 행위인 것으로 평가될 수 있는 경우라야 할 것이라고 한 경우).

D. 관련논점

(1) 위의 사례에서 위탁회사와 판매회사, 위탁회사와 투자자(수익자)간의 법률관계를 설명하시오. 상법상 위탁매매계약과는 어떠한 차이가 있는가?

(2) 위의 사례에서 대법원은 판매업무를 직접 담당하지 않은 위탁회사에게 투자자를 보호하고 배려할 주의의무를 인정하고 있다. 위탁회사에게 투자자보호의무를 인정하는 근거로는 무엇을 생각할 수 있는가?

제4 운송주선업

1. 운송주선인의 의의

A. 기본판례

▣ 大判 2007. 4. 26, 2005 다 5058[운송주선인은 자기의 이름으로 주선행위를 하는 것이 원칙이지만, 실제로 주선행위를 하였다면 하주나 운송인의 대리인, 위탁자의 이름으로 운송계약을 체결하는 경우에도 운송주선인으로서의 지위를 상실하지 않는다고 한 경우]

[사실관계]

X는 스포츠 용품 등의 제조, 도매업에 종사하는 자이고, Y는 국제적인 운송업체인 단자스 그룹의 서울 소재 현지법인이다. X는 2000. 10.경 미국 LA에 있는 A회사와의 사이에 킥스쿠터 15,072개('이 사건 물품')를 수출하기로 약정하였다.

A는 국제적인 운송업체인 단자스 그룹을 통하여 이 사건 물품을 미국 롱비치항까지 해상운송하여 줄 것을 요청하였다. 단자스 그룹의 서울 소재 현지법인인 Y는 2000. 11.경 이 사건 물품을 X의 제조공장에서 부산항까지 운송할 육상운송인 및 부산에서 미국 롱비치항까지 운송할 선박을 수배한 다음, 부산항에서 이 사건 물품을 선적하였다.

Y는 이 사건 운송물이 부산항에서 선적될 당시, 단자스 그룹 계열의 선사인 단마르 라인즈 리미티드(Danmar Lines Ltd, 이하 '단마르')가 운송인으로 기재된 하우스 선하증권에, '단마르'의 대리인으로서 서명한 다음 이를 X에게 교부하였다. Y는 실제 운송인인 한진해운 등으로부터 송하인이 '단마르', 수하인 및 통지처가 '단자스 엘에이'로 각 기재된 마스터 선하증권(Master Bill of Landing)을 발행받아 이를 '단자스 엘에이'에 송부하였다. 그러나 이 사건 물품은 미국 롱비치항에서 통관되어 '단자스 엘에이'에 의하여 보관되고 있다가, 적법한 권리자에게 인도되거나 X에게 반송되지 않고 반출되어 처분되었다.

X는 Y를 상대로 채무불이행 또는 불법행위를 원인으로 한 손해배상청구를 제기하였다.

원심(서울高判 2004. 12. 24, 2004 나 8588)은 제소기간 경과 등을 이유로 소송을 각하하였다.

X는 대법원에 상고하였다.

[판결요지]

대법원은 상고를 기각하였다.

1. 상법 제811조에서 정한 제소기간의 기산점

상법 제811조는 "운송인의 용선자, 송하인 또는 수하인에 대한 채권 및 채무는 그 청구원인의 여하에 불구하고, 운송인이 수하인에게 운송물을 인도한 날 또는 인도할 날부터 1년 내에 재판상 청구가 없으면 소멸한다"고 규정하고 있다. 여기서 '운송물을 인도할 날'이라고 함은 통상 운송계약이 그 내용에 좇아 이행되었으면 인도가 행하여져야 했던 날을 말하는바(大判 1997. 11. 28, 97 다 28490 참조), 운송물이 멸실되거나 운송인이 운송물의 인도를 거절하는 등의 사유로 운송물이 인도되지 않은 경우에는 '운송물을 인도할 날'을 기준으로 하여 위 제소기간이 도과하였는지 여부를 판단하여야 할 것이다.

이 사건 제 1 운송물은 2000. 12. 이전에 미국 롱비치항에 도착하여 그 무렵 인도될 수 있었다고 할 것인데, 그로부터 1년이 경과된 후에 이 사건 소가 제기되었으므로, 피고에 대하여 이 사건 제 1 운송물에 관한 해상운송인으로서 그 채무불이행 및 불법행위를 원인으로 한 손해배상을 구하는 부분의 소는 제소기간이 경과된 후에 제기되어 부적법하다고 할 것이다.

같은 취지의 원심의 판단은 정당하고, 거기에 상고이유에서 주장하는 바와 같은 심리미진, 제소기간의 기산점에 관한 법리오해 등의 위법이 없다.

2. 피고가 운송주선인으로서 개입권을 행사하였는지 여부

상법 제114조는 "자기의 명의로 물건운송의 주선을 영업으로 하는 자를 운송주선인이라 한다"고 규정하고 있는바, 여기서 '주선'이라 함은 자기의 이름으로 타인의 계산 아래 법률행위를 하는 것을 말하므로, 운송주선인은 자기의 이름으로 주선행위를 하는 것이 원칙이지만, 실제로 주선행위를 하였다면 하주나 운송인의 대리인, 위탁자의 이름으로 운송계약을 체결하는 경우에도 운송주선인으로서의 지위를 상실하지 않는다.

한편, 해상운송주선인이 위탁자의 청구에 의하여 선하증권을 작성한 때에는 상법 제116조에서 정한 개입권을 행사하였다고 볼 것이나, 해상운송주선인이 타인을 대리하여 그 명의로 작성한 선하증권은 특별한 사정이 없는 한 상법 제116조에서 정한 개입권 행사의 적법조건이 되는 '운송주선인이 작성한 증권'으로 볼

수 없다(大判 1987. 10. 13, 85 다카 1080 참조).

또한, 원심판결 이유에 의하면, 원고가 미국에 수출하는 이 사건 제 1 운송물이 부산항에서 선적될 당시, 국제적인 운송업체인 단자스 그룹 계열의 선사인 단마르(Danmar Lines Ltd)가 운송인으로 기재된 선하증권에, 단자스 그룹의 서울 소재 현지 법인인 피고가 '단마르'의 대리인으로서 서명한 다음, 이를 원고에게 교부한 사실을 알 수 있는바, 위와 같이 피고가 '단마르'의 대리인으로서 발행한 선하증권은, 위에서 본 상법 규정상의 개입권 행사의 적법조건이 되는 '운송주선인이 작성한 증권'으로 볼 수 없으므로, 피고에게는 개입권을 행사한 운송주선인으로서의 손해배상책임도 없다.

B. 이론요약

(1) 운송인, 운송주선인

운송인은 운송계약의 당사자로서 운송의 실행을 인수하는 자이다. 상법은 육상 또는 호천, 항만에서 물건 또는 여객의 운송을 영업으로 하는 자를 운송인으로 규정하고 있다(商 125조).

운송주선인은 자기명의로 물건운송의 주선을 영업으로 하는 자이다(商 114조). 자기명의로 법률행위를 하되 그 경제적 효과는 타인에게 귀속된다는 의미에서 보조상에 해당한다.

(2) 운송형태의 다양화와 운송구조의 복합화

위에서 본 것처럼 운송인과 운송주선인은 구분되는 개념이다. 그러나 오늘날에는 운송주선인 업무의 확장, 복합운송의 일반화, 실제운송인과 구별되는 계약운송인의 등장 등으로, 운송인과 운송주선인의 지위를 정확히 구분하는 것이 어려워지고 있다. 실무에서도 운송주선과 운송을 구분하지 않은 채 「운송을 의뢰한다」는 용어의 사용이 일반화되어 있는 등 양자가 정확히 구분되어 사용되지는 않고 있는 실정이다. 예컨대 하주가 A라는 운송그룹에 운송을 의뢰하면, A는 계열회사 중 B를 운송인으로 선임하고, 계열회사 중 C는 선적지의 운송대리인으로 선임하는 형식이다.

(3) 운송인, 운송주선인의 결정

위탁자와 운송회사 사이에 '운송주선이나 운송'에 관한 계약서가 정확하게 작성되어 있지 않은 경우, 운송을 의뢰받은 회사가 운송주선인인지, 운송인인지를 결정하는 것은 어려운 경우가 많다. 운송주선인은 자기의 이름으로 주선행위를 하는 것을 영업으로 하는 자이지만, 실제로 운송인의 대리인이 되기도 하고, 위탁자의 이름으로 운송계약을 체결하는 경우도 많기 때문이다.

따라서 운송주선인의 경우에는 자기의 이름으로 주선행위를 한다는 법률적 형식을 엄격하게 요구하기는 어렵다고 보며, 선하증권의 기재내용, 운송을 의뢰받은 회사가 실제로 수행한 업무 등을 고려하여 계약내용을 확정함으로써 운송주선인인지의 여부를 결정하는 것은 어느 정도 불가피하다고 본다(大判 1987. 10. 13, 85 다카 1080; 同 1997. 6. 27, 95 다 7215 등).

C. 관련판례

(1) 大判 2007. 8. 23, 2005 다 65449(운송주선업자가 운송의뢰인으로부터 운송관련 업무를 의뢰받았다고 하더라도 운송을 의뢰받은 것인지, 운송주선만을 의뢰받은 것인지 여부가 명확하지 않은 경우에는 당사자의 의사를 탐구하여 운송인의 지위를 취득하였는지 여부를 확정하여야 하지만, 당사자의 의사가 명확하지 않은 경우에는 계약체결 당시의 상황, 하우스 항공화물운송장의 발행자 명의, 운임의 지급형태, 운송을 의뢰받은 회사가 실제로 수행한 업무 등 여러 가지 사정을 종합적으로 고려하여 논리와 경험칙에 따라 운송주선업자가 운송의뢰인으로부터 실제로 운송책임을 인수하였다고 볼 수 있는지 여부를 판단하여야 한다고 한 경우).

(2) 大判 2007. 4. 26, 2005 다 5058(운송인이 송하인에게 선하증권을 발행, 교부함에 있어 운송인 본인만이 이를 발행할 수 있는 것이라고 볼 수 없고, 그 대리인을 통해서도 발행할 수 있으며, 선하증권에 직접 서명하여 이를 송하인에게 교부한 행위자인 대리인을 운송계약상의 운송인으로 인정하지 아니하고 본인을 운송인으로 인정한 경우).

(3) 大判 1997. 6. 27, 95 다7 215(상법 제813조의 규정에 의하여 운송인이 송하인에게 선하증권을 발행, 교부함에 있어 운송인 본인만이 이를 발행할 수 있는 것이라고 볼 수 없고, 그 대리인을 통해서도 발행할 수 있다고 하여, 선하증권에

직접 서명하여 이를 송하인에게 교부한 행위자인 대리인을 운송계약상의 운송인으로 인정하지 아니하고 본인을 운송인으로 인정한 원심판결을 수긍한 경우).

(4) 大判 1996. 2. 9, 94 다 27144(운임포함조건〈C&F〉으로 체결된 수출입매매계약에 있어서는, 매도인이 선복을 확보하여 운송인과 운송계약을 체결하고 그 운임을 부담할 의무가 있는 것이고 매수인에게는 선복을 확보할 의무가 없으므로, 운송계약의 당사자는 매도인이라고 한 경우).

(5) 大判 1987. 10. 13, 85 다카 1080(운송주선인은 자기의 이름으로 주선행위를 하는 것을 영업으로 하는 것이지만 하주나 운송인의 대리인이 되기도 하고 위탁자의 이름으로 운송계약을 체결하는 경우에도 운송주선인임에는 변함이 없다고 한 경우).

D. 관련논점

(1) 위의 사례에서 대법원이 Y를 운송인으로 보지 아니하였다. 그 이유는 무엇인가? 운송인과 운송주선인을 구분하는 기준으로는 무엇을 생각할 수 있는가?

(2) 위의 사례에서 Y를 운송주선인으로 보더라도, Y가 운송주선인으로 상법 제116조의 개입권을 행사하였다고 볼 수 있는가?

(3) 위의 사례에서 Y를 운송주선인으로 보는 경우, Y는 어떠한 책임을 부담하는가? 운송주선인의 책임의 시효는 어떠한가?

2. 운송주선인(해상)의 손해배상책임

A. 기본판례

▣ 大判 1988. 12. 13, 85 다카 1358[운송주선인은 선하증권 등 선적서류의 교부에 있어서 자신이 발행한 화물수취증의 조건과 상치되지 않도록 주의하여야 하며, 이러한 주의의무를 위반한 경우에는 불법행위로 인한 손해배상책임을 부담한다고 한 경우]

[사실관계]

미국의 수입업자인 A주식회사는 1980. 7. 29.과 1980. 11. 10.자로 한국의 수출업자인 X에게 가죽신발 반제품을 주문하고 체이스맨해턴은행을 통하여 취소불능신용장을 개설하였다.

수출업자인 X는 1981. 1. 23, 1981. 1. 31. 및 1981. 2. 13.자로 주문받은 생산품을 운송주선인인 Y에게 선적운송케 하면서 Y로부터 화물수취증(F.C.R.)을 교부받았다. 그런데 위 체이스맨해턴은행이 발행한 신용장에 의하면 선하증권의 대용으로 화물수취증도 사용할 수 있도록 되어 있었으므로 X는 국내의 거래은행인 서울신탁은행에서 화물수취증과 신용장 등 선적서류를 할인하여 금 68,588,218원을 추심(네고)하였다.

운송주선인인 Y는 위 수출품을 운송인인 소외 B해운회사 등에게 운송케 한 후 운송인으로부터 교부받은 각 선하증권의 수취인란을 위 체이스맨해턴은행이나 그 수취권을 양도받은 자로 하지 않고 백지로 하여 위 은행으로부터 위 수취권을 양도받은 사실이 없는 위 A에게 교부하였다. 이에 따라서 수입업자인 A는 위 수출품을 인도받을 수 있게 되었고, 실제로 수출대금의 지급이 없이 교부받은 선하증권의 수취인란에 자기이름을 기재한 후 선하증권을 제시하고 위 수출품을 인도받았다.

그러나 A는 1981. 3. 2.경 X가 위 신용장상의 선적기일을 도과하였고 또 이 사건 수출품 이전에 거래하였던 물품 등에 하자가 있었다는 구실로 체이스맨해턴은행에 개설하였던 위 신용장의 개설을 취소하였다. 신용장 개설은행인 체이스맨해턴은행은 신용장 개설 취소를 이유로 매입은행인 서울신탁은행의 추심에 응하지 않았고, 서울신탁은행은 위 할인금액을 X로부터 회수하였다. 결국 수출업자인 X는 수출대금도 지급받지 못하였고 수출상품 자체도 회수하지 못하게 되었다.

X는 운송주선인인 Y가 그 임무에 위배하여 선하증권을 A에게 임의로 교부함으로써 X에게 손해를 끼쳤다는 이유로 Y를 상대로 손해배상청구를 제기하였다.

원심(대구高判 1985. 5. 24, 84 나 1343)은 운송주선인인 Y의 불법행위책임을 인정하였다. Y는 대법원에 상고하였다.

[판결요지]

대법원은 상고를 기각하고 원심판결을 유지하였다.

수출자가 선하증권을 첨부한 하환어음을 발행하여 국내 거래은행으로부터 할인을 받거나 또는 추심위임을 하고, 그 국내은행이 신용장개설은행에 추심하는 방법에 의하여 수출대금이 결제되는 방식의 무역거래에 있어서는 다른 특별한 사정이 없는 한 수입자가 그 수출대금을 결제할 때까지는 선하증권에 의하여 표창된 운송중인 수출품이 위 하환어음의 담보가 되는 것이며, 수출자가 선하증권 대신 신용장발행은행을 화물수취인으로 한 운송주선업자 화물수취증을 첨부하여 환어음을 발행한 경우 역시 신용장 발행은행이 운송목적지에서의 수출품의 반환청구권을 가지게 되고, 위 반환청구권이 수출대금을 담보로 하는 기능을 하게 되는 것이므로, 화물수취증을 발행한 운송주선인으로서는 선적서류, 예컨대 선하증권이 화물수취증에 이어 발행될 때에는 그러한 선적서류상의 화물의 처분에 관한 조건이 화물수취증에 의하여 부과된 의무와 상치되지 않도록 주의하여야 하며 위 화물수취증상의 운송물인도에 관한 조건에 위배하여 운송물을 처분하였을 경우에는 그에 대한 책임을 면할 수 없다 할 것이다.

피고(Y)는 피고가 배상할 손해는 원고(X)가 화물수취증을 은행으로부터 돌려받을 당시 위 수출품을 타에 매도하여 얻을 수 있는 자격이지 계약상의 대금이 아니라고 주장하고 있으나, … 피고의 불법행위의 태양을 위에서 본 바와 같이 원고의 담보이익을 침해한 것으로 파악하는 이상 원고가 입은 손해는 담보가 멸실됨으로 인하여 피담보채권을 변제받지 못하게 됨으로써 입은 손해라 하여야 할 것이므로 같은 취지에서 원고가 입은 손해를 그 매매대금으로 본 원심의 판단은 정당하다.

B. 이론요약

(1) 운송주선인의 의의

운송주선인은 자기명의로 물건운송의 주선을 영업으로 하는 자이다(商 114조). 이를 분설하면 다음과 같다.

1) 주　선

운송주선인은 물건운송의 「주선」을 영업으로 한다. 주선이란 일반적으로 자기명의로 타인의 계산으로 거래하는 것을 말하고, 운송주선은 위탁매매와 더불어 가장 대표적인 주선행위에 해당한다. 다만 운송주선은 주선의 목적행위가 물건 또는 유가증권의 매매가 아니고 물건의 운송계약이라는 점에서 위탁매매인과 차이가 있다.

2) 물건의 운송

주선의 목적은 물건의 운송이다. 여기서 물건이라 함은 운송의 객체가 될 수 있는 모든 물건을 포함한다. 물건의 운송을 대상으로 하므로 여객운송은 제외된다. 여객운송을 주선하는 자는 준위탁매매인에 속한다(商 113조). 물건의 운송인 이상 육상 · 해상 · 공중운송의 어느 것이든 불문한다.

3) 상 인 성

운송주선인은 주선계약의 인수를 영업으로 하며(商 46조 12호), 주선행위 자체를 영업으로 하는 것은 아니다. 운송주선인이 체결하는 물건운송계약은 주선계약의 이행에 지나지 않으며 영업을 위하여 수행하는 보조적 상행위가 된다(商 47조 1항).

(2) 운송주선계약의 성질

위탁자와 운송주선인 사이의 운송주선계약은 물건운송계약이라는 법률행위를 위탁하는 계약이므로 위임계약에 속한다. 따라서 위탁자와 운송주선인간에는 상법 규정 이외에 위임에 관한 규정이 적용된다(商 123조 · 112조, 民 680조 등).

운송주선업은 연혁적으로 위탁매매업에서 발달해 왔다. 이러한 특성을 반영하여 상법은 위탁매매업에 관한 규정을 운송주선업에도 일반적으로 준용하고 있다(商 123조). 따라서 운송주선인의 지위, 운송물의 귀속, 수탁행위 실행의 통지 및 계산서의 제출, 지정가액준수의무, 운송주선인의 공탁, 경매권 등에 관해서는 위탁매매에 관한 규정들이 그대로 적용된다. 그러나 운송주선업의 성질상 이행담보책임에 관한 규정(商 105조)은 준용되지 않으며, 개입권에 관한 규정도 준용될 여지가 적다. 운송주선인의 개입권에 대해서는 특별규정이 있기 때문이다(商 116조).

(3) 운송주선인의 의무와 책임

1) 선관주의의무

운송주선계약은 물건운송계약이라는 사무처리를 위탁하는 위임계약이다. 운송주선인에 관하여는 위탁매매인에 관한 규정이 준용되고(商 123조), 위탁자와 위탁매매인의 관계에서는 위임에 관한 규정이 적용되는바(商 112조), 결국 운송주선인은 선량한 관리자의 주의의무로서 운송주선업무를 처리하여야 한다.

운송주선인이 부담하는 선관주의의무의 범위는 단지 운송인의 선택에만 그

치는 것이 아니라, 운송물의 수령, 운송인에의 인도 및 보관, 순차운송주선인의 선택, 기타 운송주선업무에 속하는 사항에 이르기까지 매우 광범위하다. 예컨대 화물수령증을 발행한 운송주선인의 경우에는 선하증권을 화물수령증의 소지인인 적법한 반환청구권자에게 교부하여 위 운송품을 인도받을 수 있도록 할 의무가 있으며, 이러한 법리는 당해 운송주선의 의뢰인이 수출자이건 수입자이건 가리지 않고 적용된다(大判 1987. 5. 12, 85 다카 2232).

2) 손해배상책임

(가) 책임의 원인

운송주선인은 자기나 그 사용인이 운송물의 수령, 인도, 보관, 운송인이나 다른 운송주선인의 선택 기타 운송에 관하여 주의를 해태하지 아니하였음을 증명하지 아니하면 운송물의 멸실, 훼손 또는 연착으로 인한 손해를 배상할 책임을 면하지 못한다(商 115조). 여기서 운송물의 수령, 인도 등 책임의 원인은 예시적으로 열거한 것에 불과하고, 그 밖에도 포장의 점검, 필요한 서류의 작성 및 위탁자의 지시 기타 관습 등에 의하여 운송주선인에게 요구되는 주의의무를 위반한 경우에는 손해를 배상할 책임이 있다.

(나) 책임의 성질

상법은 운송주선인의 손해배상책임에 관하여 과실책임주의를 취하면서, 동시에 무과실의 입증책임을 운송주선인에게 부담시키고 있다(商 115조). 운송주선인이 책임을 면하기 위해서는 운송물의 멸실, 훼손 또는 연착이 자신의 고의 또는 과실로 인한 것이 아님을 증명하여야 하며, 단지 사용인의 선임과 감독에 관하여 주의를 게을리하지 아니하였다는 것을 증명하는 것만으로는 책임을 면하지 못한다. 그러나 운송인의 선택에 관하여 과실이 없는 이상 운송인의 과실에 대해서는 책임을 지지 않는다.

이러한 운송주선인의 책임은 육상물건운송인의 책임(商 135조), 육상여객운송인의 책임(商 148조), 창고업자의 책임(商 160조), 공중접객업자의 책임(商 152조)과 같거나 비슷하다.

(다) 손해배상의 범위

손해배상의 범위는 운송물의 멸실, 훼손 또는 연착으로 인한 경우에만 한정되는 것이 아니며, 위탁받은 사무를 수행함에 있어서 선관주의의무를 다하지 못한 경우의 전반에 걸쳐서 책임을 진다. 그러나 이와는 달리 손해배상의 범위가 운송물의 멸실, 훼손, 연착으로 인한 손해에 한정된다는 견해도 있다.

화폐, 유가증권 기타의 고가물에 대해서는 송하인이 운송주선을 위탁할 때에 그 종류와 가액을 명시한 경우에 한하여 손해배상책임을 진다(商 124조, 136조).

(라) 책임의 소멸

운송주선인의 손해배상책임은 운송주선인이나 그 사용인에 악의가 있는 경우를 제외하고는 수하인이 운송물을 수령한 날로부터, 또 전부멸실의 경우에는 그 운송물을 인도한 날로부터 1년을 경과하면 소멸시효가 완성한다(商 121조). 이 경우의 수하인은 수탁자가 운송물수령인으로 정한 자이며, 반드시 운송계약상의 수하인은 아니다.

판례는 운송인이나 그 사용인이 '악의인 경우'라 함은 운송인이나 그 사용인이 운송물의 훼손 또는 일부멸실이 있다는 것을 알면서 이를 수하인에게 알리지 않고 인도된 경우를 가리킨다고 해석한다(大判 1987. 6. 23, 86 다카 2107).

C. 관련판례

(1) 大判 1998. 9. 4, 96 다 6240(운송인이 수출업자의 요청에 따라 선하증권과 교부하지 않고 운송물을 수입업자에게 인도한 경우, 신용장매입은행이 선하증권의 소지인으로서 운송인에 대하여 갖게 된 선하증권에 관한 손해배상채권과 신용장매입은행으로서 신용장 매입의뢰인인 수출업자와 그 보증인들에 대하여 갖게 된 수출거래약정상의 화환어음 환매채권은 법률상 별개의 권리라 할 것이므로, 수출업자와 그 보증인들의 신용장매입은행에 대한 위 환매채무가 변제 등으로 일부 소멸되었다 하더라도 신용장매입은행이 선하증권의 소지인으로서 그에 관한 손해배상채권의 이행을 구함에는 장애가 되지 아니하고, 따라서 선하증권에 관한 손해배상액을 산정함에 있어 위 환매채권에 기하여 회수된 금원을 공제할 것은 아니라고 한 경우).

(2) 大判 1993. 5. 27, 92 다 32180(운송인이 운송계약상의 의무에 위배하여 수하인이 아닌 수입상에게 직접 화물을 인도하여 운송의뢰인의 수출대금에 대한 담보권을 침해한 경우, 수입상에 대한 수출대금채권이 형식적으로 존재한다고 할지라도 수입상이 화물에 하자가 있음을 트집잡아서 수출대금을 지급하지 않고 있다

면 운송의뢰인에게는 담보권 상실로 인한 손해가 발생하였다고 한 경우).

(3) 大判 1987. 5. 12, 85 다카 2232(화물수령증을 발행한 운송주선업자로서는 선하증권을 화물수령증의 소지인인 적법한 반환청구권자에게 교부하여 위 운송품을 인도받을 수 있도록 할 의무가 있으며, 이러한 법리는 당해 운송주선의 의뢰인이 수출자이건 수입자이건 가리지 않고 적용된다고 한 경우).

(4) 大判 1984. 9. 11, 83 다카 1661(수출자가 선하증권 대신에 신용장발행은행을 화물수취인으로 한 운송주선업자의 화물수취증을 첨부하여 환어음을 발행한 경우에는 신용장발행은행이 수출품의 반환청구권을 가지게 되고 수입업자가 신용장발행은행에 수출대금을 결제하고 그로부터 이러한 반환청구권을 양수받지 않는 한 수출품을 인도받을 수 없다고 한 경우).

D. 관련논점

(1) 운송주선계약과 위탁매매계약의 공통점과 차이점을 설명하시오. 대리, 주선, 중개는 그 행위방식과 법률효과에서 어떠한 차이가 있는가?

(2) 위의 사례에서 대법원은 X가 입은 손해를 얼마로 보았는가? 만일 Y가 일반적인 해상운송에서의 운송물 멸실에 대한 책임에서와 같이 그 손해배상책임이 한정되어야 한다고 주장한다면 받아들여질 것인가?

3. 운송주선인(항공)의 손해배상책임

A. 기본판례

▣ 大判 1996. 9. 6, 94 다 46404[운송주선인의 국내대리점이 항공화물운송장 등 운송서류를 수하인이나 통지처가 아닌 제 3 자에게 임의로 교부하였다면, 수하인 등에 대하여 손해배상책임을 부담한다고 본 경우]

[사실관계]

X는 이 사건 물품의 수입업자이고 Y는 항공운송주선인(국내대리점)으로서 이 사건 물품 등의 운송을 취급하는 자이다.

이 사건 물품은 항공편을 통해서 국내로 운송된 후 보세창고에 보관되었다. Y는 이 사건 항공화물운송장에 수하인으로 기재된 신용장발행은행이나 통지처로 기재된 수입업자 X에게는 이 사건 물품의 도착사실을 알리지 아니한 채, 실수입업자인 A에게 이 사건 물품의 통관에 필요한 항공운송장의 원본 또는 인증사본과 송장, 포장명세서를 교부하였다.

A는 Y로부터 교부받은 위 각 항공운송장 원본 또는 인증사본 등과 스스로 위조한 수입승인서를 이용하여 통관을 마치고 보세창고에서 이 사건 물품을 반출하였다.

X는 Y를 상대로 손해배상청구를 제기하였다.

원심(서울高判 1994. 8. 24, 93 나 19018)은 Y의 손해배상책임을 인정하였다.

Y는 대법원에 상고하였다.

[판결요지]

대법원은 상고를 기각하고 원심판결을 유지하였다.

수하인인 위 각 은행에게 위 각 운송장을 교부하고 위 각 물품을 인도할 의무가 있는 운송취급인인 피고로서는 소외 A에게 통관에 필요한 위 각 운송장 등을 교부하면 A가 이를 이용하여 위 각 물품에 대한 통관절차를 마치고 위 각 은행의 승낙 없이 이를 보세창고에서 반출하여 감으로써 위 각 은행이 갖고 있는 위 각 물품의 인도청구권을 침해하는 결과가 발생할 수 있음을 인식할 수 있었다고 보아야 할 것이고 만약 그 결과의 발생을 인식하지 못하였다면 그와 같이 인식하지 못하게 된 점에 대하여 운송취급인으로서의 주의의무를 결여한 과실이 있다고 볼 것이며, 위 A가 피고로부터 교부받은 위 각 운송장의 원본 또는 인증사본 등을 이용하여 통관절차를 마치고 위 각 물품을 반출하여 간 이상, 위 각 운송장의 원본 또는 인증사본 등의 교부로써 피고가 위 A에게 위 각 물품을 인도한 법적 효력이 발생하였는지 여부와는 상관없이 위와 같은 피고의 과실행위는 위 각 은행의 위 각 물품에 대한 인도청구권을 침해한 불법행위라고 할 것이다.

B. 이론요약

(1) 운송주선인의 주의의무

운송주선계약은 물건운송계약이라는 사무처리를 위탁하는 위임계약이다. 따라서 운송주선은 선량한 관리자의 주의의무로서 운송주선업무를 처리하여야 한다. 운송주선인이 부담하는 주의의무는 단지 운송인의 선택에만 그치는 것이 아니라, 운송물의 수령, 보관, 기타 운송주선업무에 속하는 사항에 이르기까지 폭넓게 미친다.

(2) 운송주선인의 손해배상책임

상법 제115조는 운송주선인은 자기나 그 사용인이 운송물의 수령, 인도, 보관, 운송인이나 다른 운송주선인의 선택 기타 운송에 관하여 주의를 해태하지 아니하였음을 증명하지 아니하면 운송물의 멸실, 훼손 또는 연착으로 인한 손해를 배상할 책임을 면하지 못한다고 운송주선인의 손해배상책임을 규정하고 있다. 이는 자기명의로 법률행위를 하지만 그 경제적 효과는 타인에게 귀속되는 운송주선업의 특성을 감안하여 상대적으로 엄격하게 손해배상책임을 규정한 것이다.

(3) 채무불이행책임과 불법행위책임의 관계

운송주선인이 운송주선계약을 위반한 경우에는 채무불이행으로 인한 책임을 부담하지만, 운송주선인 자신이나 그 사용인의 고의 · 과실로 인하여 운송물을 멸실, 훼손한 경우에는 동시에 불법행위책임이 문제되는 것이 보통이다. 이러한 경우에는 두 가지 책임과의 관계가 문제된다.

판례는 운송계약상의 채무불이행책임이나 불법행위로 인한 손해배상책임은 병존하고(청구권경합설), 운송계약상의 면책특약은 이를 불법행위책임에도 적용하기로 하는 명시적 또는 묵시적 합의가 없는 한 당연히 불법행위책임에 적용되지 않는다고 한다(大判 1999. 7. 13, 99 다 8711).

C. 관련판례

(1) 大判 2004. 7. 9, 2002 다 16729(국제항공화물 인도관행에 비추어 항공운송인 또는 항공운송주선인이 공항에 도착한 수입항공화물을 통관을 위하여 영업용 보세창고업자에게 인도하는 것만으로 항공화물이 항공운송인이나 항공운송주선인의 지배를 떠나 수하인에게 인도된 것으로 볼 수는 없다고 한 경우).

(2) 大判 2004. 5. 14, 2001 다 33918(보세장치장 설영자가 화물인도지시서나 운송인의 동의 없이 화물을 인도함으로써 선하증권의 소지인이 손해를 입은 경

우, 불법행위에 기한 손해배상책임을 부담한다고 한 경우).

(3) 大判 2004. 1. 27, 2000 다 63639(항공화물의 운송에 있어서 운송인이 공항에 도착한 수입항공화물을 통관을 위하여 보세창고업자에게 인도하는 것만으로 항공화물이 운송인이나 운송주선인의 지배를 떠나 수하인에게 인도된 것으로 볼 수는 없다고 한 경우).

(4) 大判 1999. 7. 13, 99 다 8711(운송인 등이 수하인의 지시 없이 제 3 자에게 수하인용 항공화물운송장을 교부하고, 화물을 인도한 경우, 이는 수하인의 화물인도청구권을 침해한 것으로서 수하인에 대하여 불법행위를 구성한다고 할 것이며, 통지처는 수하인을 대신하여 화물도착의 통지를 받을 권한이 있을 뿐 항공화물운송장의 교부나 화물의 인도를 받을 권한은 없으므로 위에서 말하는 제 3 자가 통지처라고 하더라도 마찬가지라고 한 경우)(운송계약상의 채무불이행책임이나 불법행위로 인한 손해배상책임은 병존하고, 운송계약상의 면책특약은 일반적으로 이를 불법행위책임에도 적용하기로 하는 명시적 또는 묵시적 합의가 없는 한 당연히 불법행위책임에 적용되지 않는다고 한 경우).

D. 관련논점

(1) 운송주선인(운송인) 등의 운송물인도시기는 언제인가? 보세창고업자에게 인도한 때인가? 아니면 보세창고에서 반출된 시점인가? 영업용보세장치장인지, 자가보세장치장인지에 따라서 차이가 있는가?

(2) 위의 사례에서 Y는 항공화물운송장에 기재된 수하인이나 통지처가 아닌 실수입업자에게 항공화물운송장을 교부하는 것이 관행이라고 주장하였다. 만일 이러한 관행이 인정된다면 Y는 손해배상책임을 면할 수 있는가? Y가 손해배상책임을 면하기 위해서는 사실을 증명하여야 하는가?

(3) 운송인(운송주선인) 등이 적법한 권한이 없는 자에게 운송물을 인도한 경우에는 손해배상책임을 지는 것이 보통이다. 이 경우 수출업자, 송하인, 수입업자, 수하인이 운송인(운송주선인)에 대하여 가지는 손해배상청구의 원인은 무엇인가? 수출업자 등은 자신의 어떠한 권리를 침해당한 것인가?

(4) 이 사건에서는 수입업자, 수하인 등이 아닌 통지처(X)가 손해배상소송을

제기하였다. 통지처인 X는 어떠한 권한에 근거하여 소송을 제기한 것으로 보이는가?

4. 운송주선인의 개입권과 확정운임운송주선계약

A. 기본판례

▣ **大判 1987. 10. 13, 85 다카 1080[운송주선인 甲이 화주의 부탁을 받고 상호대리관계에 있는 乙의 대리인 자격으로 선적선하증권을 발행 · 교부한 경우라면 그것만으로는 이 선적선하증권이 상법 제116조의 개입권 행사의 조건이 되는 '운송주선인이 작성한 증권'으로 볼 수 없으며, 해당 계약도 상법 제119조의 확정운임운송주선계약이라기보다는 오히려 운송주선인인 甲의 주선하에 화주와 운송인간에 체결된 운송계약으로 보여질 소지가 크다고 한 경우]**

[사실관계]

A는 운송주선인이고, Y건설은 화주이다. A는 1982. 3.경 Y건설로부터 사우디아라비아의 건설현장에서 쓸 건축용 철구조물의 해상운송주선을 위탁받고 그 대가로 화물 1입방미터당 40달러의 운임을 지급받기로 하는 해상운송주선계약을 체결하였다.

A는 1983. 3. 5.경 Y_1해운(피고 보조참가인)과 화물 1입방미터당 미화 40달러를 운임으로 하는 물건운송계약을 체결하였고(다만 1입방미터당 미화 2달러씩을 수수료로 반환하기로 하여 실제운임은 미화 38달러이다), Y1해운은 위 화물을 사우디아라비아의 항구까지 무사히 운송하여 1982. 4. 20.까지 양하를 마치고 Y에게 인도하였다.

그런데 A는 그 이전인 1982. 3. 27.과 29. 사우디아라비아의 현지상인이면서 A와 상호대리인 관계에 있는 M.T.A.(Mideast Trading Agencies)의 선하증권 용지에 M.T.A.의 대리인 자격으로 위 화물에 관한 선적선하증권을 발행하여 Y에게 교부하였다.

A는 1982. 4. 2.경 위 운송채권을 X에게 양도하였고, X는 Y를 상대로 양수금청구를 제기하였다.

원심은 X의 양수금청구를 인정하였다. 원심은 A와 Y 사이에 체결된 위 운송주선계약은 위 화물의 운임을 1입방미터당 미화 40달러로 하는 확정운임운송주선계약이며(商 119조 2항), A가 선적선하증권을 작성 · 교부한 행위는 직접 위 화물들을 운송하기로 하는 개입권의 행사에 해당한다고 보았다(商 116조). 즉 원심은 A는 운송주선인이자 해상물품운송인이고 Y_1은 A의 재운송인에 불과하다 보았다. 이에 따라 원심은 A의 운임채권을 양도받은 X의 양수금청구를 인정하였다.

Y는 대법원에 상고하였다.

[판결요지]

대법원은 원심판결을 파기환송하였다.

원심이 해상운송주선인인 A가 상법 제116조의 개입권을 행사한 것으로 판단한 선하증권은 A가 자기의 명의로 발행한 것이 아니라 M.T.A.의 대리인 자격으로 발행했다는 것이며, 그와 같이 한 이유는 양륙항인 사우디아라비아 항구에서의 통관 및 육상운송의 편의를 위하여 화주인 Y회사의 부탁을 받고 그렇게 한 것이라는 것이므로 A와 M.T.A.간에 상호대리관계가 있다 하여도 그것만으로는 이 선하증권이 위에서 본 상법규정상의 개입권행사의 적법조건이 되는 '운송주선인이 작성한 증권'으로 볼 수는 없다 할 것이다.

원심은 Y와 A간의 계약을 상법 제119조 제 2 항의 확정운임운송주선계약으로 판단하고 있는바, 상법 제119조 제 2 항은 "운송주선계약으로 운임의 액을 정한 경우에는 다른 약정이 없으므로 따로 보수를 청구하지 못한다"고 규정하고 있다. … 그런데 운송주선인이 해상운송인으로서의 기능을 수행하는데는 그것이 가능한 재산적 바탕이 있어야 한다는 것은 이미 본 바와 같으므로 운송주선계약으로 운임의 액이 정해진 경우라도 그것을 확정운임운송주선계약으로 볼 수 있으려면 첫째로, 주선인에게 위와 같은 재산적 바탕이 있어야 하고, 둘째로 그 정해진 '운임의 액'이 순수한 운송수단의 대가 즉 운송부분의 대가만이 아니고 운송품이 위탁자로부터 수하인에게 도달되기까지의 액수가 정해진 경우라야만 한다 할 것이므로 구체적인 경우에 당사자의 의사표시를 해석함에 있어서는 위와 같은 요소가 갖추어져 있었느냐를 따져 보아 확정운임운송계약인가의 여부를 확정해야 하는 것이다.

그러나 이 사건 계약서인 FIXTURE MEMO상의 송하인 표시가 위와 같이 Y로 되어 있다면 그것은 A의 주선 아래 Y와 Y_1간에 체결된 계약으로 볼 여지는 있을지언정 위 원심설시의 증언뿐만 아니라 같은 증인의 모든 진술에 의하여도 이 사건 운임이 확실히 송하인으로부터 수하인까지의 모든 비용을 의미한다는 사정이 나타나 있지 않는데도 불구하고 이 사건 운송주선계약을 그 근거를 쉽게 수긍할 수 없는 원심설시의 증언 한마디에 의하여 그 설시 확정운임운송주선계약이라고 한 원심의 인정판단은 그릇된 것이라고 하지 않을 수 없다. … 위에서 본 것처럼 해상운송인으로서의 기능수행이 가능한 주선인이 됨에는 그에 상응하는 재산적 바탕인 영업설비나 신용이 있어야 한다는 사정에 비추어 볼 때 더욱이 이 사건 운임액이 1억 천여만원에 달하는 점 등에 비추어 보면 원심이 김윤시의 각 진술에 의하여 FIXTURE MEMO상의 계약을 확정운임운송주선계약으로 본 것은 정당하다고 수긍이 되지 아니한다.

B. 이론요약

(1) 운송주선업의 경제적 기능

운송주선업은 물건의 매매에 관한 공간적인 장벽을 극복하는 점에서 보조상의 일종이다. 아직 운송사업이 소박한 시대에는 운송에 있어서 운송주선인의 개입은 필요하지 않았다. 그러나 운송의 거리가 육해공 삼면에 걸쳐 길어지고 운송수단도 다양할 뿐만 아니라 공간적 이동이 필요불가피한 화물도 복잡다양화, 대형다량화되어짐에 따라 송하인과 운송인이 적당한 상대방을 적기에 선택하여 이와 운송계약을 체결하기 어렵게 되었으므로 송하인과 운송인의 중간에서 가장 확실하고 안전신속한 운송로와 시기를 선택하여 운송의 주선을 하는 운송주선업이 필요하게 되어 점차 긴요한 수단으로서 발달하였다. 이러한 경우 송하인을 위하여 가장 적당한 운송인을 정하고 이것과 운송계약을 체결하여 운송하게 하는 운송주선인이 필요하게 되는 것이다.

운송주선인은 위탁자를 위하여 물건운송계약을 체결할 것 등의 인수를 본래적인 영업의 목적으로 하는 것이기는 하나 이러한 운송주선인이 다른 사람의 운송목적의 실현에 도움을 주는 부수적 업무를 담당할 수도 있는 것이어서 상품의 통관절차, 운송물의 검수, 보관, 부보, 운송물의 수령인도 등의 업무를 담당하고 있는 것이 상례에 속하고, 이와 같은 부수업무 외에도 운송수단까지 갖추어 거기에 알맞은 운송영업까지 겸하여 수행하고 있는 것이 많은 형편이므로 이와 같은 운송영업을 겸하는 운송주선인에 대하여는 그 역할수행의 물적보장을 위하여 여러 가지의 법령에 의하여 시설기준 등을 정해 놓고 있다(예컨대 화물자동차 운수사업법 24조 1항 · 2조 4호, 항공법 2조 39호 · 139조 1항 등).

(2) 운송주선인의 개입권

1) 의 의

운송주선인은 다른 약정이 없으면 직접 운송할 수 있다(商 116조 1항 전문). 이를 운송주선인의 개입권이라고 한다. 운송의 성질상 개입권을 인정하여도 운임이나 운송방법이 대개 일정하여 폐단이 없고 오히려 편리하기 때문이다. 따라서 위탁매매인에서와 같은 제한(商 107조 참조)도 없다.

2) 행 사

개입권은 형성권이므로 운송주선인의 일방적인 의사표시로 한다. 개입을 한다는 명시 또는 묵시적인 의사표시가 위탁자에게 도달하여야 한다. 이 점에서는 위탁매매인의 개입권과 같다. 개입권의 행사시기에는 특별한 제한이 없으며, 운송인과 운송계약을 체결하기 전에는 물론 체결한 후에도 통지할 때까지는 운송주선인은 개입권을 행사할 수 있다.

3) 개입권행사의 의제

상법은 일정한 경우 운송주선인의 개입권 행사를 의제하고 있다. 즉 운송주선인이 위탁자의 청구에 의하여 화물상환증을 작성한 때에는 직접운송하는 것으로 본다(商 116조 2항). 원래 화물상환증은 운송인이 발행할 수 있는 것이므로 송하인이 운송주선인에게 화물상환증의 발행을 청구한 것은 개입을 권유한 것으로 볼 수 있고, 이에 대하여 운송주선인이 화물상환증을 발행하는 것은 개입한다는 묵시적인 의사표시가 있는 것으로 볼 수 있기 때문이다.[1] 다만 운송주선인이 자기의 명의로 화물상환증을 작성한 경우에 한하며, 타인의 대리인으로 화물상환증을 발행한 경우에는 개입이 의제되는 화물상환증의 작성으로 볼 수 없다(大判 1987. 10. 13, 85 다카 1080).

4) 개입의 효과

개입에 의하여 운송주선인은 위탁자에 대하여 운송인과 동일한 권리 · 의무

1) 이철송, 493면.

를 가지게 된다(商 116조 1항 후문). 운송인은 운송주선인의 하청관계에 서게 되고, 운송주선인이 수행하는 운송계약상의 운송에 있어서 이행보조자가 된다. 다만 운송주선인이 개입을 하는 경우에도 그것은 운송주선이행의 하나의 방법에 다름없으므로 위임관계가 소멸하는 것은 아니며, 운송주선인으로서의 보수, 비용 등을 청구할 수 있다. 개입의 의사표시가 있으면 당연히 그 효력이 생기므로 위탁자는 그 통지가 도달한 후에는 위탁을 취소하지 못한다.

C. 관련판례

(1) 大判 2007. 4. 25, 2005 다 5058(해상운송주선인이 위탁자의 청구에 의하여 선하증권을 작성한 때에는 상법 제116조에서 정한 개입권을 행사하였다고 볼 것이나, 타인을 대리하여 타인 명의로 작성한 선하증권은 특별한 사정이 없는 한 같은 조에서 정한 개입권 행사의 적법조건이 되는 '운송주선인이 작성한 증권'으로 볼 수 없다고 한 경우).

(2) 大判 1997. 6. 27, 95 다 7215(운송인이 송하인에게 선하증권을 발행 · 교부함에 있어서는 그 대리인을 통해서도 발행할 수 있으며, 선하증권에 직접 서명하여 이를 송하인에게 교부한 대리인을 운송인으로 인정하지 아니하고 본인을 운송인으로 인정한 경우).

D. 관련논점

(1) 운송주선인이 하주의 대리인이나 위탁자의 이름으로 운송계약을 체결하였다. 이러한 경우에도 운송주선업에 관한 규정들(商 114조 내지 124조)이 적용될 수 있는가?

(2) 위의 사례에서 A가 Y의 부탁을 받고 자기명의로 선하증권을 작성하여 Y에게 교부했다고 가정한다. 이 사건 소송에는 어떠한 차이가 있을 수 있는가?

(3) 대법원은 "해상운송주선인 가운데에서 해상운송인으로서의 기능수행이 가능한 주선인이 됨에는 그에 상응하는 재산적 바탕(선박 등의 영업설비나 아니면 상업신용)이 있어야 한다는 것은 우리의 경험칙에 비추어 당연한 사리에 속한다 할 것이다"고 설시하고 있다. 이러한 판시를 한 이유는 무엇 때문으로 보이는가?

(4) Y_1해운(실제운송인)이 Y건설(화주)에게 보조참가한 이유는 무엇 때문인가?

5. 운송주선인(선박대리점)의 책임의 시효

A. 기본판례

▣ 大判 1991. 8. 27, 91 다 8012[상법 제121조의 운송주선인의 책임에 관한 단기소멸시효규정은 채무불이행으로 인한 손해배상청구에 대해서만 적용되고, 불법행위로 인한 손해배상청구에는 적용되지 않는다고 한 경우]

[사실관계]

Y해운주식회사는 이마호, 윙 맥스호, 이 타이호의 양하항인 인천항에서의 선박대리점으로서 위 선박 운송물의 인도 및 선하증권 회수 등의 업무를 수행하는 자이다. 이 사건에서 Y해운은 운송물인 옥수수를 선하증권 소지인 X은행이 아니라 화주인 소외 A의 자가보세장치장에 인도하였다. X은행은 Y해운을 상대로 손해배상청구 등을 제기하였다.

원심(서울高判 1991. 1. 15, 88 나 26920)은 Y해운의 불법행위 손해배상책임을 인정하였다.

Y해운은 대법원에 상고하였다.

[판결요지]

대법원은 상고를 기각하였다.

피고(Y해운)는 소외 A에게 선하증권과 상환하지 아니하고 이 사건 운송물을 인도한 장본인이라고 할 수 있고, 피고회사가 선하증권과 상환하지 아니하고 선하증권을 소지하고 있지도 않는 위 A에게 운송물을 인도하면 이 화물이 불법반출되어 선하증권의 소지인이 운송물을 인도받지 못하게 될 수 있음을 예견할 수 있었다고 볼 것이므로 피고회사는 위 선하증권의 소지인인 원고(X은행)에 대하여 불법행위로 인한 손해배상책임을 진다고 보아야 할 것이고, 따라서 이와 같은 취지의 원심판단은 정당하고, 거기에 불법행위의 법리를 오해한 위법이 있다고 할 수 없다.

상법 제812조에 의하여 준용되는 같은 법 제121조 제 1 항 · 제 2 항의 단기소멸시효의 규정은 운송인의 운송계약상의 채무불이행으로 인한 손해배상청구에만 적용되고, 이 사건과 같은 일반 불법행위로 인한 손해배상청구에는 적용되지 아니하는 것이므로(大判 1985. 5. 28, 84 다카 966), 이와 같은 견해에 터 잡아 피고회사의 시효항변을 배척한 원심의 조처는 정당하다.

그리고 면책약관이 기재된 선하증권을 교부받아 소지하게 된 경우에 그 선하증권의 면책약관은 특별한 사정이 없는 한 운송계약상의 채무불이행책임뿐만 아니라 그 운송물의 소유권침해로 인한 불법행위책임에도 적용된다고 보아야 할 것이지만 고의 또는 중대한 과실로 인한 불법행위책임을 추궁하는 경우에는 적용되지 않는 것이고(大判 1983. 3. 22, 82 다카 1533; 同 1990. 4. 26, 90 다카 8098 참조), 이 사건에 있어서와 같이 피고회사가 선하증권과 상환하지 아니하고 수입화물을 양하하고 하주의 자가보세장치장에 입고하게 방치하는 것은 선하증권소지인이 아닌 자에게 운송물이 인도됨으로써 선하증권소지인의 운송물에 대한 권리를 침해하게 되는 결과가 발생될 수 있음을 인식하고 있었다고 보아야 할 것이고, 만약 그 결과의 발생을 인식하지 못하였다면 중대한 과실이 있다 할 것이므로(大判 1989. 3. 14, 87 다카 1791 참조), 중과실에 의한 불법행위책임을 지는 피고회사에 대하여는 이 사건의 선하증권에 기재된 면책약관의 규정은 적용되지 아니한다고 보아야 한다. 논지도 이유가 없다.

B. 이론요약

(1) 운송물인도와 불법행위책임

화물상환증(해상운송의 경우에는 선하증권)이 발행된 경우에는 운송물은 화물상환증과 상환으로 그 소지인에게 인도되어야 한다. 따라서 운송인 등이 화물상환증 등과 상환 없이 화주나 제 3 자에게 운송물을 인도한 경우에는 운송물이 불법반출되어 화물상환증소지인이 운송물을 인도받지 못할 수 있음을 능히 예견할 수 있었다고 볼 것이고, 이는 특별한 사정이 없는 한 고의 또는 중과실에 의한 불법행위를 구성한다.

(2) 면책약관의 효력

선하증권의 면책약관은 특별한 사정이 없는 한 운송계약상의 채무불이행책임뿐만 아니라 그 운송물의 소유권 침해로 인한 불법행위책임에도 적용되지만, 고의 또는 중대한 과실로 인한 재산권 침해에 대한 불법행위책임을 추궁하는 경우에는 적용되지 않는다(大判 1983. 3. 22, 82 다카 1533). 운송인이 선하증권과 상환하지 않고서 화물을 화주의 자가보세장치장에 입고하도록 방치한 것은 선하증권 소지인에 대한 불법행위를 구성하며 중대한 과실에 해당한다.

(3) 단기소멸시효

운송주선인의 손해배상책임은 운송주선인이나 그 사용인이 악의인 경우를 제외하고는 수하인이 운송물을 수령한 날로부터, 또 전부멸실의 경우에는 그 운송물을 인도한 날로부터 1년을 경과하면 소멸시효가 완성한다(商 121조). 이 경우의 수하인은 수탁자가 운송물수령인으로 정한 자이며, 반드시 운송계약상의 수하인은 아니다.

여기서 운송주선인이나 그 사용인에게 악의가 있는 경우라 함은 운송물의 훼손 또는 일부멸실이 있다는 것을 알면서 이를 수하인에게 알리지 않고 인도한 경우를 의미한다(大判 1987. 6. 23, 86 다카 2107).

C. 관련판례

(1) 大判 2004. 5. 14, 2001 다 33918(보세장치장 설영자가 화물인도지시서나 운송인의 동의를 받지 않고 화물을 인도함으로 말미암아 선하증권 소지인이 입은 손해에 대하여 불법행위에 기한 손해배상책임을 부담한다고 한 경우).

(2) 大判 2000. 11. 14, 2000 다 30950(보세장치장 설영자가 화물인도지시서나 운송인의 동의를 받지 않고 화물을 인도함으로 말미암아 선하증권소지인이 입은 손해에 대하여 불법행위에 기한 손해배상책임을 진다고 한 경우).

(3) 大判 1991. 2. 14, 91 다 4249(운송인 등이 '보증도'에 의하여 운송물을 선하증권의 정당한 소지인이 아닌 자에게 인도함으로써 선하증권 소지인의 운송물에 대한 권리를 침해한 경우 고의 또는 중대한 과실에 의한 불법행위에 해당한다고 본 경우).

(4) 大判 1989. 3. 14, 87 다카 1791(해상운송인 또는 운송취급인이 선하증권과 상환하지 아니하고 운송물을 선하증권소지인 아닌 자에게 인도함으로 인하여 선하증권소지인에게 인도하지 못하게 된 경우, 선하증권소지인의 운송물에 대한 권리를 침해하는 불법행위가 되며, 특별한 사정이 없는 한 그 권리침해의 결과를 인식한 것으로 보아야 하고 만약 그 결과의 발생을 인식하지 못하였다면 중대한 과실이 있다고 한 경우).

(5) 大判 1985. 5. 28, 84 다카 966(상법 제812조에 의하여 준용되는 같은 법 제121조 제 1 항 · 제 2 항의 단기소멸시효 규정은 운송인의 운송계약상의 채무불이행으로 인한 손해배상청구에만 적용되고, 일반 불법행위로 인한 손해배상청구에는 적용되지 않는다고 한 경우).

(6) 大判 1983. 3. 22, 82 다카 1533(선하증권의 면책약관은 특별한 사정이 없는 한 운송계약상의 채무불이행책임뿐만 아니라 그 운송물의 소유권침해로 인한 불법행위책임에도 적용된다고 보아야 할 것이지만, 고의 또는 중대한 과실로 인한 재산권 침해에 대한 불법행위책임을 추궁하는 경우에는 적용되지 않는다고 한 경우).

D. 관련논점

(1) 상법 제121조의 단기소멸시효 규정은 채무불이행, 불법행위의 어떠한 경우에 적용되는가? 상법 제64조의 일반 상사소멸시효 규정은 불법행위책임의 경우에 적용되는가?

(2) 상법 제814조(운송인의 채권 · 채무의 소멸)는 어떠한 경우에 적용되는가? 상법 제121조(운송주선인의 책임의 시효)와는 어떠한 차이가 있는가?

(3) 화물상환증이나 선하증권 소지인은 운송인에 대하여 채무불이행책임과 불법행위책임을 동시에 주장할 수 있는가? 양자 중 어느 주장이 유리한가?

(4) 위의 사례에서 선하증권 소지인인 X은행은 Y해운회사를 상대로 운송계약상의 채무불이행책임을 청구할 수 있는가? 불법행위책임은 청구할 수 있는가? 청구할 수 있다면 X은행이 입은 손해는 무엇인가?

6. 운송주선인(해상)의 책임의 시효

A. 기본판례

▣ 大判 1987. 6. 23, 86 다카 2107[상법 제121조 제 1 항의 기간은 소멸시효기간으로서 미리 소멸시효 이익을 포기하거나 당사자 사이의 약정에 의하여 이를 배제, 연장 또는 가중할 수 없다고 한 경우]

[사실관계]

해상운송인 Y는 1980. 4. 16. 수하인이자 선하증권 소지인인 소외 A에게 이 사건 운송물을 인도하고 수령하는 과정에서 공동으로 그 상태를 확인 점검한 결과, 운송물인 열연강판의 일부가 해수로 녹이 슨 것을 확인하였다. X보험회사는 A에게 보험금을 지급하고, Y를 상대로 구상금청구를 제기하였다.

원심(서울高判 1986. 8. 22, 85 나 4090)은 Y의 손해배상책임은 1년이 경과한 1981. 4. 16. 소멸시효가 완성되어 소멸하였으며, 소멸시효 완성 이전에 한 시효기간의 연장합의는 무효라고 판단하였다.

X는 대법원에 상고하였다.

[판결요지]

대법원은 상고를 기각하였다.

상법 제812조에 의하여 준용되는 같은 법 제121조 제 1 항은 해상운송인의 책임에 관하여 "수하인이 운송물을 수령한 날로부터 1년을 경과하면 소멸시효가 완성한다"고 규정하고 있는바, 위 기간은 소멸시효기간으로서 소멸시효의 이익을 미리 포기하거나 당사자 사이의 약정에 의하여 이를 배제, 연장 또는 가중할 수 없다 할 것이다(民 184조 1항 · 2항).

채무자가 소멸시효 완성 후에 소멸시효의 이익을 포기할 수는 있다 하겠으나 원심이 적법하게 확정한 바와 같이 피고(해상운송인 Y)가 1981. 4. 16. 소멸시효가 완성된 이후에 여러 차례에 걸쳐 원고(X보험회사)의 제소기간 연장요청에 동의한 바 있다 하더라도 그 동의는 그 연장된 기간까지는 언제든지 원고가 제소하더라도 이의가 없다는 취지에 불과한 것이지 완성한 소멸시효 이익을 포기하는 의사표시까지 함축하고 있는 것이라고 볼 수는 없다(大判 1977. 2. 8, 76 다 606).

상법 제812조에 의하여 준용되는 같은 법 제121조 제 3 항에 규정된 운송인이나 그 사용인이 '악의인 경우'라 함은 운송인이나 그 사용인이 운송물에 훼손 또는 일부멸실이 있다는 것을 알면서 이를 수하인에게 알리지 않고 인도된 경우를 가리킨다 할 것이다. … 이 사건 운송물(열연강판)의 양하장에서 수하인인 소외 A회사의 직원과 운송인인 피고의 사용인인 선박의 일등항해사가 이 사건 운송물의 인도수령시 공동으로 그 상태를 확인점검한 결과 운송물 일부(열연강판 329매)가 해수로 녹이 슨 것을 확인한 사실이 인정되는바, 위 인정사실에 의하면 위 운송물의 인도 당시 수하인의 직원에게도 위 운송물일부가 녹이 슨 것이 알려졌으므로 피고의 사용인이 이를 수하인에게 알리지 않고 인도한 것이라고 볼 수 없고, 따라서 피고는 '악의'의 운송인에 해당되지 아니한다 할 것이다.

B. 이론요약

(1) 소멸시효와 제척기간

소멸시효는 권리자가 그 권리를 행사할 수 있음에도 불구하고 일정한 기간 동안 행사하지 않는 권리불행사의 상태가 계속되는 경우에 그 권리를 소멸시키는 제도이다. 소멸시효의 이익은 미리 포기하지 못한다(民 184조 1항). 소멸시효는 법률행위에 의하여 이를 배제, 연장 또는 가중할 수 없으나 이를 단축 또는 경감할 수 있다(民 184조 2항).

제척기간은 권리를 행사할 수 있는 기간을 의미하며, 권리자는 제척기간 내에 재판상 또는 재판 외의 방법에 의해서 권리를 행사하여야 한다. 제척기간은 권리관계를 조속히 확정시키려는 제도이므로 소멸시효와는 다르게 중단이라는 제도가 없으며, 소멸시효는 당사자가 공격방어방법으로 제출하여야 하나 제척기간은 소송요건에 관한 직권조사사항에 해당하는 등 양자는 차이가 있다.

소멸시효와 제척기간은 그 적용에 있어서 상당한 차이가 있으므로 구체적인 분쟁에서 양자를 구분하여 적용하는 것이 중요하다.

(2) 상법 제121조(운송주선인의 책임의 시효)

상법 제121조 제 1 항 운송주선인의 책임에 관한 시효기간은 소멸시효기간이며, 소멸시효의 이익은 미리 포기하거나 당사자 사이의 약정에 의하여 이를 배제, 연장 또는 가중할 수 없다(民 184조). 당사자들이 운송주선인의 책임에 관하여 그 제소기간 연장에 합의하였더라도 소멸시효에 관한 상법이나 민법규정의 적용이 배제되는 것은 아니다.

상법 제121조 제 3 항에 규정된 운송주선인이나 그 사용인이 「악의인 경우」라 함은 운송주선인이나 그 사용인이 운송물에 훼손 또는 일부멸실이 있다는 것을 알면서 이를 수하인에게 알리지 않고 인도한 경우를 가리킨다.

C. 관련판례

(1) 서울地判 1990. 4. 12, 89 가합 25354("운송주선인은 화물이 인도된 날 또는 인도되었어야 할 날로부터 9개월 이내에 소송이 제기되지 아니하는 한 본 약관상의 모든 책임을 면한다"고 한 신하증권 이면약관을 세척기간에 관한 규성으로는 볼 수 없으나, 이러한 제소기간의 합의는 이른바 시기부부제소특약으로 볼 수 있고 운송인의 책임에 관한 강행법규의 취지가 몰각되지 아니하는 한도 내에서 당사자의 특약으로 이를 설정할 수 있고 그 변경도 가능하다고 한 경우).

(2) 大判 1977. 2. 8, 76 다 606(채무자가 소멸시효 완성 이후에 여러 차례에 걸쳐 제소기간 연장요청에 동의한 바 있어도 그러한 동의는 그 기간까지는 제소하더라도 이의가 없다는 취지에 불과한 것이지 완성된 소멸시효의 이익을 포기하는 의사표시로는 볼 수 없다고 한 경우).

D. 관련논점

(1) 상법 제121조(운송주선인의 책임의 시효)의 기간은 소멸시효기간인가 제척기간인가? 제척기간으로 볼 경우 어떠한 차이가 있는가?

(2) 해상운송에 있어서 소멸시효의 약정이나 연장에 관한 상관습법이 확립되어 있다고 가정한다. 이러한 상관습법이 소멸시효에 관한 상법이나 민법규정의 적용을 배제할 수 있는가?

(3) 위의 사례에서 Y해운회사가 X보험회사의 요청에 따라서 1981. 5. 10.자로 "위의 사건과 관련하여서는 소멸시효 주장을 하지 않겠습니다"는 서면을 작성하여 주었다고 가정한다. 이 사건의 결과에는 어떠한 차이가 있을 수 있는가?

(4) 위의 사례에서 Y해운회사는 1981. 4. 16. 이후 X가 주장하는 손해액의 20퍼센트에 해당하는 금액을 인정하고 X보험회사에게 배상을 제의하였다. 이러한 제안의 성격은 무엇이며, 이 사건에서는 어떠한 효과가 있는가?

제5 운 송 업

1. 운송계약의 의의 및 당사자

A. 기본판례

▣ 大判 1995. 7. 25, 94 다 50878[수출대행자가 운송인과 체결한 운송계약이 대행의뢰자를 대리하여 체결한 것이기보다는, 오히려 수출대행자를 위 운송계약의 직접 당사자로 볼 것이라고 한 경우]

[사실관계]

X는 항공운송주선 및 운송업을 영위하는 자이고, Y는 의류제조판매 및 수출대행업자이다.

Y는 여성용의류 제조업체인 A와의 사이에서 A가 네덜란드 마페코사에 수출하기로 한 여성용 의류(이 사건 물품)를 Y의 이름으로 수출하기로 하는 수출대행계약을 체결하였다. 위 수출대행계약은 위 물품의 선적 및 선적서류의 작성, 수출에 따른 수출검사 및 운송에 따른 보험, 운송계약 등은 모두 A의 비용으로 하고, 위 물품의 수출에 필요한 선적서류, 외환증서, 수출신고서 등의 수출업자 명의는 Y로 하기로 약정되어 있었다. Y는 위 수출대행계약에 따라 위 물품의 수출에 필요한 송장, 비자 및 항공운송장, 보험증서 등을 Y 명의로 작성하여 A에게 교부하는 한편, Y가 X와 사이에 위 물품의 운송에 관한 협의를 하여 위 물품의 운임을 킬로그램당 미화 2불 50센트로 정하였고, X는 이 사건 물품을 각 항공편으로 서울 김포공항에서 네덜란드국 로테르담으로 운송하였다.

한편 Y와 A 사이의 수출대행계약은 수출업자 명의만을 대여하는 계약이고, X는 Y와 사이에 위 운송 협의 당시에는 운임을 A회사에 청구하라는 요구에 대하여 별다른 이의를 제기하지 않았다. 이후 X의 직원인 B는 이 사건 물품을 운송한 후 A회사로부터 운임을 지급받지도 아니한 채 위 물품대금의 수령에 필요한 항공운송장과 세금계산서 및 지로용지 등을 Y의 직원인 C, D에게 교부하여 A회사에게 전달하도록 하였다.

X는 A의 부도로 위 운임을 지급받을 수 없게 되자, Y를 상대로 운임의 지급을 구하는 이 사건 소송을 제기하였다.

원심(서울民事地判 1994. 9. 9, 93 나 42299)은 Y는 명의만을 대여하였고 X도 이러한 사실을 알고 있었으므로 Y에게 운송계약에 따른 지급의무를 인정할 수 없다고 판단하였다.

X는 대법원에 상고하였다.

[판결요지]

대법원은 원심을 파기환송하였다.

원심의 위와 같은 인정, 판단은 피고(Y)와 A회사와 사이의 수출대행계약이 수출 및 선적에 따르는 모든 절차는 위탁자가 맡아서 자기의 비용으로 하고 수탁자인 대행자는 제반 서류상의 명의만을 자신의 명의로 작성하여 주는 이른바 단순대행 계약이라고 파악한 것에 기초한 것이라 할 것이나, 기록에 의하여 살펴보면, 이 사건 신용장에는 수익자가 피고회사로 되어 있고, 선적 전에 피고회사의 검사를 받아 피고회사의 검사합격증을 위 신용장에 첨부하도록 되어 있으며, 수입자인 마페코(Mafecco)사의 주문서는 피고에게 발행되었으며 수출신고 또한 피고의 명의로 한 사실, 게다가 원고(X)와 피고 사이에 운송계약을 체결함에 있어 A회사가 직접 관여한 바가 없으며 운송계약의 중요한 내용인 운임의 결정에 있어 피고회사가 직접 원고와 협의를 거쳐 결정하였으며 그 운임결정에 있어 A회사가 피고에 대하여 어떠한 지시들을 하였다고 볼 자료가 없는 점, 항공운송장이 송하인을 피고로 하여 발행된 사실 등을 알 수 있는바, 위 인정사실 등을 종합하여 보면 피고와 A회사와 사이의 수출대행계약이 이른바 단순 대행계약이라 할 수는 없을 것이고 피고가 실질적으로 이 사건 물품의 수출 과정에 관여하였다고 할 것이므로, 피고가 A회사와 사이의 수출대행계약에 따라 원고와 사이에 체결한 운송계약이 피고가 A회사를 대리하여 체결한 것이라 볼 수는 없고 오히려 피고가 위 운송계약의 직접 당사자라고 봄이 상당하다 할 것이다.

B. 이론요약

(1) 운송계약

운송계약이란 운송인이 물건을 한 장소로부터 다른 장소로 이동할 것을 약속하고 운송의뢰인(송하인)이 이에 대하여 일정한 보수를 지급할 것을 약속함으로써 성립하는 계약을 말한다. 특별한 형식을 요하지 않는 낙성·불요식계약이며, 물건 또는 여객을 일정한 장소까지 이동시키는 일정한 일의 완성을 내용으로 하므로 도급계약(民 664조)에 해당한다(大判 1983. 4. 26, 82 누 92).

(2) 운송계약의 당사자

운송계약은 운송인과 운송의뢰인(송하인)간에 체결된다. 송하인은 운송인의 청구에 의하여 화물명세서를 교부하고(商 126조), 운송인은 송하인의 청구에 의하여 화물상환증을 교부한다(商 128조). 화물명세서는 증거서면에 불과하나, 화물상환증은 운송물의 인도청구권을 표창하는 유가증권이다. 수하인 또는 화물상환증소지인은 운송계약의 당사자는 아니다. 다만 송하인과 수하인, 송하인과 화물상환증소지인 등은 동일인이어도 무방하다. 운송계약은 낙성·불요식의 계약이므로 화물명세서나 화물상환증의 작성 및 교부는 운송계약 성립의 요건은 아니다.

(3) 운송계약의 요소

운송계약서에는 운송물, 운송물의 발송지와 도착지, 수하인, 운임 등이 기재된다.

1) 운 송 물

운송계약은 낙성계약이므로 운송물이 운송인에게 인도되지 않은 상태에서도 운송계약은 성립하지만 운송계약상에는 운송물이 명시되어야 한다. 운송물의 종류, 중량 또는 용적, 포장의 종별, 개수와 기호를 기재하는 것이 보통이지만(商 126조 2항 1호), 운송계약에 반드시 이러한 형식이 요구되는 것은 아니다.

2) 발송지 · 도착지

운송계약 특히 물건운송계약에서는 발송지와 도착지가 정하여진다. 발송지와 도착지는 육상운송이 가능한 지역이어야 한다. 운송계약시에는 운송거래만 정하고 구체적인 발송지와 도착지는 운송개시시까지 확정하기로 하는 것도 유효하다. 다만 운송인에게 운송계약시에 예상하지 못했던 부담을 주지 않는 범위 내에서 그러하다.

3) 수 하 인

수하인은 운송계약의 당사자는 아니지만, 운송인이 운송계약상 도착지에서 인도해야할 상대방이 운송계약에서 정해지는 것은 당연하다. 다만 운송계약시에 정하여지지 않고 도착지에 도착하기 전까지 확정하는 것도 무방하다. 화물상환증을 발행하는 경우에는 화물상환증 소지인이 운송물인도청구권을 배타적으로 가지므로 따로 수하인을 정할 필요는 없다.

C. 관련판례

(1) 大判 1993. 11. 23, 92 다 13103(신용장이 수출대행자를 수익자로 하여 직접 개설되었고, 수출대행자가 물품의 제조자를 위하여 금융무역전반에서 지원을 하는 한편, 내국신용장을 개설하는 등 수출의 과정에 관여한 경우 수출대행자가 수입자에 대한 관계에서 매도인의 지위에 있다고 한 경우).

(2) 大判 1992. 8. 14, 91 다 30613(수출입업허가를 가진 수출대행자에 의하여 수출이 이루어지는 경우는 여러 가지의 유형이 있을 수 있으므로 수출대행자의 지위는 그 구체적인 상황에 따라 판단될 수밖에 없는 것이고, 수출대행자라고 하여 수입자에 대한 관계에서 일률적으로 매도인으로서의 지위가 부정되는 것은 아니라고 한 경우).

D. 관련논점

(1) 위의 사례에서 운송업자인 X와 운송계약을 체결한 운송계약의 당사자는 누구인가? 원심과 대법원의 판단에는 어떠한 차이가 있는가?

(2) 위의 사례에서 Y가 운송계약의 당사자가 아닌 것으로 밝혀졌다고 가정한다. 이 경우 X가 Y를 상대로 상법 제24조(명의대여자의 책임)의 책임을 청구한다면 받아들여질 것인가?

2. 운송인 여부의 판단

A. 기본판례

▣ 大判 2007. 4. 27, 2007 다 4943[운송주선인이 운송주선만을 의뢰받은 것인지, 또는 운송까지 인수한 것인지에 대하여 당사자의 의사가 명확하지 않은 경우에는, 선하증권의 발행자 명의, 운임의 지급형태 등 제반 사정을 종합적으로 고려하여 운송의 인수 여부를 확정하여야 한다고 한 경우]

[사실관계]

국내의 X무역회사는 중국 A회사로부터 안경렌즈첨가제인 IPP－27 3,000kg(“이 사건 화물,” 이 사건 화물은 상온에서 자연발화하는 성질을 가지고 있다)을 수입하는 계약을 체결하였다. 이 사건 화물은 유피에스(UPS)의 중국 대리점인

'프릿츠'의 운송의뢰에 따라 중국 상하이항에서 '고려해운'의 선박에 선적되어 부산항에 도착하였다.

프릿츠는 이 사건 화물에 대하여, 유피에스를 대리하여 송하인 중국 A회사, 수하인 중소기업은행, 통지처 X무역회사, 인도지 대리점 유피에스코리아(Y)로 기재된 '하우스 선하증권'을 발행하였다. 실제 운송인인 고려해운은 이 사건 화물의 선적 당시, 송하인 프릿츠, 수하인 유피에스코리아(Y)로 기재된 '마스터 선하증권'을 발행하였다.

고려해운은 이 사건 화물을 냉동컨테이너에 적재하여 영하 18도의 냉동상태로 보관, 운송하였다. 그러나 고려해운은 부산항에 도착하여 양하 및 화물의 장치업무를 하는 터미널운영업자인 허치슨터미널에게 이 사건 화물을 인도할 당시 위 냉동컨테이너에 위험물관리코드만 부착한 채 이 사건 화물이 영하 18도의 냉동상태로 보관되어야 한다는 사실을 고지하지 아니하였다. 허치슨터미널은 이 사건 화물을 온도를 관리할 필요가 없는 화물로 생각하여 위 냉동컨테이너에 전원을 연결하지 아니한 채 상온 상태로 일반위험물 임시장치장에 이 사건 화물을 보관하였다. 이 사건 화물은 냉동컨테이너 안에서 자연발화하여 모두 소훼되었다.

X는 Y가 운송인, 운송주선인, 선박대리인임을 전제로 하여 손해배상청구를 제기하였다.

원심(부산地判 2006. 12. 21, 2006 나 4936)은 X의 청구를 기각하였다.

X는 대법원에 상고하였다.

[판결요지]

대법원은 상고를 기각하였다.

1. Y의 운송인으로서의 책임에 관하여

운송주선인은 자기의 명의로 물건운송의 주선을 영업으로 하는 사람으로서, 자기의 이름으로 주선행위를 하는 것이 원칙이지만 하주나 운송인의 대리인 또는, 위탁자의 이름으로 운송계약을 체결하였다고 하더라도 실제로 주선행위를 하였다면 운송주선인임에는 변함이 없다(大判 1987. 10. 13, 85 다카 1080). … 그리고 운송주선업자가 운송의뢰인으로부터 운송관련 업무를 의뢰받았다고 하더라도 운송을 의뢰받은 것인지, 운송주선만을 의뢰받은 것인지 여부가 명확하지 않은 경우에는 당사자의 의사를 탐구하여 운송인의 지위를 취득하였는지 여부를 확정하여야 할 것이지만, 당사자의 의사가 명확하지 않은 경우에는 하우스 선하증권의 발행자 명의, 운임의 지급형태 등 제반 사정을 종합적으로 고려하여 논리와 경험칙에 따라 운송주선업자가 운송의뢰인으로부터 운송을 인수하였다고 볼 수 있는지 여부를 확정하여야 한다.

2. Y의 운송주선인 또는 선박대리점으로서의 책임에 관하여

운송주선인은 상법 제115조에 따라 자기나 그 사용인이 운송물의 수령, 인도, 보관, 운송인이나 다른 운송주선인의 선택 기타 운송에 관하여 주의를 게을리하지 않았음을 증명한 경우에는 운송물의 멸실로 인한 손해를 배상할 책임이 없다.

한편, 선박대리점은 해상운송사업을 영위하는 자를 위하여 그 사업에 속하는 거래의 대리를 업무로 하는 자로서 운송인과의 계약에 따라 화물의 교부와 관련한 일체의 업무를 수행하는 것인데, 이러한 업무를 수행하는 선박대리점이 운송물에 대한 점유를 이전받기 이전에 실제 운송인 및 터미널 운영업자의 과실로 인하여 화물이 소훼되었다면, 선박대리점에게 운송물의 멸실에 대한 불법행위책임을 물을 수는 없다고 할 것이다.

B. 이론요약

(1) 국제운송거래의 특징

최근의 국제운송거래에서는 송하인과 실제운송인(船社) 사이에 계약운송인이 관여하는 경우가 많아지면서, 계약운송인(UPS)이 발행하는 하우스 선하증권을 매개로 한 송하인(중국 A회사), 수하인(중소기업은행), 운송인(UPS)의 관계가 존재하고, 실제운송인(고려해운)이 발행하는 마스터 선하증권을 매개로 한 송하인(프릿츠), 수하인(UPS Korea), 운송인(고려해운)의 관계가 중첩적으로 존재하는 특징이 있다.

(2) 계약운송인과 실제운송인

국제거래에서 운송인은 일반적으로 송하인과 사이에 자신의 명의로 직접 운송계약을 체결하고, 그 계약에 따라 자신의 의무를 이행하는 계약운송인(The

Contracting Carrier)과 실제로 운송을 담당하는 실제운송인(The Actual Carrier)으로 구분된다. 계약운송인은 보통 위탁자로부터 운송을 의뢰받은 운송인을 말하고, 실제운송인은 마스터 선하증권을 발행하고 선박으로 화물을 운송하는 선박회사를 말한다.

이 사건에서 보는 것처럼 이러한 구조하에서는 주로 계약운송인의 확정이 문제가 된다. 위탁자와의 사이에서 계약관계에 있는 자는 계약운송인이다. 따라서 위탁자는 계약운송인의 이행보조자인 실제운송인에게는 불법행위책임만을 물을 수 있고, 특별한 사정이 없는 이상 운송계약상 책임은 물을 수 없다.

(3) 마스터 선하증권, 하우스 선하증권

화물을 컨테이너로 운송할 경우 소량의 화물은 계약운송인이 컨테이너 단위 화물로 만든 다음 선박회사와 해상운송계약을 체결하는 것이 보통이다. 이때 실제운송인(선박회사)은 한 컨테이너 안에 여러 화주의 화물이 적재되었음을 표시하는 마스터 선하증권(Master B/L, 집단선하증권)을 발행한다.

한편 계약운송인은 개별 화주에게 하우스 선하증권(House B/L)을 발행한다. 일반적으로 유통성이 있는 선하증권은 하우스 선하증권이다.

C. 관련판례

(1) 大判 2007. 8. 23, 2005 다 65449(운송주선업자가 운송을 인수한 것인지, 또는 운송주선만을 의뢰받은 것인지 여부에 대하여 당사자의 의사가 명확하지 않은 경우에는 하우스 선하증권의 발행자 명의, 운임의 지급형태 등 제반 사정을 종합적으로 고려하여 운송의 인수 여부를 확정하여야 한다고 한 경우).

(2) 大判 2007. 4. 26, 2005 다 5058(운송주선인은 자기의 이름으로 주선행위를 하는 것이 원칙이지만, 실제로 주선행위를 하였다면 하주나 운송인의 대리인, 위탁자의 이름으로 운송계약을 체결하는 경우에도 운송주선인으로서의 지위를 상실하지 않는다고 한 경우).

D. 관련논점

(1) 위의 사례에서 Y는 운송인, 운송주선인, 선박대리점 중 어디에 해당하는

가? 이들 사이에는 어떠한 차이가 있는가?

(2) 위의 사례에서 대법원은 Y에게 운송인으로서의 손해배상책임을 물을 수 없다고 하였다. 그 이유는 무엇인가?

(3) 위의 사례에서 대법원은 Y에게 운송주선인, 또는 선박대리점으로서의 손해배상책임을 물을 수 없다고 하였다. 그 이유는 무엇인가?

3. 운송인의 권리(유치권)

A. 기본판례

▣ 大判 1993. 3. 12, 92 다 32906[동일기회에 동일한 수하인에 대하여 운송하여 줄 것을 의뢰받은 운송인이 운송물의 일부를 유치한 경우, 운송물 전체에 대한 운임채권은 동일한 법률관계에서 발생한 채권으로서 유치목적물과의 견련관계가 인정되며 상법 제120조가 규정하는 피담보채권의 범위에 속한다고 한 경우]

[사실관계]

Y운송회사는 1988. 4. 이래 소외 A회사와의 사이에 매 1년 단위로 운송계약을 체결하고 A회사의 토건용 장비 등을 운송하여 왔다. 그러나 A회사의 재정곤란으로 운송료의 지급이 지체되었고 1990. 10.부터 1991. 3.까지 사이에 A회사의 Y운송회사에 대한 미지급된 운송료 채권은 금 16,482,950원에 이르렀다.

그러던 중 A회사는 1991. 3. 21. Y에게 화순야적장과 나주야적장에 각 야적되어 있던 X 소유의 강철재 657,428.74킬로그램을 영산포야적장으로 운송하여 줄 것을 의뢰하였다. Y는 A회사의 의뢰에 따라서 화순야적장에 야적된 강철재 16톤을 운송하여 영산포야적장에 도착하였으나 A회사의 부도소식을 듣고는 운임채권의 확보를 위하여 이를 유치하였고, 1991. 3. 23.에는 나주야적장에 야적된 24톤의 강철재를 영산포야적장으로 운송 도중에 유치하였다.

이에 강철재의 소유주인 X는 Y운송회사를 상대로 물품인도소송을 제기하였다. Y는 상법 제120조 소정의 유치권 항변을 제기하였다.

원심(광주高判 1992. 6. 23, 92 나 113)은 Y의 유치권항변을 배척하였다. Y운송회사의 기존 운임채권 금 16,482,950원은 위 강철재 40톤에 관하여 발생한 것이 아니므로 상법 제120조의 유치권이 인정되지 아니하고, 또한 위 강철재 40톤에 대한 새로운 운임채권은 운송물을 수하인에게 인도하여 운송을 마침으로써 비로소 발생하는데, Y는 강철재 40톤을 운송 도중 또는 영산포야적장에 도착하였으나 수하인에게 인도하지 아니한 채 유치하였으므로 유치권을 행사할 수 없다고 하였다.

Y는 대법원에 상고하였다.

[판결요지]

대법원은 원심판결을 파기환송하였다.

상법 제147조, 제120조 소정의 운송인의 유치권에 관한 규정의 취지는, 운송실행에 의하여 생긴 운송인의 채권을 유치권행사를 통해 확보하도록 하는 동시에 송하인과 수하인이 반드시 동일인은 아니므로 수하인이 수령할 운송물과 관계가 없는 운송물에 관하여 생긴 채권 기타 송하인에 대한 그 운송물과는 관계가 없는 채권을 담보하기 위하여 그 운송물이 유치됨으로써 수하인이 뜻밖의 손해를 입지 않도록 하기 위하여 그 피담보채권의 범위를 제한한 것이라고 볼 것이다. 따라서 위 강철재와 무관하게 이미 발생된 피고의 소외 A회사에 대한 위 금 16,482,950원의 채권담보를 위하여 이 사건 강철재 40톤을 유치할 수는 없다 할 것이니 이 점에 관한 원심의 판단은 정당하다.

그러나 동일한 기회에 동일한 수하인에게 운송하여 줄 것을 의뢰받은 운송인이 그 운송물의 일부를 유치한 경우 위 운송물 전체에 대한 운임채권은 동일한 법률관계에서 발생한 채권으로서 유치의 목적물과 견련관계를 인정하여 피담보채권의 범위에 속한다고 할 수 있을 것이고, 이와 같이 보는 것이 수하인의 보호와 아울러 운송인의 채권확보를 목적으로 한 위 상법규정의 취지에도 부합하는 것이라 할 것이다. 그리고 운임은 특약 또는 관습이 없는 한 상법이 인정하는 예외적인 경우를 제외하고는 운송을 완료함으로써 청구할 수 있는 것이고, 운송의 완료라 함은 운송물을 현실적으로 인도할 필요는 없으며, 운송물을 인도할 수 있는 상태를 갖추면 충분하다 할 것이다.

기록에 의하면, 피고(Y운송회사)는 1991. 3. 21.경 소외 A회사로부터 화순야적장과 나주야적장에 야적되어 있는 강철재 657,428.74킬로그램을 영산포야적장으로 운송하여 줄 것을 의뢰받고 위 강철재 중 트럭 10대분(80톤)을 영산포야적장까지 운송하여 하역을 완료한 것으로 보이고, 화순야적장에서 운송하던 트럭 2

대분(16톤)은 영산포야적장에 도착한 후 피고가 A회사의 부도소식을 듣고 이를 유치하였고, 나주야적장에서 운송하던 트럭 3대분(24톤)은 운송 도중 피고가 유치한 사실은 원심도 인정한 바이므로, 목적지인 영산포야적장까지 운송된 위 철강재 96톤은 운송이 완료되어 운임청구권이 발생한 것으로 볼 여지가 있고, 그 운임청구권은 피고가 유치한 이 사건 강철재 40톤과 견련관계를 인정할 수 있어 그 피담보채권의 범위에 속한다고 할 것이므로 위 운임청구권의 담보를 위하여 피고의 유치권이 성립할 수 있는 것으로 보인다.

B. 이론요약

(1) 민사유치권

민법 제320조 제1항은 "타인의 물건 또는 유가증권을 점유한 자는 그 물건이나 유가증권에 관하여 생긴 채권이 변제기에 있는 경우에는 변제를 받을 때까지 그 물건 또는 유가증권을 유치할 권리가 있다"고 규정한다. 이를 민사유치권이라고 한다.

(2) 상인간의 유치권

상법 제58조는 "상인간의 상행위로 인한 채권이 변제기에 있는 때에는 채권자는 변제를 받을 때까지 그 채무자에 대한 상행위로 인하여 자기가 점유하고 있는 채무자 소유의 물건 또는 유가증권을 유치할 수 있다. 그러나 당사자간에 다른 약정이 있으면 그러하지 아니하다"고 규정하고 있다. 상인간의 유치권이며 민사유치권의 특칙이다.

상법은 상인간의 유치권 외에 대리상(商91조), 위탁매매인(商111조, 91조), 운송주선인(商120조), 육상운송인(商147조, 120조), 해상운송인(商807조, 844조) 등을 위한 유치권에 관하여 특별규정을 두고 있다. 상법 제58조의 유치권을 일반상사유치권, 그 이외의 상사유치권을 특별상사유치권이라고도 부른다.

(3) 운송인의 유치권

운송인은 운송물에 관하여 받을 보수, 운임, 기타 송하인을 위한 체당금이나 선대금에 관한 청구권을 확보하기 위하여 운송물을 유치할 수 있다(商147조, 120조). 운송인의 유치권은 유치목적물인 운송물의 소유권이 채무자에게 속함을 요하지 않으나, 운임 등 피담보채권과 유치목적물 사이에 견련성이 요구되는 것은 운송주선인의 유치권(商 120조)과 같다. 운송물의 일부에 대하여 유치권을 행사한 경우에는 운임 전액과의 견련성이 문제되나 판례는 이를 긍정하고 있다(大判 1993. 3. 12, 92 다 32906).

운송인의 유치권이 인정되는 경우에는 민사유치권 및 상인간의 유치권을 배제하는 묵시적 특약이 있다고 볼 것이라는 견해도 있으나, 운송인은 그 요건을 충족하는 이상 민사유치권, 상인간의 유치권, 운송인의 유치권 중에서 어느 것을 선택해서 행사해도 무방하다고 본다.

C. 관련판례

(1) 大判 2007. 9. 7, 2005 다 16942(다세대주택의 창호 등의 공사를 완성한 하수급인이 공사대금채권 잔액을 변제받기 위하여 위 다세대주택 중 한 세대를 점유하여 유치권을 행사하는 경우, 그 유치권은 위 한 세대에 대하여 시행한 공사대금만이 아니라 다세대주택 전체에 대하여 시행한 공사대금채권의 잔액 전부를 피담보채권으로 하여 성립한다고 본 경우).

(2) 大決 2000. 10. 10, 2000 그 41(금융기관이 채무자에 대한 사전통지 또는 동의 없이 자신의 외국 현지법인을 통하여 양도성 대출계약에 따른 대출을 실행하였다가 그 현지법인이 폐지되면서 그 대출금채권의 관리를 채권양도형식으로 이관받은 경우, 채무자로부터 별개의 대출금채무의 상환유예에 대한 담보로 설정받은 유가증권을 그 대출금채무가 변제된 이후에도 채무자의 요청에 따른 별도의 채권발행보증에 대한 담보로 계속하여 점유하고 있은 경우, 금융기관은 그 유가증권에 관하여 그 양도성 대출계약에 따른 대출금채권을 피담보채권으로 하는 상법 제58조의 상사유치권을 가진다고 한 경우).

D. 관련논점

(1) 민사유치권(民 320조), 상인간의 유치권(商 58조), 운송인의 유치권(商 147조, 120조)을 별도로 규정하는 이유는 무엇인가? 그 요건에는 어떠한 차이가 있는가?

(2) 이 사건 대상판결은 상법 제120조의 유치권 행사를 위한 운임 등의 피담보채권은 유치목적물에 관하여 직접적으로 생긴 것에 한정되는 것이 아님을 밝힌 것이다. 민사유치권(民 320조), 상인간의 유치권(商 58조)과는 어떠한 차이가 있는가?

(3) 위의 사례에서 운송의뢰인 A가 상인이 아니라고 가정한다. 어떠한 유치권이 적용될 수 있는가?

4. 운송인의 권리(운임청구권)

A. 기본판례

▣ 大判 1993. 3. 12, 92 다 32906[운임은 운송을 완료함으로써 청구할 수 있는 것이고, 운송의 완료라 함은 운송물을 현실적으로 인도할 필요는 없으나 운송물을 인도할 수 있는 상태를 갖추면 충분하다고 한 경우]

[사실관계]

앞의 유치권에 관한 기본판례(大判 1993. 3. 12, 92 다 32906)의 내용과 동일함.

[판결요지]

운임은 특약 또는 관습이 없는 한 상법이 인정하는 예외적인 경우를 제외하고는 운송을 완료함으로써 청구할 수 있는 것이고, 운송의 완료라 함은 운송물을 현실적으로 인도할 필요는 없으며, 운송물을 인도할 수 있는 상태를 갖추면 충분하다 할 것이다.

기록에 의하면, 피고는 1991. 3. 21.경 소외 A회사로부터 화순야적장과 나주야적장에 야적되어 있는 강철재 657,428.74킬로그램을 영산포야적장으로 운송하여 줄 것을 의뢰받고 위 강철재 중 트럭 10대분(80톤)을 영산포야적장까지 운송하여 하역을 완료한 것으로 보이고, 화순야적장에서 운송하던 트럭 2대분(16톤)은 영산포야적장에 도착한 후 피고가 소외 회사의 부도소식을 듣고 이를 유치하였고, 나주야적장에서 운송하던 트럭 3대분(24톤)은 운송 도중 피고가 유치한 사실은 원심도 인정한 바이므로, 목적지인 영산포야적장까지 운송된 위 철강재 96톤은 운송이 완료되어 운임청구권이 발생한 것으로 볼 여지가 있다.

B. 이론요약

(1) 운송계약

물건운송계약은 운송인이 물건을 한 장소로부터 다른 장소로 이동할 것을 약속하고 운송의뢰인(송하인)이 이에 대하여 일정한 보수를 지급할 것을 약속함으로써 성립하는 계약을 말하며, 일의 완성을 목적으로 하는 것이므로 도급계약에 해당한다(大判 1983. 4. 26, 82 누 92). 따라서 운송계약서에는 운송물, 운송물의 발송지와 도착지, 수하인, 운임에 관한 사항이 기재된다.

(2) 운 임

운임은 운송이라는 일의 완성에 대한 보수이고 상인의 활동은 유상성을 원칙으로 하므로, 운송인이 도착지에서 운송물을 인도한 때에는 특약이 없어도 운임을 청구할 수 있다(商 61조). 운임은 운송계약의 체결시에 지급되는 경우도 있지만 일반 도급에 있어서의 수급인의 보수청구권과 같이 일의 완성 후, 즉 운송물의 인도 후에 지급되는 것이 보통이다(民 665조). 여기서 운송물의 인도는 현실적 인도가 아니라 운송물을 인도할 수 있는 상태를 갖추면 충분하다(大判 1993. 3. 12, 92 다 32906).

(3) 운임지급의무자

운임은 원칙적으로 운송계약을 체결한 운송의뢰인(송하인)이 지급한다. 다만 수하인은 운송물을 수령함으로써 운임에 관하여 송하인과 함께 연대채무자가 된다(商 141조). 화물상환증이 작성된 경우에는 그 소지인이 운임지급의무자가 된다(商 131조). 송하인 또는 화물상환증 소지인은 운송인에 대하여 운송의 중지, 운송물의 반환 기타의 처분을 청구할 수 있는데, 이 경우에도 운송인은 이미 운송한 비율에 따른 운임, 체당금과 처분으로 인한 비용의 지급을 청구할 수 있다(商 139조 1항).

C. 관련판례

(1) 大判 1998. 1. 23, 97 다 31441(선박이 재용선된 경우 선주와 재운송계약의 운송의뢰인(재용선자)과의 관계에서는 직접적인 관계가 없으므로 선주가 재용선자 또는 수하인에 대하여는 주된 운송계약의 운임 등을 직접 청구할 수는 없다고 한 경우).

(2) 大判 1996. 2. 9, 94 다 27144(상법 제800조 제 1 항에는 "수하인은 운송물을 수령하는 때에는 운송계약 또는 선하증권의 취지에 따라 운임, 부수비용, 체당금, 정박료, 운송물의 가액에 따른 공동해손 또는 해난구조로 인한 부담액을 지급하여야 한다"고 규정하고 있으므로, 수하인 또는 선하증권의 소지인은 운송물을

수령하지 않는 한 운임 등을 지급하여야 할 의무가 없다고 볼 것이고, 따라서 수하인이 운송인으로부터 화물의 도착을 통지받고 이를 수령하지 아니한 것만으로 바로 운송물을 수령한 수하인으로 취급할 수는 없으며, 상법 제800조 제1항 소정의 운임 등을 지급할 의무도 없다고 한 경우).

(3) 大判 1983. 4. 26, 82 누 92(물품운송계약이란 당사자의 일방이 물품을 한 장소로부터 다른 장소로 이동할 것을 약속하고 상대방이 이에 대하여 일정한 보수를 지급할 것을 약속함으로써 성립하는 계약을 말하며, 일의 완성을 목적하는 것이므로 도급계약에 속한다고 한 경우).

D. 관련논점

(1) 위의 사례에서 피고가 운송한 강철재 80톤, 16톤, 24톤 중에서 운임청구권이 발생한 항목은 무엇인가? 그 이유는 무엇인가?

(2) 운송계약의 법적 성격은 무엇인가? 운송계약을 체결한 운송의뢰인(송하인) 이외에 수하인, 화물상환증 소지인이 운임지급의무를 부담하는 근거와 이유는 무엇인가?

5. 물건운송인(해운회사)의 손해배상책임

A. 기본판례

▣ 大判 1993. 5. 27, 92 다 32180[운송인이 수하인이 아닌 수입상에게 직접 화물을 인도하여 운송의뢰인의 수출대금에 대한 담보권을 침해한 경우, 운송의뢰인의 수입상에 대한 수출대금채권이 형식적으로 존재한다고 할지라도 수입상이 화물에 하자 있음을 트집 잡아 대금을 지급하지 않고 있다면 담보권상실로 인하여 손해가 발생하였다고 본 경우]

[사실관계]

X는 수출업자이며 운송의뢰인이고, Y해운은 이 사건 화물의 운송인이다. Y해운은 이 사건 화물을 운송계약상의 수하인으로서 신용장 개설은행인 영국 소재 A은행에 인도하지 아니하고, 수입업자인 소외 B회사에게 직접 인도하였다.

원심(서울高判 1992. 6. 23, 91 나 49817)은 X가 B회사에 대하여 수출대금채권을 가진다고 하여도 여전히 담보권 상실 등의 손해가 발생하였다고 보았다.

Y는 대법원에 상고하였다.

[판결요지]

대법원은 상고를 기각하였다.

원심이 운송인의 지위에 있는 피고회사(Y해운)가 이 사건 화물을 운송계약상의 수하인으로서 신용장 개설은행인 영국 소재 소외 미들랜드은행 리드지점에 인도하지 아니하고 수하인으로부터 권리이전절차도 취하지 아니한 수입상인 소외 인터클래드 무역회사에게 직접 인도함에 있어 수출상이며 운송의뢰인인 원고회사(X)의 승낙을 받았음을 인정할 수 없다고 하여 피고회사의 면책항변을 배척한 조치는 정당하여 수긍이 되고 거기에 채증법칙위배로 인한 사실오인의 위법이 있다고 할 수 없다. 논지는 이유 없다.

기록을 살펴보면 피고회사가 운송계약상 수하인으로 지정되지 아니한 수입상에게 이 사건 화물을 인도함으로써 원고회사의 수출대금에 대한 담보권을 침해한 이 사건 불법행위에 관하여 원고회사에게 어떠한 과실이 있음을 엿볼 수 없으므로 원심이 손해액을 산정함에 있어, 과실상계를 하지 아니한 조치에 소론과 같은 개정된 바르샤바협약 제21조에 관한 법리오해 내지는 판단유탈의 위법이 있다고 할 수 없다.

B. 이론요약

(1) 운송인의 운송물인도의무

운송인은 운송물을 운송한 후 도착지에서 인도하여야 한다. 도착지에서의 운송물의 인도는 화물상환증이 발행된 경우와 발행되지 않은 경우로 나누어 살펴보아야 한다.

(2) 화물상환증이 발행된 경우

운송인이 화물상환증을 발행한 경우에는 그 소지인만이 운송물인도청구권을 가진다. 운송인과 송하인 사이에는 화물상환증에 적힌 대로 운송계약이 체결되고 운송물을 수령한 것으로 추정되며(商 131조 1항), 화물상환증을 선의로 취득한 소지인에 대하여 운송인은 화물상환증에 적힌 바에 따라 운송인으로서의 책임을 진다(商 131조 2항). 운송물에 관한 처분은 화물상환증에 의하여야 하고(商 132조), 화물상환증과 상환하지 아니하면 운송물의 인도를 청구할 수 없다(商 129조).

(3) 화물상환증이 발행되지 않은 경우

운송물이 도착지에 도착한 때에는 수하인은 송하인과 동일한 권리를 가진다(商 140조 1항). 운송물이 도착지에 도착한 후 수하인이 그 인도를 청구한 때에는 운송인은 수하인에 대하여 운송물을 인도하여야 하며, 수하인의 권리가 우선한다(商 140조 2항). 다만 수하인이 운송물을 수령한 때에는 운송인에 대하여 운임 기타 운송에 관한 비용과 체당금을 지급할 의무를 부담한다(商 141조).

(4) 운송물인도의무위반의 효력

운송인이 운송물을 정당한 권한이 없는 자에게 인도하였다면 운송계약상의 채무불이행책임 또는 운송인의 고의나 과실로 인한 불법행위책임을 부담한다. 예를 들어 운송인이 적법한 권한이 없는 자에게 화물을 인도한 경우에는, 운송의뢰인의 수입상에 대한 수출대금채권이 형식적으로 존재한다고 할지라도 담보권 상실로 인하여 손해가 발생하였다고 볼 것이다(大判 1993. 5. 27, 92 다 32180).

C. 관련판례

大判 1988. 12. 13, 85 다카 1358(수출자가 선하증권 대신 신용장발행은행을 화물수취인으로 한 화물수취증을 첨부하여 환어음을 발행한 경우, 신용장발행은행이 운송목적지에서 수출품의 반환청구권을 가지게 되고 위 반환청구권이 수출대금을 담보로 하는 기능을 하게 되는 것이므로, 화물수취증을 발행한 운송주선인으로서는 선하증권 등 선적서류상의 화물의 처분에 관한 조건이 화물수취증에 의하여 부과된 의무와 상치되지 않도록 주의하여야 하며 위 화물수취증상의 운송물인도에 관한 조건에 위배하여 운송물을 처분하였을 경우에는 그에 대한 책임을 면할 수 없다고 한 경우).

D. 관련논점

(1) 위의 사례에서는 운송인의 채무불이행책임, 불법행위책임 중 어느 것이 문제되었는가? 양자는 그 구성요건 및 운송인의 책임과 관련하여서 어떠한 차이가 있는가?

(2) 화물상환증이 발행된 경우와 발행되지 않은 경우, 운송인의 운송물인도 의무에는 어떠한 차이가 있는가?

6. 물건운송인(지입회사)의 손해배상책임

A. 기본판례

▣ 大判 1988. 12. 27, 87 다카 3215[지입차량의 경우 대외적으로 그 차량의 소유권이나 관리 · 운행권은 지입회사에 귀속하고, 지입차주가 지입차량의 관리 · 운행을 담당하면서 직접 화물운송계약을 체결하였더라도 이는 지입회사를 대리하여 체결한 것에 불과하다고 한 경우]

[사실관계]

소외 A는 이 사건 차량의 지입차주이고, Y화물주식회사는 지입회사이다. 소외 A는 Y회사와 지입계약을 체결하고 Y회사 앞으로 화물자동차의 소유명의를 하여 두었으나, 이 사건 차량은 직접 운행 · 관리하고 있었다. A는 X회사와 화물운송계약을 체결하고 세탁기 74대를 운송하던 중 사고로 인하여 세탁기를 멸실 · 훼손하였다. X는 Y회사를 상대로 화물운송계약상 채무불이행을 원인으로 손해배상을 청구하였다.

원심(서울高判 1987. 12. 4, 87 나 1665)은 Y회사의 손해배상책임을 인정하였다.

Y는 대법원에 상고하였다.

[판결요지]

대법원은 상고를 기각하였다.

피고회사(Y)에 지입된 이 사건 차량은 그 소유권이나 운행 · 관리권이 피고회사에 귀속되는 것이고, 따라서 위 차량을 지입차주인 소외 A가 직접 운행 · 관리하면서 이 사건 화물운송계약을 체결하였다고 하여도 이는 피고회사로부터 위 차량에 관한 운행 · 관리권을 위임받아 운행 · 관리상 통상업무에 속하는 이 사건 화물운송계약을 피고회사를 대리하여 체결한 것으로 보아야 할 것이므로, 피고는 특별한 사정이 없는 한 소외 A가 이 사건 세탁기 74대를 운송하던 중 그 판시와 같은 사고로 위 운송물을 멸실, 훼손한 운송계약상의 채무불이행으로 인하여 원고(X)에게 입힌 손해를 배상할 책임이 있다.

B. 이론요약

(1) 지입계약의 법률관계

지입차량의 경우 대외적으로 그 차량의 소유권이나 관리 · 운행권은 지입회사에 귀속한다. 따라서 지입차주가 자신의 명의로 화물운송계약을 체결하였다고 하여도, 권리 · 의무의 귀속주체는 지입회사이고 지입차주는 지입회사를 대리하여 화물운송계약을 체결한 것이 된다.

(2) 명의대여자의 책임과의 차이

타인에게 자기의 성명 또는 상호를 사용하여 영업을 할 것을 허락한 자는 자기를 영업주로 오인하여 거래한 제 3 자에 대하여 그 타인과 연대하여 변제할 책임이 있다(商 24조). 이는 명의대여자를 영업주로 오인한 선의의 제 3 자를 보호하기 위한 것이다.

지입회사가 상법 제24조의 명의대여자에 해당하는지가 문제된다. 그러나 지입회사는 대외적으로 지입차량의 소유권과 관리 · 운행권을 가지고 화물운송계약의 당사자가 되는 점에서 단순히 명의를 대여하는 상법 제24조의 명의대여자와는 다르다. 즉 지입차주는 지입회사의 대리인에 불과하며 화물운송계약 등 법률행위의 효과는 지입회사에게 귀속된다.

C. 관련판례

(1) 大判 2009. 9. 24, 2009 도 5302(지입차주가 고용한 운전자가 과적운행으로 구 도로법을 위반한 경우, 지입차주는 구 도로법 제86조에 정한 '대리인 · 사용인 기타의 종업원'의 지위에 있을 뿐이고 지입차량의 소유자이자 대외적인 경영주체는 지입회사이므로, 지입회사가 구 도로법상 사용자로서의 형사책임을 부담한다고 한 경우).

(2) 大判 2000. 10. 13, 2000 다 20069(지입차주 또는 그가 고용한 운전자의 과실로 타인에게 손해를 가한 경우에는 지입회사는 객관적으로 지입차주를 지휘 · 감독하는 사용자의 지위에 있다 할 것이므로 그 사용자책임을 부담한다고 한 경우).

(3) 大判 1995. 11. 10, 95 다 34255(지입회사가 지입차량의 운전자를 직접 고

용하여 지휘 · 감독한 바가 없다고 하여도 객관적으로는 지입차량의 운전자를 지휘 · 감독할 관계에 있는 사용자의 지위에 있다고 할 것이므로, 그 운전자의 과실로 타인에게 손해를 가한 경우에는 사용자책임을 부담한다고 한 경우).

D. 관련논점

(1) 위의 사례에서 상대방(X)이 지입회사(Y)를 상대로 화물운송계약상의 채무불이행책임, 상법 제24조의 명의대여자 책임, 민법 제756조의 사용자 배상책임을 각 청구한다고 가정한다. 어떠한 청구가 타당하다고 보며 각 청구별 장 · 단점은 무엇인가?

(2) 위의 사례에서 상대방(X)이 지입차주(A)를 상대로 계약이행이나 손해배상 등을 청구할 수 있는가? 그 근거는 무엇인가?

7. 물건운송인(항공사)의 손해배상책임

A. 기본판례

▣ 大判 1986. 7. 22, 82 다카 1372[국제항공운송중에 생긴 화물훼손으로 인한 손해배상을 청구함에 있어서는 계약불이행 또는 불법행위를 청구원인으로 하는 것이든 모두 바르샤바협약에 정하여진 조건 및 제한 내에서만 가능하다고 한 경우]

[사실관계]

송하인 A는 미국 B항공사(국내 Y항공사의 대리인)와의 사이에 이 사건 화물을 미국 보스톤에서 한국 서울까지 운송하는 내용의 항공운송계약을 체결하였다. 이 사건 화물은 B항공사의 항공기에 적재되어 보스턴에서 뉴욕까지 운송되었고, 뉴욕에서는 다시 Y항공사의 항공기로 이적되어 1980. 1. 1. 한국의 김포공항에 도착하였다. 이 사건 화물은 김포공항 도착 즉시 소외 (주)김포공항터미널 창고에 투입되었고 곧이어 서울역 부근에 있는 삼화보세창고로 옮겨졌다.

그런데 (주)김포공항화물터미널 창고에 반입 당시 11개로 포장된 이 사건 화물 중 1개의 포장이 파손되고 그 내용물에도 이상이 있었음이 (주)김포공항화물터미널측에 의해서 확인되었고, Y항공사 직원이 그 확인서를 작성하여 (주)김포공항터미널측에 교부하였다.

Y항공사는 1980. 1. 4. 이 사건 화물의 수하인으로서 항공운송장에 통지선으로 기록되어 있던 L리스사에게 화물도착사실을 통지하였고, L리스사는 1980. 1. 7. Y항공사에 그 운임을 지불하고 화물의 인수에 필요한 서류를 수취하였다(화물결함에 대하여 서면이의를 제기하지 아니하였다). L리스사는 1980. 1. 31.에서야 인수받은 화물에 결함이 있음을 이유로 화물파손에 대한 클레임 청구서를 발송하였다.

X보험회사는 L리스사에게 보험금을 지급한 후 Y항공사를 상대로 손해배상을 청구하였다.

원심(서울高判 1982. 7. 9, 82 나 170)은 L리스사는 화물결함에 대하여 서면에 의한 이의를 제기하지 않았고, 따라서 L리스사를 대위한 X보험회사의 청구는 부적법하다고 판단하였다.

X보험회사는 대법원에 상고하였다.

[판결요지]

대법원은 상고를 기각하였다.

1. 상고이유 제1점에 대하여

항공운송에 관하여 아직까지 국내법이 제정된 바 없으므로 이에 관한 법률관계는 일응 일반법인 민법의 적용대상이 된다고 하겠다. 그러나 … 국제항공운송에 관한 법률관계에 대하여는 일반법인 민법에 대한 특별법으로서 1955년 헤이그에서 개정된 바르샤바협약이 우선 적용되어야 할 것이다.

2. 상고이유 제2점에 대하여

바르샤바협약은 제3장(제17조 내지 제30조)에서 국제항공 운송인의 책임에 관하여 규정하면서 제24조 제1항에서 "제18조 및 제19조에 정하여진 경우에는 책임에 관한 소는 명의의 여하를 불문하고 본 협약에 정하여진 조건 및 제한 하에서만 제기할 수 있다"고 규정하고 있는바, 위 조항에서 "명의의 여하를 불문하고"라는 문언은 영어의 "however founded"에 대한 공식 번역이기는 하나 이를 다른 말로 풀이하면 "그 근거가 무엇이든지 간에" 내지는 "그 청구원인이 무엇이든지 간에"로 해석되는 것임이 분명하므로 국제항공 운송인에 대하여 그 항공운송중에 생긴 화물훼손으로 인한 손해배상을 소구함에 있어서는 그 계약불이행을 청구원인으로 하는 것이든 불법행위를 청구원인으로 하는 것이든 모두 바르샤바협약에 정하여진 조건 및 제한 내에서만 가능한 것이라 할 것이고 그렇게 해석하는 것이 국제항공운송인의 책임에 관하여 위 협약의 규정과 다른 국내법 원리를 적용하여 협약의 규정을 배제하는 결과를 초래하는 것을 방지함으로써 국제항공운송에 관한 법률관계를 규율하는 통일된 규범을 창조하려는 위 협약의 제정목적에도 부합하는 것이라 하겠다.

3. 상고이유 제3, 4점에 대하여

원심은, 개정된 바르샤바협약 제26조 제2항의 "손괴 있는 경우에는 하수인은 손괴를 발견한 후에 즉시 늦어도 수하물에 있어서는 그 수취일로부터 7일 이내에, 화물에 있어서는 그 수취일로부터 14일 이내에, 운송인에 대하여 이의를 진술하여야 한다"는 규정과 동 제3항의 "모든 이의는 운송증권에 유보를 기재함으로써 또는 전기 기간 내에 별개의 서면을 발송함으로써 진술되어야 한다"는 규정 및 동 제4항의 "소정의 기간 내에 이의를 진술하지 아니하였을 때에는 운송인에 대한 소는 운송인에게 사기가 있는 경우를 제외하고는 수리되지 아니한다"는 규정들은 결국 화물손괴에 대한 책임에 관한 소제기의 전제요건으로서 운송인에게 사기가 없는 한 운송인이 선의이든 악의이든 하수인이 운송인에게 일정한 기간 내에 적극적인 의사표시로서 서면에 의한 이의를 제기할 것을 요구하고 있는 것으로 해석되고, 위 인정에서 본 바와 같이 이 사건 화물이 김포공항화물터미날 주식회사 창고에 반입될 당시 피고회사 직원이 화물의 일부에 이상이 있음을 확인하고 그 확인서를 작성하여 창고측에 교부한 것만으로는 하수인인 소외 한국개발리스가 운송증권에 이의의 유보를 기재하였다거나 별개의 서면에 의하여 적극적인 이의의 의사표시를 한 것으로 볼 수 없고 또 위와 같은 사실에 의하여 피고회사가 이 사건 화물의 손괴 사실을 알게 되었다 하더라도 그 점만으로 곧 피고회사에게 사기가 있었다고 단정할 자료로 삼을 수도 없는 한편, 소외 한국개발리스가 1980. 1. 7. 피고회사로부터 삼화보세창고에 보관되어 있는 이 사건 화물의 인수에 필요한 서류를 교부받은 것이라면 이 사건 화물은 같은 날 소외 한국개발리스에게 인도된 것으로 볼 것이므로, 소외 한국개발리스가 그 때로부터 24일이나 지난 1980. 1. 31.에 이르러서야 비로소 클레임 청구를 함으로써 서면에 의한 이의를 발송한 것이라면 소외 한국개발리스는 바르샤바협약 제

26조가 규정하고 있는 소송 요건을 갖추지 못하여 그 소권을 상실하였다 할 것이고 따라서 소외 한국개발리스를 대위하여 이 사건 화물의 손괴로 인한 손해의 배상을 구하는 원고들의 이 사건 소는 부적법한 것이라는 취지로 판단하였는바, 원심의 위와 같은 판단은 정당하고 논지가 아래에서 지적하는 바와 같은 법리오해의 위법이 있다고 할 수 없다.

B. 이론요약

(1) 국제항공운송에 관한 법률관계에 대하여는 일반법인 민법에 대한 특별법으로서 우리정부도 가입한 1955년 헤이그에서 개정된 바르샤바협약(이하 '개정된 바르샤바협약'이라 한다)이 우선하여 적용된다.

(2) 바르샤바협약 제24조 제 1 항의 규정에 비추어 국제항공운송인에 대하여 그 항공운송중에 생긴 화물훼손으로 인한 손해배상을 소구함에 있어서는 그 계약불이행을 청구원인으로 하는 것이든 불법행위를 청구원인으로 하는 것이든 모두 바르샤바협약에 정하여진 조건 및 제한 내에서만 가능하다.

(3) 수입화물을 운송한 운송인이 그 운송을 자신이 지정한 보세창고에 반입한 후 그 반출에 필요한 서류를 화주에게 교부하였다면 운송인은 이로써 그 운송물에 대한 인도를 완료한 것으로 보아야 한다.

C. 관련판례

(1) 대전地判 2009. 6. 26, 2007 가합 3098(확정된 운행일정에 따라 이륙하였던 항공기가 엔진 고장으로 회항함으로써 운항 스케줄이 당초 예정보다 15시간 늦어진 사안에서, 항공사가 운송인으로서 손해를 방지하기 위하여 필요한 모든 조치를 취하였으므로 바르샤바협약 제20조에 따라 승객들에 대하여 연착으로 인한 손해배상책임을 지지 않는다고 한 경우).

(2) 大判 2006. 4. 28, 2005 다 30184(국내 운송취급인이 운송인으로부터 아무런 지시도 받지 않고 수하인에게는 화물도착의 통지도 하지 아니한 채 수입회사의 청구에 따라 화물을 반송한 경우, 수하인의 화물인도청구권의 침해로 인한 손해배상책임을 인정한 경우).

(3) 大判 1999. 7. 13, 99 다 8711(운송계약상의 채무불이행책임이나 불법행위로 인한 손해배상책임은 병존하고, 운송계약상의 면책특약은 이를 불법행위책임에도 적용하기로 하는 명시적 또는 묵시적 합의가 없는 한 불법행위책임에는 적용되지 않는다고 한 경우).

D. 관련논점

(1) 위의 사례에서 Y가 육상운송인이라면 어떠한 법규가 적용되는가? 결과에 있어서 어떠한 차이가 있는가?

(2) 위의 사례에서 X가 채무불이행 또는 불법행위 등 서로 다른 청구원인에 기초하여 손해배상을 청구하였다고 가정한다. 그 결과에 차이가 있는가?

(3) 위 바르샤바협약 제26조의 단기 제소기간의 성질은 무엇인가? 항공사가 운송물이 운송 도중 멸실 또는 훼손된 사실을 알고서 인도한 경우에도 위 바르샤바협약 제26조의 단기 제소기간의 규정이 적용되는가?

(4) 위의 사례에서 L리스사는 1980. 1. 29.자로 보세창고에서 화물을 반출하였고 그때서야 화물의 결함을 알았다고 가정한다. 위 사건의 결과에 차이가 있을 수 있는가?

8. 물건운송인(철도운송인)의 손해배상책임

A. 기본판례

▣ 大判 1976. 9. 14, 74 다 1215[철도편에 탁송한 전주 1개가 운송중 사용불능 상태로 완전히 파손된 것이라면, 이는 전부멸실에 해당되는 것이어서 상법 제147조, 제121조 제 2 항에 의하여 운송인의 책임은 그 멸실된 전주를 인도할 날로부터 소멸시효가 진행된다고 한 경우]

[사실관계]

X전력회사는 1963. 4. 16. 철도운송인 Y에게 콘크리트전주 신품 43개를 김천역에서 통리역까지 철도편으로 탁송하였다. X는 1963. 4. 26. 도착지인 통리역에서 전주를 검수하고, 파손된 1개를 제외한 나머지 42개를 인수하였다. X는 1964. 6. 12. Y를 상대로 파손된 전주 1개에 대한 손해배상청구를 제기하였다. Y는 소멸시효의 항변을 하였다.

원심(서울高判 1974. 6. 11, 67 사 10)은 X의 손해배상청구를 받아들였다.

Y는 대법원에 상고하였다.

[판결요지]

대법원은 원심판결을 파기환송하였다.

원심판결은 그 이유 설명에서 위 파손된 전주에 대하여는 원고(X)가 이를 수령한 바 없으므로 운송인 책임에 관한 소멸시효기간의 진행조차도 있었다고 할 수 없다는 취의의 판단을 하였다.

그러나 위 전주 1개가 사용불능상태로 완전히 파손된 것이라면 이는 전부멸실에 해당되는 것이어서 … 피고의 운송인으로서의 책임은 그 멸실된 전주를 '인도할 날'로부터 소멸시효가 진행되는 법리라 할 것임에도 불구하고 원판결은 이와는 달리 원고가 이를 수령한 바 없으므로 운송인책임에 관한 소멸시효기간의 진행조차 있었다고 할 수 없다고 판단하였음은 운송인 책임의 단기소멸시효의 진행시기에 관한 법리를 오해한 것이라 할 것이다.

B. 이론요약

(1) 운송인의 손해배상책임

운송인은 자기 또는 운송주선인이나 사용인, 그 밖에 운송을 위하여 사용한 자가 운송물의 수령, 인도, 보관 및 운송에 관하여 주의를 게을리하지 아니하였음을 증명하지 아니하면 운송물의 멸실 · 훼손 또는 연착으로 인한 손해를 배상할 책임이 있다(商 135조). 운송인이 자기 또는 그 이행보조자의 선임과 감독에 과실이 없다는 것만 입증하는 것으로는 부족하고, 이행보조자의 고의나 과실이 없었음을 입증하여야 한다. 운송물의 멸실 · 훼손 또는 연착으로 인하여 손해가 생겼다는 사실 자체는 송하인 또는 화물상환증 소지인이 입증하여야 한다.

(2) 손해배상의 범위

운송인은 운송물의 멸실 · 훼손 · 연착으로 인하여 손해가 생긴 경우에 책임을 지며, 상당인과관계가 있는 모든 손해를 배상하는 것이 원칙이다. 그러나 상법은 대량의 운송물을 저렴한 운임으로 운송하는 운송기업을 보호하고, 법률관계의 획일적 처리를 위하여 손해배상액을 정형화하는 규정을 두고 있다.

상법은 운송물이 전부멸실 또는 연착된 경우에는 인도할 날의 도착지의 가격에 의하여 손해배상액을 산정하고(商 137조 1항), 일부멸실 또는 훼손된 경우에는 인도한 날의 도착지의 가격에 의하여 손해배상액을 산정한다(商 137조 2항). 이처럼 상법이 운송인의 책임범위를 도착지의 가격에 의하여 일률적으로 산정하는 것은 운송물의 멸실 · 훼손 또는 연착으로 인하여 보통 발생하는 손실은 도착지의 가격이라고 보기 때문이다.

운송물의 멸실 · 훼손 · 연착이 운송인의 고의나 중대한 과실로 인한 때에는 운송인은 상당한 인과관계가 있는 모든 손해뿐만 아니라 운송인이 알았거나 알 수 있었을 경우 특별한 사정으로 인한 손해도 배상하여야 한다(商 137조 3항). 다만, 운송물의 멸실 또는 훼손으로 인하여 지급을 요하지 아니하는 운임 기타 비용은 상법 제137조 제 3 항에 정한 배상액에서 공제하여야 한다(商 137조 4항).

상법 제137조의 손해배상액산정의 특칙은 임의규정이므로 당사자간의 특약으로 그 책임을 가중 또는 경감할 수 있다.

(3) 손해배상책임의 소멸

1) 수하인 등이 유보 없이 운송물을 수령한 경우

운송인의 책임은 수하인 또는 화물상환증 소지인이 유보 없이 운송물을 수령하고 운임 기타의 비용을 지급한 때에는 소멸한다. 그러나 운송물에 즉시 발견할 수 없는 훼손 또는 일부멸실이 있는 경우에 운송물을 수령한 날로부터 2주간 내에 운송인에게 그 통지를 발송한 때에는 그러하지 아니하다(商 146조 1항). 다만 운송인 또는 그 사용인이 악의인 경우에는 적용하지 아니한다(商 146조 2항).

2) 단기소멸시효

운송인의 손해배상책임은 수하인이 운송물을 수령한 날로부터 1년을 경과하면 소멸시효가 완성된다(商 147조, 121조 1항). 운송물이 전부멸실한 경우에는 그 운송물을 「인도할 날」부터 그 소멸시효기간을 기산한다(商 147조, 121조 2항). 다만 운송인이나 그 사용인이 악의인 경우에는 5년의 일반상사소멸시효가 적용된다.

C. 관련판례

(1) **大判 2007. 4. 26, 2005 다 5058**(상법 제811조에서 정한 '운송물을 인도할 날'은 통상 운송계약이 그 내용에 좇아 이행되었으면 인도가 행하여져야 했던 날

을 말하는데, 운송물이 멸실되거나 운송인이 운송물의 인도를 거절하는 등의 사유로 운송물이 인도되지 않은 경우에는 '운송물을 인도할 날'을 기준으로 위 규정의 제소기간이 도과하였는지 여부를 판단하여야 한다고 한 경우).

(2) 大判 1975. 10. 7, 75 다 71(철도편으로 탁송한 화물이 훼손된 경우에는 철도운송인에게 화물운송에 관하여 과실이 있다고 일응 추정되며, 운송인은 화물운송에 관하여 주의를 해태하지 아니하였음을 증명하지 아니하면 운송화물의 훼손으로 인한 손해배상책임을 면치 못한다고 한 경우).

D. 관련논점

(1) 상법 제121조에 각 규정된「수령한 날」,「인도할 날」에는 어떠한 차이가 있는가?

(2) 운송물이 일부파손 또는 일부멸실된 상황에서 수하인이 운송물을 수령하지 아니하면 소멸시효의 기산점은 언제인가?

9. 선하증권상 면책약관의 효력

A. 기본판례

▣ 大判(전원합의체판결) 1983. 3. 22, 82 다카 1533[운송계약상의 면책특약이나 상법상의 면책조항은 운송계약상의 채무불이행책임에만 적용될 뿐 불법행위로 인한 손해배상책임에는 적용되지 않으나, 선하증권에 기재된 면책약관은 당연히 운송인의 불법행위책임에까지 그 효력이 미친다고 한 경우]

[사실관계]

해상운송인 Y는 송하인 A와 서독 브레멘항에서 한국의 포항항까지 이 사건 공장건설기자재를 운송하기로 하는 내용의 해상운송계약을 체결하였다. Y는 1979. 7. 16. 용선한 선박에 화물을 적재하여 서독 브레맨항을 출발하였는데, 위 화물적부시에 선박의 동요에도 화물이 움직이지 않도록 고정장치를 튼튼히 하는 등 주의를 하였어야 함에도 불구하고 이를 게을리하였고, 그 결과 1979. 7. 31. 위 선박이 인도양의 세코트타섬 옆을 통과할 무렵 태풍으로 이 사건 화물의 고정장치가 풀어져 위치가 뒤틀리게 되고 태풍 경과 후에도 이를 완전히 재정비하지 않은 과실로 인하여 1979. 8. 20. 포항항에 입항할 때까지 화물이 계속 동요되고 서로 부딪쳐서 이 사건 화물의 일부가 파손되었다.

X보험사는 이 사건 화물의 수하인인 B제철회사와의 사이에서 동사가 유럽지역으로부터 도입하는 공장건설기자재에 대한 해상적하보험계약을 체결하였다. X보험사는 B제철회사에게 보험금을 지급하고, Y를 상대로 불법행위 및 채무불이행을 원인으로 한 손해배상소송을 제기하였다. Y는 선하증권상의 면책약관에 의해서 손해배상책임이 제한되어야 한다고 항변하였다.

원심(서울高判 1982. 8. 9, 82 나 404)은 X의 불법행위로 인한 손해배상청구를 인용하였다.

Y의 항변에 대해서는 선하증권 면책약관은 채무불이행을 원인으로 하는 손해배상책임에만 유효하게 적용되는 것이고, 불법행위 손해배상청구에는 적용되지 않는다고 판단하였다.

Y는 대법원에 상고하였다.

[판결요지]

대법원은 원심판결을 파기환송하였다.

일반 운송계약상의 채무불이행책임과 불법행위책임의 관계에 관하여 보건대, 해상운송인이 운송 도중 운송인이나 그 사용인 등의 고의 또는 과실로 인하여 운송물을 멸실 또는 훼손시킨 경우에 운송계약상의 운송물 인도청구권과 그 운송물의 소유권을 아울러 가지고 있는 선하증권 소지인은 운송인에 대하여 운송계약상의 채무불이행으로 인한 손해배상청구권과 아울러 소유권 침해의 불법행위로 인한 손해배상청구권을 취득하며 이 두 청구권은 서로 경합하여 병존하고, 운송계약상의 면책특약이나 상법상의 면책조항은 오로지 운송계약상의 채무불이행책임에만 적용될 뿐 당사자 사이에 명시적 또는 묵시적인 합의가 없는 한 불법행위로 인한 손해배상 책임에는 영향을 미치지 않는다(大判 1962. 6. 21, 62 다 102; 同 1977. 12. 13, 75 다 107; 同 1980. 11. 11, 80 다 1812 등 참조). … 결국 운송인의 운송계약상 채무불이행으로 인한 손해배상책임과 불법행위로 인한 손해배상책임은 경합하여 병존하고 권리자는 그 중 어느 쪽의 손해배상청구권이라도 선택적으로 행사할 수 있다고 할 것이므로, 운송계약상의 채무불이행책임에 관하여 법률상 면책의 특칙이 있거나 또는 운송계약에 그와 같은 면책특약을 하였다고 하여도 일반적으로 이러한 특칙이나 특약은 이를 불법행위 책임에도 적용키로 하는 별도의 합의가 없는 한 당연히 불법행위책임에 적용되지는 않는다고 보아야 할 것이다.

그러나 해상운송인이 발행한 선하증권에 기재된 면책약관은 위에서 본 일반 운송계약상의 면책특약과는 달리 운송계약상의 채무불이행책임뿐만 아니라 그 운송물의 소유권 침해로 인한 불법행위책임에 대하여도 이를 적용하기로 하는 당사자간의 숨은 합의가 포함되어 있다고 보는 것이 타당하므로, 별도로 당사자 사이에 위 면책약관을 불법행위책임에도 적용키로 한 합의를 인정할 증거가 없더라도 그 면책약관의 효력은 당연히 운송인의 불법행위책임에까지 미친다고 보아야 할 것이다. 그 이유는 아래와 같다. (생략) 그렇다면, 위와 같은 면책약권이 기재된 선하증권을 교부받은 소지인과 운송인간에는 운송계약상의 채무불이행책임 뿐만 아니라 운송물의 소유권 침해로 인한 불법행위책임에 대하여도 위 면책약관을 적용키로 한 숨은 합의가 이루어졌다고 보겠으므로, 그 면책약관을 불법행위책임에 적용키로 하는 별도의 명시적 또는 묵시적 합의가 없더라도 당연히 불법행위책임에도 그 효력이 미친다고 보아야 할 것이다.

다만 위와 같이 선하증권에 기재된 면책약관이라고 할지라도 무제한적으로 불법행위 책임에 적용되는 것이 아님을 유의할 필요가 있다. 첫째로, 고의 또는 중대한 과실로 인한 재산권 침해에 대한 불법행위책임을 사전에 가해자와 피해자 사이에서 면제하거나 제한하는 합의는 대체로 반사회질서 행위에 해당하여 무효라고 볼 경우가 많음에 비추어 볼 때, 선하증권의 면책약관도 특단의 사정이 없는 한 고의 또는 중대한 과실로 인한 불법행위책임에는 적용되지 않는다고 보아야 한다. 둘째로, 상법 제790조는 같은 법 제787조 내지 제789조의 규정에 반하여 선박소유자의 의무 또는 책임을 경감하는 당사자의 특약은 효력이 없다고 규정하고 있으므로 이 규정에 저촉되는 면책약관은 불법행위책임에도 적용되지 않는다고 보아야 한다.

그렇다면, 원심으로서는 … 선하증권의 면책약관을 일반운송계약상의 면책특약과 동일하게 해석하여 그 면책약관은 운송계약상의 채무불이행책임에만 적용될 뿐 불법행위책임에는 적용되지 않는다는 이유로 앞서와 같이 판단하였음은 선하증권의 면책약관에 관한 법리를 오해하고 심리를 다하지 아니한 위법이 있으며 이는 소송촉진 등에 관한 특례법 제12조 제 2 항의 파기사유에 해당한다고 할 것이므로 이 점에서 논지는 결국 이유 있다.

B. 이론요약

(1) 청구권경합설(판례)

판례는 운송계약상의 채무불이행으로 인한 손해배상청구권과 소유권, 담보권 등 재산권 침해의 불법행위로 인한 손해배상청구권은 서로 경합하여 병존한다는 입장이다. 그리고 운송계약상의 면책특약이나 상법상의 면책조항은 오로지 운송계약상의 채무불이행책임에만 적용될 뿐 당사자 사이에 명시적 또는 묵시적인 합의가 없는 한 불법행위로 인한 손해배상 책임에는 영향을 미치지 않는다고 한다(大判 1962. 6. 21, 62 다 102; 同 1977. 12. 13, 75 다 107; 同 1980. 11. 11, 80 다 1812 등 참조). 이른바 청구권경합설이다.

따라서 운송인이 운송 도중 운송인이나 그 사용인 등의 고의 또는 과실로 인하여 운송물을 감실 · 훼손시킨 경우, 화물상환증을 상환받음이 없이 운송물을 적법한 권한이 없는 자에게 인도한 경우에 있어서, 화물상환증 소지인은 운송인에 대하여 운송계약상의 채무불이행으로 인한 손해배상청구권과 아울러 소유권 등 재산권 침해의 불법행위로 인한 손해배상청구권을 취득하며 그 중 어느 쪽의 손해배상청구권이라도 선택적으로 행사할 수 있다.

(2) 선하증권 면책약관의 효력

판례는 해상운송인이 발행한 선하증권에 기재된 면책약관은 일반 운송계약상의 면책특약과는 달리 운송계약상의 채무불이행책임뿐만 아니라 그 운송물의 소유권 침해로 인한 불법행위책임에 대하여도 이를 적용하기로 하는 당사자간의 숨은 합의가 포함되어 있다고 보는 것이 타당하므로, 별도로 당사자 사이에 위 면책약관을 불법행위책임에도 적용키로 한 합의를 인정할 증거가 없더라도 그 면책약관의 효력은 당연히 운송인의 불법행위책임에까지 미친다고 한다(大判 1983. 3. 22, 82 다카 1533).

그러나 다음과 같은 경우에는 선하증권 면책약관의 효력은 여전히 제한된다. 첫째, 특단의 사정이 없는 한 고의 또는 중대한 과실로 인한 불법행위책임에는 그 효력이 인정되지 않는다. 둘째, 상법 제839조(선박소유자의 책임경감 금지) 등의 규정에 반하여 선박소유자의 의무 또는 책임을 경감하는 당사자의 특약은 효력이 없으므로, 이러한 규정에 저촉되는 면책약관은 효력이 없다고 볼 것이다.

C. 관련판례

(1) 大判 2004. 7. 22, 2001 다 58269(운송계약상의 채무불이행책임과 불법행위로 인한 손해배상책임은 병존하고, 항공운송계약상의 면책특약은 일반적으로 이를 불법행위책임에도 적용하기로 하는 명시적 또는 묵시적 합의가 없는 한 당연히 불법행위책임에 적용되지 않는다고 한 경우).

(2) 大判 1997. 4. 11, 96 다 42246(상법 제789조의 3 제 1 항은 운송인의 책임에 관한 상법의 규정은 운송인의 불법행위로 인한 손해배상의 책임에도 적용하도록 되어 있고, 같은 법 제811조는 '그 청구원인의 여하에 불구하고' 운송인의 수하인 등에 대한 채권 및 채무에 대하여 적용하도록 되어 있으므로, 운송인의 악의로 인한 불법행위채무 역시 운송인이 수하인에게 운송물을 인도한 날 또는 인도할 날부터 1년 내에 재판상 청구가 없으면 소멸한다고 한 경우).

(3) 大判 1996. 12. 6, 96 다 31611(상법 제789조의 2 제 1 항 단서에 의하여 운송인의 책임제한이 배제되기 위해서는, 운송인 본인의 고의 또는 손해발생의 염려가 있음을 인식하면서 무모하게 한 작위 또는 부작위가 있어야 하는 것이고, 운송인의 피용자인 선원 기타 선박사용인에게 고의 또는 무모한 행위가 있었다 하더라도 운송인 본인에게 그와 같은 고의나 무모한 행위가 없는 이상 운송인은 상법 제789조의2 제 1 항 본문에 의하여 책임을 제한할 수 있다고 한 경우).

(4) 大判 1985. 5. 28, 84 다카 966(상법 제121조 소정의 단기소멸시효 규정은 운송인의 운송계약상의 채무불이행으로 인한 손해배상청구에만 적용되고 불법행위로 인한 손해배상청구에는 적용되지 아니하며, 또한 상법 제64조의 일반상사시효 역시 상행위로 인한 채권에만 적용되고 상행위 아닌 불법행위로 인한 손해배상채권에는 적용되지 않는다고 한 경우).

D. 관련논점

(1) 청구권경합설과 법조경합설의 내용과 근거는 무엇인가? 우리 나라 판례는 어떠한 입장을 취하고 있는가?

(2) 선하증권 소지인이 선하증권을 상환받지 아니하고 운송물을 인도한 운송인을 상대로 주위적으로 불법행위를 원인으로 손해배상청구를 하고, 예비적으

로 운송계약상의 채무불이행을 원인으로 손해배상청구를 하고 있다고 가정한다. 적법한 청구인가? 어떻게 판단할 것인가?

(3) 선하증권상 면책약관의 효력은 불법행위책임에 대해서도 적용되는가? 어떠한 경우에 제한되는가?

10. 물건운송인의 고가물에 대한 책임

A. 기본판례

▣ 大判 1991. 8. 23, 91 다 15409[상법 제136조의 고가물불고지로 인한 면책규정은 일반적으로 운송인의 운송계약상의 채무불이행으로 인한 청구에만 적용되고 불법행위로 인한 손해배상청구에는 그 적용이 없다고 한 경우]

[사실관계]

지입차주인 A는 B회사가 의뢰한 운송물(고가물)을 운송하던 중 과실로 인하여 운송물에 손해를 가하였다. X보험회사는 B에게 보험금을 지급하고, B를 대위하여 지입회사인 Y를 상대로 민법 제756조에 의한 사용자책임을 청구하였다. Y는 운송물이 고가물임에도 불구하고 A 또는 Y에게 신고하지 아니하였으므로 손해를 배상할 책임이 없다고 항변하였다.

원심(대구高判 1991. 4. 18, 90 나 4588)은 Y의 사용자책임을 인정하였다.

Y는 대법원에 상고하였다.

[판결요지]

대법원은 상고를 기각하였다.

운송인이 운송계약상의 운송채무를 이행하기 위하여 사용한 자가운송과 관련하여 고의 또는 과실로 송하인에게 손해를 가한 경우 동인은 운송인으로서의 채무불이행책임과는 별개로 불법행위로 인한 손해배상책임을 부담한다 할 것이고, 소위 지입차량의 소유명의자는 그 지입차량의 운전자를 직접 고용하여 지휘·감독을 한 바 없었더라도 명의대여자로서뿐만 아니라 객관적으로 지입차량의 운전자를 지휘·감독할 관계에 있는 사용자의 지위에 있다 할 것이므로 그 운전자의 과실로 타인에게 손해를 가한 경우에는 사용자책임을 부담한다 할 것이다.

또한 상법 제136조와 관련되는 고가물불고지로 인한 면책규정은 일반적으로 운송인의 운송계약상의 채무불이행으로 인한 청구에만 적용되고 불법행위로 인한 손해배상청구에는 그 적용이 없는바(大判 1977. 12. 13, 75 다 107; 同 1983. 3. 22, 82 다카 1533 참조), 운송인의 운송이행의무를 보조하는 자가 운송과 관련하여 고의 또는 과실로 송하인에게 손해를 가한 경우 동인은 운송계약의 당사자가 아니어서 운송계약상의 채무불이행으로 인한 책임은 부담하지 아니하나 불법행위로 인한 손해배상책임을 부담하므로 위 면책규정은 적용될 여지가 없다 할 것이다.

B. 이론요약

(1) 운송인의 손해배상책임

운송인은 자기 또는 운송주선인이나 사용인, 그 밖에 운송을 위하여 사용한 자가 운송물의 수령, 인도, 보관 및 운송에 관하여 주의를 게을리하지 아니하였음을 증명하지 아니하면 운송물의 멸실, 훼손 또는 연착으로 인한 손해를 배상할 책임이 있다(商 135조). 즉 운송인이 책임을 면하기 위해서는 운송인 또는 운송을 위하여 사용한 이행보조자가 운송물의 수령, 인도, 보관 및 운송에 관하여 주의를 게을리하지 아니하였음을 증명하여야 한다. 운송인이 이행보조자의 선임과 감독에 과실이 없다는 것만 입증하는 것으로는 부족하고, 이행보조자의 고의나 과실이 없었음을 입증하여야 한다.

(2) 청구권경합설(판례)

운송인 또는 이행보조자의 고의·과실로 인하여 운송물이 멸실·훼손된 경우에 채무불이행에 따른 손해배상책임을 지는 것 외에 운송물의 소유권 등 재산권 침해로 인하여 불법행위에 의한 손해배상책임이 발생할 수 있다. 판례는 채무불이행책임 및 불법행위책임 양자를 모두 청구할 수 있다고 한다(청구권경합설).

(3) 고가물에 대한 특칙

화폐, 유가증권 기타의 고가물에 대하여는 송하인이 운송을 위탁할 때에 그 종류와 가액을 명시한 경우에 한하여 운송인이 손해를 배상할 책임이 있다(商 136조). 고가물은 손해발생의 위험이 높으며, 사고가 발생할 경우에 그 손해도 거액에 달하므로 운송인이 고가물임을 미리 안 경우에는 고액의 운임을 청구하고 그에 따라서 특별한 주의를 기울일 것이지만, 그렇지 아니한 경우에는 통상의 주의를 기울일 수밖에 없음을 고려한 것이다.

C. 관련판례

(1) 大判 2004. 7. 22, 2001 다 58269(운송계약상의 채무불이행책임과 불법행위로 인한 손해배상책임은 병존하고, 운송계약상의 면책특약은 일반적으로 이를 불법행위책임에도 적용하기로 하는 명시적 또는 묵시적 합의가 없는 한 당연히 불법행위책임에 적용되지 않는다고 한 경우).

(2) 大判 1991. 1. 11, 90 다 8937(송하인이 기계의 운송 및 하역을 맡기면서 그 내용이 고가물임을 운송인 또는 그 대리인에게 알렸다면 충분하고, 그 운송인의 하도급을 받아서 운송하는 자에게까지 명시할 필요는 없다고 한 경우).

(3) 大判 1977. 12. 13, 75 다 107(운송약관상의 채무불이행책임과 불법행위책임이 병존하는 경우에, 상법상 단기소멸시효, 고가물불고지에 따른 면책규정, 또는 운송약관상 면책규정 등은 운송계약상의 채무불이행 청구에만 적용되고 불법행위 손해배상청구에는 그 적용이 없다고 한 경우).

(4) 大判 1977. 2. 8, 75 다 1732(결혼식장에서 교환된 선물이라고 하여서 반느시 가격을 밝힐 수 없다고 할 수 없고, 결혼선물로 받은 시계, 다이아반지 등도 고가물에 해당한다고 한 경우).

(5) 大判 1963. 4. 18, 63 다 126(견직물은 오늘날 사회경제 및 거래상태로 보아 상법 제136조 소정의 고가물이라 볼 수 없으므로 그 종류와 가격을 명시하지 아니하였다 하여도 운송인은 손해배상책임을 면할 수 없다고 한 경우).

D. 관련논점

(1) 송하인은 운송의뢰시에 운송물이 고가물임을 명시하지 않았고, 운송인은 보통물에 대한 주의조차 기울이지 아니하였다고 가정한다. 만일 그 고가물이 멸실, 훼손되었다면 운송인은 어떠한 책임을 부담하는가?

(2) 송하인은 운송물이 고가물임을 언제까지 명시하여야 하는가? 송하인이

고가물임을 명시한 경우 운송인이 부담하는 손해배상의 한도는 얼마인가?

11. 수하인에 대한 인도 여부

A. 기본판례

▣ 大判 1998. 9. 6, 94 다 46404[항공운송인이 공항에 도착한 항공화물을 통관을 위하여 세관이 지정한 보세창고업자에게 인도하는 것만으로는 항공화물이 항공운송인이나 항공운송주선인의 지배를 떠나 수하인에게 인도된 것으로 볼 수 없다고 한 경우]

[사실관계]

X는 수입업자이고 Y는 항공운송주선인이다. 이 사건 물품은 항공편을 통해서 운송된 후 보세창고에 보관되었다.

Y는 이 사건 항공화물운송장에 수하인으로 기재된 신용장 발행은행이나 통지처로 기재된 X에게는 이 사건 물품의 도착사실을 알리지 아니한 채 실수입업자인 A에게 물품통관에 필요한 항공운송장의 원본 또는 인증사본과 송장, 포장명세서를 교부하였다. A는 Y로부터 교부받은 위 각 항공운송장 원본 또는 인증사본 등과 스스로 위조한 수입승인서를 이용하여 통관을 마치고 보세창고에서 이 사건 물품을 반출하였다. X는 Y를 상대로 손해배상소송을 제기하였다.

원심(서울高判 1994. 8. 24, 93 나 19018)은 Y의 손해배상책임을 인정하였다.

Y는 대법원에 상고하였다.

[판결요지]

대법원은 상고를 기각하였다.

항공운송인이 공항에 도착한 항공화물을 통관을 위하여 세관이 지정한 보세창고업자에게 인도하는 것만으로 항공화물이 항공운송인이나 항공운송주선인의 지배를 떠나 수하인에게 인도된 것으로 볼 수는 없으므로 논지는 이유 없다.

이 사건 운송주선인의 국내 대리점으로서 위 각 물품의 운송을 취급하는 피고가, 이 사건 각 항공화물운송장 원본에 수하인으로 기재된 각 신용장 발행은행이나 통지처로 기재된 수입업자인 원고에게는 위 각 물품의 도착사실을 알리지 아니한 채 실수입업자인 소외인에게 위 각 물품의 통관에 필요한 서류인 위 각 운송장의 원본 또는 인증사본과 송장, 포장명세서를 교부한 것은 보세창고업자에 대한 위 각 물품의 반환청구권을 위 소외인에게 양도할 의사나 적어도 위 소외인이 위 각 물품의 통관절차를 마치고 이를 보세창고에서 반출하여 가는 것에 협력할 의사로 한 것이라고 봄이 상당하다 할 것인바, 수하인인 위 각 은행에게 위 각 운송장을 교부하고 위 각 물품을 인도할 의무가 있는 운송취급인인 피고로서는 위 소외인에게 통관에 필요한 위 각 운송장 등을 교부하면 위 소외인이 이를 이용하여 위 각 물품에 대한 통관절차를 마치고 위 각 은행의 승낙 없이 이를 보세창고에서 반출하여 감으로써 위 각 은행이 갖고 있는 위 각 물품의 인도청구권을 침해하는 결과가 발생할 수 있음을 인식할 수 있었다고 보아야 할 것이고 만약 그 결과의 발생을 인식하지 못하였다면 그와 같이 인식하지 못하게 된 점에 대하여 운송취급인으로서의 주의의무를 결여한 과실이 있다고 볼 것이며, … 위와 같은 피고의 과실행위는 위 각 은행의 위 각 물품에 대한 인도청구권을 침해한 불법행위라고 할 것이다.

B. 이론요약

(1) 운송계약의 당사자

운송계약은 운송인과 운송의뢰인(송하인)간에 체결된다. 송하인은 운송인의 청구에 의하여 화물명세서를 교부하고(商 126조), 운송인은 송하인의 청구에 의하여 화물상환증을 교부한다(商 128조). 운송계약은 낙성·불요식의 계약이므로 화물명세서나 화물상환증의 작성 및 교부는 운송계약 성립의 요건은 아니다. 수하인 또는 화물상환증 소지인은 운송계약의 당사자는 아니다. 다만 송하인과 수하인, 송하인과 화물상환증 소지인 등은 동일인이어도 무방하다.

(2) 수하인의 지위

1) 운송물의 도착 전

운송물이 도착지에 도착하기 전에는 송하인의 권리만 존재하며 수하인은 운송물에 대하여 아무런 권리가 인정되지 않는다(商 139조).

2) 운송물의 도착 후

운송물이 도착한 때에는 수하인은 송하인과 동일한 권리를 취득한다(商 140조 1항). 나아가 운송물이 도착지에 도착한 후 수하인이 그 운송물의 인도를 청구한 때에는 수하인의 권리가 송하인의 권리에 우선한다(商 140조 2항). 수하인이 운송물을 수령한 때에는 운임 기타 비용의 지급의무를 진다(商 141조).

C. 관련판례

(1) 大判 2004. 7. 9, 2002 다 16729(우리의 국제항공화물 인도관행에 비추어 항공운송인 또는 항공운송주선인이 공항에 도착한 수입항공화물을 통관을 위하여 영업용 보세창고업자에게 인도하는 것만으로 항공화물이 항공운송인이나 항공운송주선인의 지배를 떠나 수하인에게 인도된 것으로 볼 수는 없다고 한 경우).

(2) 大判 2004. 1. 27, 2000 다 63639(항공화물의 운송에 있어서 운송인이 공항에 도착한 수입항공화물을 통관을 위하여 보세창고업자에게 인도하는 것만으로 항공화물이 운송인이나 운송주선인의 지배를 떠나 수하인에게 인도된 것으로 볼 수는 없다고 한 경우).

(3) 大判 1999. 7. 13, 99 다 8711(운송인 등이 수하인의 지시 없이 제 3 자에게 수하인용 항공화물운송장을 교부하고 화물을 인도한 경우, 이는 수하인의 화물인도청구권을 침해한 것으로서 수하인에 대하여 불법행위를 구성한다고 한 경우).

D. 관련논점

(1) 운송의 진행에 수하인의 지위는 어떻게 따라서 달라지는가? 송하인의 지위와 비교하여 설명하시오.

(2) 수하인은 운송계약의 당사자인가? 상법 제140조가 수하인에게 운송물에 대한 일정한 권리를 부여하는 이유는 무엇 때문인가?

12. 여객운송인의 손해배상책임

A. 기본판례

▣ **大判 1993. 3. 26, 92 다 46684[잠결에 하차하지 못한 피해자가 열차가 출발할 무렵 잠에서 깨어나 서서히 진행중인 열차에서 뛰어내리다 추락한 사고에 대하여 여객운송인의 책임을 부정한 경우]**

[사실관계]

피해자 X는 1991. 1. 5. 22 : 10경 여수역에서 영등포역까지 가기 위하여 여수발 서울행 제158 무궁화호 열차 승차권을 구입하고 승차하여 가던 중 1991. 1. 6. 05 : 02 : 30경 영등포역에서 위 열차가 정차위치로부터 약 60미터 진행한 지점에 추락하여 상해를 입었다.

X는 위 열차가 영등포역에 도착한 줄도 모르고 객실좌석에서 계속 잠을 자다가 정차시간 내에 하차하지 못하고 열차가 출발할 무렵 잠에서 깨어나 옆에 앉은 승객에게 물어보고 비로소 영등포역 도착사실을 알고는 황급히 객실 뒤쪽 승강구로 나가 이미 출발하여 서서히 진행중인 열차의 열려 있는 출입문 승강대 계단을 내려와 승강대 손잡이를 잡고 있다가 그대로 플랫홈으로 뛰어 내리는 바람에 위 열차와 플랫홈 사이에 다리가 빠지면서 다소 끌려가 위 열차의 정차위치로부터 약 60미터 진행한 지점에 추락하였다.

원심(서울高判 1992. 10. 1, 92 나 1287)은 철도운송인 Y의 손해배상책임을 인정하였다.

즉 원심은 위 무궁화호 열차는 자동개폐식 출입문이 아니므로 열차의 기관사 또는 여객전무가 열차출발에 즈음하여 출입문을 폐쇄하였거나 영등포역의 역무원이 뒤늦게 열차를 타고 내리는 승객이 있는지 여부를 계속 확인한 후 발차신호를 보냈더라면 이 사건 사고를 예방할 수 있었을 텐데 그러한 조치를 취하지 아니한 데에 피고나 그 피용자들의 과실이 있다고 판단하였다.

Y는 대법원에 상고하였다.

[판결요지]

대법원은 원심판결을 파기환송하였다.

거시증거에 의하면 당시 위 열차의 승무원들은 여수역 출발 이후 매 정차역 발차시마다 열차운행 중 승강대승차 금지, 매달리기 금지, 뛰어타고 뛰어내리기

금지, 객차 밖으로의 신체노출 금지 등 내용의 안내방송을 실시하였고, 영등포역 도착 5분 전에는 도착예고 및 내릴 홈의 위치를 알리는 안내방송을 실시한 다음 자고 있는 여객이 깨어나도록 음악방송을 실시한 사실, 위 열차는 1991. 1. 6. 05 : 00 : 30경 영등포역에 도착하여 2분간 정차하였는데, 영등포역 역무원인 소외 임흥묵, 최정환이 3호 객차와 6호 객차 앞 플랫홈에 서서 하차하는 여객들을 유도안내하고 더 이상 하차하는 여객이 없는 것을 확인한 다음 열차 여객전무인 소외 이길철에게 발차하여도 좋다는 신호(발차신호)를 보냄에 따라 위 열차가 승강구 출입문이 폐쇄되지 않은 상태로 시속 약 20킬로미터로 출발한 사실, … 그러나 피해자가 스스로 진행중인 열차에서 밖으로 뛰어 내리다가 사고를 당한 이 사건에 있어, 출입문이 열려 있었다는 점이 사고발생의 원인이라 보기도 어려울 뿐 아니라(大判 1991. 11. 8. 91 다 20623), 기록에 의하면 위 열차는 당시 11개 이상의 차량을 달고 있었고 영등포역에서 2분간을 정차하는 중에 하차한 승객만도 150여명에 달하였다는 것이므로 그러한 상황에서 당시 여객운송을 책임지고 있던 소수의 피고 피용자들에게 사고예방을 위하여 위와 같이 안내방송 및 유도안내를 실시하는 등 조치를 취하는 이외에 열차의 출발 전에 모든 객차의 여객이 자유로이 개폐할 수 있는 출입문을 일일이 폐쇄할 것을 기대할 수는 없다 할 것이고, 한편 영등포역 역무원들이 당시 예정된 정차시간 경과 후 더 하차하는 승객이 없음을 확인한 후 발차신호를 보낸 것이므로 그들에게 어떠한 과실이 있다 할 수도 없는 것이다.

B. 이론요약

(1) 여객운송

여객운송이란 육상 또는 호천, 항만에서 자동차 · 철도 등에 의하여 여객을 일정한 장소에서 다른 장소로 운반하는 것을 말한다(商 125조). 여객운송은 여객의 생명이나 신체의 안전이 중요하기 때문에 물건운송에서보다 고도의 주의가 요구된다.

(2) 여객운송계약

여객운송계약은 일정한 지점에서 다른 지점으로 여객(자연인)의 이동을 목적으로 하는 계약으로서, 보통 여객과 운송인간에 체결된다. 그러나 여객이 아닌 자가 타인을 운송의 객체로 하여 여객운송계약을 체결하는 것도 가능하다.

여객운송계약은 여객의 청약과 운송인의 승낙에 의하여 성립하며, 물건운송계약과 마찬가지로 도급계약이다.

여객운송계약을 체결하는 방식은 자유이지만 승차권이 발행되는 것이 보통이다. 다만 승차권의 발행이 계약성립의 요건은 아니다. 승차권은 여객운송인이 여객운송의 편의를 도모하기 위하여 여객에게 발행하는 증거증권이다.

(3) 여객운송인의 책임

1) 여객의 손해에 대한 책임

여객운송인은 자기 또는 사용인이 운송에 관한 주의를 해태하지 않았음을 증명하지 않으면 여객이 운송으로 인하여 받은 손해를 배상할 책임을 면하지 못한다(商 148조 1항). 「여객」이란 운송계약의 당사자이거나 운송계약에 의하여 여객으로 지정된 자를 말한다. 여객운송인은 자기와 사용인의 무과실을 입증하지 않는 한 책임을 면하지 못하며, 운송인의 주의의무는 차량 등의 운행에만 국한되지 않고 차량 내 설비의 안전점검 기타 승무원의 관리범위에 속하는 사항에 이르기까지 폭넓게 주의의무를 요구하는 것이 판례의 입장이다.

2) 손해배상의 범위

여객운송인은 여객의 생명 · 신체에 받은 손상으로 인한 재산상의 손해와 피복의 손상과 연착에 대한 손해, 상실된 장래의 기대이익도 배상하여야 한다. 또한 여객의 정신적 손해도 배상하여야 한다. 그러나 여객운송계약의 당사자가 아닌 여객의 가족 등이 입은 정신적 손해는 배상액의 범위에 포함되지 않는다(大判 1982. 7. 13, 82 다카 278). 손해액을 산정함에 있어서는 피해자와 그 가족의 정상을 참작하여야 한다(商 148조 2항). 다만 법원은 피해자의 과실이 있는 경우 과실상계를 하여야 한다.

3) 청구권경합

물건운송에서와 같이 여객운송에서도 채무불이행책임과 불법행위책임의 관계가 문제된다. 통설 · 판례는 청구권경합설을 취하고 있다.

4) 소멸시효

여객의 손해에 대한 운송인의 책임은 5년의 소멸시효의 완성으로 소멸한다. 여객운송의 경우 여객을 보호할 필요가 크기 때문에 물건운송인의 경우와 같은 특칙은 인정되지 않는다.

5) 여객의 수하물에 대한 책임

(가) 탁송수하물에 대한 책임

여객운송인은 여객으로부터 인도받은 수하물에 관해서는 운임을 받지 않은 경우에도 물건운송인과 동일한 책임을 진다(商 149조 1항). 수하물이 도착지에 도착한 날로부터 10일 이내 여객이 인도를 청구하지 아니한 때에는 운송인은 수하물을 공탁·경매할 수 있으며(商 149조 2항 본문), 주소 또는 거소를 알지 못하는 여객에 대하여는 최고와 통지를 하지 않고도 공탁·경매할 수 있다(商 149조 2항 단서).

(나) 휴대수하물에 대한 책임

여객운송인은 여객으로부터 인도받지 않은 수하물에 대해서는 자기 또는 사용인의 과실이 없으면 수하물의 멸실·훼손에 대하여 손해를 배상할 책임이 없다(商 150조). 운송인 또는 사용인의 과실은 여객이 입증하여야 한다.

C. 관련판례

(1) 大判 1992. 12. 22, 92 다 29467(승객이 열차가 완전히 정지하지 아니한 상태에서 자기 일행이 열어 놓은 승강구를 통해 뛰어 내리다가 사망한 경우 승무원들의 차내방송과 차내순시를 한 사정만으로 여객운송에 관한 주의의무를 다한 것으로 보기 어렵다고 한 경우).

(2) 大判 1991. 11. 8, 91 다 20623(입장권을 소지한 사람이 객차 안까지 들어가 전송을 한 다음 진행중인 열차에서 뛰어 내리다가 사망한 사고에 있어 입장권 발매로써 여객운송계약이 체결되었다고 볼 수 없고, 위 사고가 오로지 위 망인이 안내방송에 따라 우선 열차 내에 오르지 아니하여야 하고 승차한 경우라도 열차 출발 전에 조속히 하차하여야 하는 등 주의의무를 위반한 과실로 발생하였다 하여 국가〈철도청〉의 여객운송인으로서의 책임이나 사용자책임을 부정한 경우).

(3) 大判 1982. 7. 13, 82 다카 278(승객이 객차의 승강구에서 추락, 사망한 경우 승객 아닌 그 망인의 처, 자녀들은 그로 인하여 정신적 고통을 받았다 하더라도 상법 제148조 제 1 항에 의하여 여객운송자에게 손해배상책임이 있음을 이유로 하여 그들의 위자료를 청구할 수는 없다고 한 경우).

(4) 大判 1979. 11. 27, 79 다 628(운행하던 열차의 열려진 창문의 틈 사이로 유리조각이 날아 들어와서 승객이 상해를 입은 경우 그 유리조각이 제 3 자의 투척 등의 행위에 기인된 것이 아니고, 열차 진행에 수반해서 통상적으로 날아들어온 것이라면, 이는 운송업자나 그 사용인이 적절한 조치를 취하여 여객의 안전을 도모하여야 할 주의의무의 범위에 속하는 사항에 연유하는 것이므로, 위 운송에 관한 주의를 해태하지 아니하였음을 증명하지 못하는 한, 운송업자는 이에 대한 손해배상책임이 있다고 한 경우).

D. 관련논점

(1) 여객운송인의 여객에 대한 손해배상책임(商 148조)과 물건운송인의 손해배상책임(商 135조)에는 그 요건과 효과에서 어떠한 차이가 있는가?

(2) 이 사건 대상판결에서는 여객운송인의 책임이 부정되었으나, 비슷한 사례인 관련판례(大判 1992. 12. 22, 92 다 29467)에서는 여객운송인의 책임이 인정되고 있다. 그 이유는 무엇이라고 생각하는가?

제 6 공중접객업

1. 공중접객업자의 의의 및 주의의무

A. 기본판례

▣ 大判 1994. 1. 28, 93 다 43590[숙박계약은 숙박업자가 고객에게 객실을 제공하고 고객으로부터 그 대가를 받는 일종의 일시사용을 위한 임대차계약이나, 숙박업자는 임대차계약상의 의무에서 한 걸음 더 나아가 고객에 대한 보호의무를 부담한다고 한 경우]

[사실관계]

Y는 ○○여관을 경영하는 숙박업자이다. 소외 망 A는 Y가 경영하는 여관 2층 205호실에 투숙하던 중 여관 2층 복도에서 발생한 화재로 인한 연기를 발견하고 창문 유리를 깨고 탈출하려고 시도하였으나 여의치 못하자 이불을 뒤집어쓰고 방문을 열고 탈출하다가 복도에서 화염 및 가스 등으로 전신화상을 입고 질식사망하였다.

Y는 여관 2층에서 연기가 나오는 것을 보고 처에게 화재신고를 하게 한 뒤 소화기를 들고 배전판의 스위치를 내린 다음 2층에 올라가려 했으나 연기가 이미 복도에 가득 차서 올라가지 못하고, 계단 끝 마지막 두 번째 계단쯤에 서서 "불이야"라고 몇 번 소리 지르면서 소화기로 불을 끄다가 연기가 심하여 밖으로 나왔다. 여관의 2층 복도 바닥에는 불연성인 모노륨이 깔려 있어 담뱃불에 의한 화재 가능성은 희박하고 전기가 누전된 흔적도 없어서 누전에 의한 발화라고 볼 상황도 아니며 달리 화재원인이 될 만한 것이 밝혀지지 아니하였다.

X는 위 망 A의 상속인이며, Y를 상대로 손해배상을 청구하였다.

원심(서울高判 1993. 7. 20, 92 나 64349)은 Y의 책임을 인정하였다.

Y는 대법원에 상고하였다.

[판결요지]

대법원은 상고를 기각하였다.

공중접객업인 숙박업을 경영하는 자가 투숙객과 체결하는 숙박계약은 숙박업자가 고객에게 숙박을 할 수 있는 객실을 제공하여 고객으로 하여금 이를 사용할 수 있도록 하고 고객으로부터 그 대가를 받는 일종의 일시사용을 위한 임대차계약으로서, 원심이 적절히 판시하고 있는 바와 같이 여관의 객실 및 관련시설, 공간은 오로지 숙박업자의 지배 아래 놓여 있는 것이므로 숙박업자는 통상의 임대차와 같이 단순히 여관의 객실 및 관련시설을 제공하여 고객으로 하여금 이를 사용·수익하게 할 의무를 부담하는 것에서 한 걸음 더 나아가 고객에게 위험이 없는 안전하고 편안한 객실 및 관련시설을 제공함으로써 고객의 안전을 배려하여야 할 보호의무를 부담하며 이러한 의무는 앞서 본 숙박계약의 특수성을 고려하여 신의칙상 인정되는 부수적인 의무로서 숙박업자가 이를 위반하여 고객의 생명, 신체를 침해하여 동인에게 손해를 입힌 경우 불완전이행으로 인한 채무불이행책임을 부담한다.

숙박업자가 고객에 대하여 부담하는 보호의무를 위반하여 고객이 사망하였음을 원인으로 하는 채무불이행에 기한 손해배상청구소송에 있어 통상의 채무불이행과 같이 채무자가 그 채무불이행에 대하여 자기에게 과실이 없음을 주장·입증하지 않는 한 그 책임을 면할 수 없는 것이기는 하나, 채권자로서도 그 급부의 불완전에 관한 주장 · 입증책임을 부담하는 것이므로 원고로서는 구체적 보호의무의 존재와 그 위반사실을 주장 · 입증하여야 한다.

B. 이론요약

(1) 공중접객업자

극장, 여관, 음식점, 그 밖의 공중이 이용하는 시설에 의한 거래를 영업으로 하는 자를 공중접객업자(公衆接客業者)라 한다(商 151조). 그 밖의 공중이 이용하는 시설에는 목욕탕, 이발관, 미장원, 유원지, 당구장, 골프장 등이 있다.

상법은 「공중(公衆)이 이용하는 시설에 의한 거래」를 기본적 상행위의 하나로 규정하고 있다(商 46조 9호). 따라서 공중이 이용하는 시설에 의한 거래를 영업으로 하는 공중접객업자는 당연상인이 된다(商 4조).

(2) 숙박계약의 성질

숙박계약은 숙박업자가 고객에게 숙박을 할 수 있는 객실을 제공하여 고객으로 하여금 이를 사용할 수 있도록 하고 고객으로부터 그 대가를 받는 일종의 일시사용을 위한 임대차계약에 해당한다(大判 1994. 1. 28, 93 다 43590).

그러나 통상의 임대차계약과는 달리 숙박업자는 단순히 객실 및 관련시설을 제공하여 고객으로 하여금 이를 사용 · 수익하게 할 의무를 부담하는 것에서 한걸음 더 나아가 고객에게 위험이 없는 안전하고 편안한 객실 및 관련시설을 제공함으로써 고객의 안전을 배려하여야 할 보호의무를 부담한다. 숙박업자의 이러한 고객보호의무는 숙박계약의 특수성을 고려하여 신의칙상 인정되는 부수적인 의무이고, 숙박업자가 고객보호의무를 위반하여 고객의 생명 · 신체를 침해하여 동인에게 손해를 입힌 경우 불완전이행으로 인한 채무불이행책임을 부담한다.

(3) 불법행위책임과의 관계

공중접객업자는 숙박계약 등 채무불이행의 경우 손해배상책임을 부담하지만, 자기나 그 사용인의 고의 · 과실로 인하여 임치받거나 또는 고객이 휴대한 물건을 멸실 · 훼손하거나, 또는 고객의 생명이나 신체에 손해가 발생한 경우에는 동시에 불법행위책임이 문제되는 것이 보통이다. 이러한 경우에는 두 가지 책임과의 관계가 문제된다.

이에 관해서는 계약법은 특별법으로서 불법행위의 적용을 배제한다는 견해(법조경합설), 청구권경합을 인정하면서 계약불이행으로 인한 한도에서 공중접객업자의 불법행위책임을 인정하는 견해(절충설)가 있으나, 계약책임과 불법행위책임은 그 요건을 달리하는 것이므로 두 가지 청구권은 별개의 권리가 되는 것이며, 피해자는 어느 하나를 선택하여 행사할 수 있다고 본다(청구권경합설, 大判 1977. 12. 13, 75 다 107 등).

C. 관련판례

(1) 大判 2000. 11. 24, 2000 다 38718 · 38725(숙박업자는 고객에게 위험이 없는 안전하고 편안한 객실 및 관련시설을 제공함으로써 고객의 안전을 배려하여야 할 보호의무를 부담하며, 이를 위반하여 고객의 생명 · 신체를 침해하여 손해를 입힌 경우에는 불완전이행으로 인한 채무불이행책임을 부담한다고 한 경우).

(2) 大判 1999. 7. 9, 99 다 10004(통상의 임대차관계에 있어서는 임대인의 임차인에 대한 의무는 특별한 사정이 없는 한 단순히 임차인에게 임대목적물을 제공하여 임차인으로 하여금 이를 사용 · 수익하게 함에 그치는 것이고, 더 나아가 임차인의 안전을 배려하여 주거나 도난을 방지하는 등의 보호의무까지 부담한다고 볼 수 없다고 한 경우).

(3) 大判 1997. 10. 10, 96 다 47302(숙박업자는 숙박계약상 부수의무로서 고객보호의무를 부담하고, 피해자는 구체적 보호의무의 존재와 그 위반사실을 주장 · 입증하여야 하며, 숙박업자는 그 채무불이행에 관하여 자기에게 과실이 없음을 주장 · 입증하지 못하는 한 그 책임을 면할 수는 없다고 한 경우).

D. 관련논점

(1) 위의 사례에서 원고가 피고의 불법행위를 원인으로 손해배상을 청구하였다고 가정한다. 받아들여질 것인가?

(2) 실화책임에 관한 법률은 실화자의 책임을 경감하고 있다. 만일 위의 사례에서 피고가 실화책임에 관한 법률에 근거해서 책임의 경감을 주장하였다면 받아들여질 것인가? 그 이유는 무엇인가?

(3) 위의 사례에는 상법 제152조(공중접객업자의 책임)가 적용되는가? 만일 위

의 사례에 상법 제152조가 적용된다면 어떠한 차이가 있는가?

(4) 위의 사례에서 대법원은 숙박업자는 고객에게 보호의무를 부담하며 이는 숙박계약의 특수성상 인정되는 부수의무로 보았다. 주된 의무가 아닌 부수의무의 위반이 곧바로 채무불이행을 구성하는가? 숙박업자가 고객에 대한 보호의무를 위반한 경우 불법행위책임을 구성하는가?

2. 공중접객업자(숙박업자)의 손해배상책임

A. 기본판례

▣ 大判 2000. 11. 24, 2000 다 38718 · 38725[숙박업자는 고객에게 위험이 없는 안전하고 편안한 객실 및 관련 시설을 제공함으로써 고객의 안전을 배려하여야 할 보호의무를 부담하며, 이를 위반하여 고객의 생명 · 신체를 침해하여 손해를 입힌 경우에는 불완전이행으로 인한 채무불이행책임을 부담한다고 한 경우]

[사실관계]

Y는 아산시 온천동에서 여관을 경영하는 숙박업자이고, 소외 A, B는 위 여관에서 투숙하다가 발생한 화재로 인하여 사망하였다. X_1, X_2, X_3는 망 A의 처와 자녀이며, X_4, X_5는 망 B의 형제자매이다.

망 A와 B는 1996. 10. 29. 21 : 00경 Y가 경영하는 여관 3층 303호실에 투숙하였다가 같은 날 22 : 00경 위 객실에서 발생한 화재로 인하여 사망하였다. 이 사건 화재는 위 A와 B가 빨래를 한 후 이를 말리기 위해서 위 객실에 비치된 선풍기 위에 널어놓은 양말과 수건 등이 선풍기 날개에 걸리면서 그 회전날개의 기능장해로 인한 선풍기모터의 과열로 발화되어 일어난 것이다. 위 망인들은 이 불이 선풍기에 인접해 있던 이불과 콘센트 등에 옮겨 붙으면서 발생한 유독가스에 질식하여 사망하였다.

위 여관의 지배인인 소외 C는 같은 날 21 : 45경 형광등이 나갔으니 이를 교체해 달라는 연락을 받고 3층으로 올라갔는데, 3층 전체가 정전된 상태에서 화재경보기가 울리며 복도에 연기가 차 있는 것을 보고 손전등을 들고 복도에 있던 재떨이에서 연기가 난 것으로 생각하고 재떨이를 들여다보았으나 연기가 나지 않자 다시 주위를 둘러보다가 303호실에서 연기가 새어 나오는 것을 발견하였고,

비상열쇠를 가지고 303호실의 출입문을 연 후 출입문 내부의 방문빗장을 부수고 들어가 방안에 쓰러져 있던 A와 B를 객실 밖으로 끌어내었다. A와 B는 병원 응급실로 후송되었으나 그 곳에서 사망하였다.

이 사건 화재는 화염은 거의 없이 주로 유독가스를 동반한 연기를 발생시켰고 303호실 이외의 객실로는 번지지 않았을 뿐만 아니라, 303호실 내에서도 이불과 커튼의 일부, 선풍기 그리고 전기콘센트가 연결된 벽면 정도만을 태웠을 뿐 나머지 벽면 및 천장과 객실 내의 다른 물품 등은 거의 연소되지 않은 상태였다. 위 303호실 천장에는 화재감지설비로 열감지기만 설치되어 있고, 연기감지기는 복도에만 설치되어 있었다.

원심(대전高判 2000. 6. 14, 99 나 2261 · 6409)은 Y의 손해배상책임을 인정하였다. 원심은 숙박업자(Y)가 선풍기를 객실에 비치하였으면 선풍기 위에 수건 등을 널더라도 회전날개에 감기지 않도록 안전 그물망을 씌워서 비치하여야 했음에도 불구하고 더위를 식히기 위한 용도로 사용되지 아니한다는 사실을 알고도 그대로 객실에 방치하였고, 또 화재가 발생한 급박한 상황하에서 고객들의 보호를 위한 적절한 대응조치를 취하지 못하였다 할 것이므로, 위 망인들 및 그 유족들이 위 화재로 인하여 입은 손해를 배상할 책임이 있다고 판단하였다. 다만 A, B의 과실로 인하여 이 사건 화재가 발생하여 Y가 입은 손해에 대해서는 과실상계를 하고 있다.

X 및 Y는 모두 대법원에 상고하였다.

[판결요지]

대법원은 원심판결을 파기환송하였다.

숙박업자는 통상의 임대차와 같이 단순히 여관 등의 객실 및 관련 시설을 제공하여 고객으로 하여금 이를 사용 · 수익하게 할 의무를 부담하는 것에서 한 걸음 더 나아가 고객에게 위험이 없는 안전하고 편안한 객실 및 관련 시설을 제공함으로써 고객의 안전을 배려하여야 할 보호의무를 부담하며 이러한 의무는 숙박계약의 특수성을 고려하여 신의칙상 인정되는 부수적인 의무로서 숙박업자가 이를 위반하여 고객의 생명 · 신체를 침해하여 투숙객에게 손해를 입힌 경우 불완전이행으로 인한 채무불이행책임을 부담하고, 이 경우 피해자로서는 구체적 보호의무의 존재와 그 위반 사실을 주장·입증하여야 하며, 숙박업자로서는 통상의 채무불이행에 있어서와 마찬가지로 그 채무불이행에 관하여 자기에게 과실이 없음을 주장·입증하지 못하는 한 그 책임을 면할 수는 없다고 할 것이다(大判 1994. 1. 28, 93 다 43590; 同 1997. 10. 10, 96 다 47302 등 참조).

민법상 과실상계 제도는 채권자가 신의칙상 요구되는 주의를 다하지 아니한 경우 공평의 원칙에 따라 손해배상액을 산정함에 있어서 채권자의 그와 같은 부주의를 참작하는 것이고, 채무불이행으로 인한 손해배상책임의 범위를 정함에 있어서의 과실상계 사유의 유무와 정도는 개별 사례에서 문제된 계약의 체결 및 이행 경위와 당사자 쌍방의 잘못을 비교하여 종합적으로 판단하여야 하며, 이 때에 과실상계 사유에 관한 사실인정이나 그 비율을 정하는 것은 사실심의 전권사항이라 하더라도 그것이 형평의 원칙에 비추어 현저히 불합리한 것이어서는 아니 된다(大判 1998. 9. 4, 96 다 6240; 同 2000. 6. 13, 98 다 35389 등 참조). … 원심이 인정한 망인들의 과실비율은 너무 적은 것으로서 형평의 원칙에 비추어 현저히 불합리하다고 볼 여지가 있다.

한편 원심은 피고가 투숙객인 망인들에 대한 숙박계약상의 고객보호의무를 위반한 불완전이행을 이유로 하여 피고에 대하여 망인들이 입은 손해를 배상할 책임이 있다고 판단함으로써, 피고의 이 사건 손해배상책임의 근거를 숙박계약상의 채무불이행에 두고 있음을 분명히 하고 있다. 그렇다면 이 사건 숙박계약의 당사자가 아닌 원고들로서는 망인들의 근친자로서 이 사건 사고로 인하여 정신적 고통을 받았다 하더라도 피고의 망인들에 대한 숙박계약상의 채무불이행을 이유로 위자료를 청구할 수는 없다고 할 것인바(大判 1974. 11. 12, 74 다 997; 同 1982. 7. 13, 82 다카 278 등 참조), 그런데도 원심이 원고들의 위자료 청구에 대하여 그 근거를 밝히지 아니한 채 이를 인정한 것은 이유불비 내지 위자료에 관한 법리오해의 위법이 있다.

B. 이론요약

(1) 공중접객업자

극장, 여관, 음식점, 그 밖의 공중이 이용하는 시설에 의한 거래를 영업으로 하는 자를 공중접객업자(公衆接客業者)라 한다(商 151조). 그 밖의 공중이 이용하는 시설에는 목욕탕, 이발관, 미장원, 유원지, 당구장, 골프장 등이 있다.

상법은 공중(公衆)이 이용하는 시설에 의한 거래를 기본적 상행위의 하나로 규정하고 있다(商 46조 9호). 따라서 공중이 이용하는 시설에 의한 거래를 영업으로 하는 공중접객업자는 당연상인이 된다(商 4조).

(2) 대물적 손해에 대한 책임

1) 임치를 받은 물건에 관한 책임

공중접객업자는 자기 또는 그 사용인이 고객으로부터 임치(任置)받은 물건의 보관에 관하여 주의를 게을리하지 아니하였음을 증명하지 아니하면 그 물건의 멸실 또는 훼손으로 인한 손해를 배상할 책임이 있다(商 152조 1항). 임치받은 물건의 멸실 또는 훼손으로 인하여 손해가 생겼다는 사실은 고객이 입증하여야 하지만, 공중접객업자가 책임을 면하기 위해서는 그러한 손해발생에 대해서 자신에게 과실이 없었음을 입증하여야 한다.

임치가 성립하기 위해서는 공중접객업자와 객 사이에 공중접객업자가 자기의 지배영역 내에서 목적물보관의 채무를 부담하기로 하는 명시적 또는 묵시적 합의가 있어야 한다(大判 1998. 12. 8, 98 다 37507).

2) 임치를 받지 아니한 물건에 관한 책임

공중접객업자는 고객으로부터 임치받지 아니한 경우에도 그 시설 내에 휴대한 물건이 자기 또는 그 사용인의 과실로 인하여 멸실 또는 훼손되었을 때에는 그 손해를 배상할 책임이 있다(商 152조 2항). 고객이 점유하는 물건에 대해서까지 공중접객업자의 책임을 인정한 이유는 업소 내에서의 안전 및 질서유지는 공중접객업자의 책임에 속하기 때문이다.

공중접객업자의 임치를 받지 아니한 물건에 대한 책임은 일반적인 계약책임이나 불법행위책임이 아니라 공중접객업자와 고객 사이의 시설이용관계를 근거로 하여 상법이 인정한 특별한 법정책임이다.

(3) 대인적 손해에 대한 책임

상법은 고객이 입은 대물적 손해에 대한 책임만을 규정하고 있을 뿐 대인적 손해에 대해서는 따로 규정하고 있지 않다. 따라서 공중이 이용하는 시설의 이용 중에 발생한 고객의 생명·신체에 대한 대인적 손해에 대해서는 일반적인 채무불이행책임과 불법행위책임의 법리가 적용된다.

1) 채무불이행책임

공중접객업자가 숙박계약위반으로 인하여 고객의 생명·신체에 손해를 가하였다면 고객은 채무불이행을 원인으로 손해배상책임을 청구할 수 있다. 고객은 공중접객업자의 채무불이행 사실만을 증명하면 되고, 공중접객업자가 책임을 면하기 위해서는 자신의 무과실을 증명하여야 한다. 채무불이행책임을 청구하는 고객은 공중접객업자와의 사이에서 계약관계, 계약위반, 손해발생 등을 증명하여야 한다.

이처럼 채무불이행책임의 경우에는 피해자와 공중접객업자 사이에 숙박계약 등 계약관계가 전제되어야 한다. 계약당사자가 아닌 피해자의 가족들은 채무불이행을 이유로 위자료는 청구할 수 없다(大判 2000. 11. 24, 2000 다 38718 · 38725; 同 1974. 11. 12, 74 다 997 등 참조). 이는 불법행위책임의 경우에, 피해자의 직계존속, 직계비속 및 배우자도 가해자에 대해서 위자료를 청구할 수 있는 것과 차이가 있다(民 752조).

2) 불법행위책임

공중접객업자가 고의 또는 과실로 인하여 고객의 생명 · 신체에 대하여 손해를 가한 경우에는 불법행위로 인한 손해배상책임을 진다(民 750조). 불법행위책임을 물을 경우에는 피해자인 고객이 공중접객업자의 고의나 과실 등 귀책사유를 증명해야 하므로 그 책임의 추궁이 용이하지 않다. 그러나 대규모의 현대적인 공중접객업소에 대해서는 민법상의 불법행위책임의 법리를 그대로 적용하는 것은 곤란하다. 최근 공중접객업소가 기업형으로 운영되는 추세가 많아지고 있음을 고려할 때, 소규모의 공중접객업소를 제외한, 대규모의 기업형 공중접객업소에 대해서는 상법 제148조(여객이 받은 손해의 배상책임)와 같은 특칙을 두어서 명문으로 입증책임을 전환하는 정책전환이 필요하다.

3) 공중접객업자의 고객보호의무

숙박계약 등 공중접객시설의 이용에 관한 거래는 본질적으로는 「계약」에 해당하며 자기책임원칙이 적용되는 분야이다. 그러나 공중접객업소가 대규모, 기업화되면서 자기책임의 원칙만을 절대적으로 강조하기가 곤란한 측면이 존재한다. 이러한 사정을 고려하면 공중접객업자의 자기책임원칙에는 한계가 인정되어야 하고 그 주의의무에 대한 기준 역시 강화할 필요가 있다.

이 사건 대상판결에서 대법원은 숙박계약의 특수성상 숙박업자는 고객에 대한 보호의무를 부담하며 이를 위반한 경우에는 채무불이행책임을 부담한다고 보았다. 그러나 숙박업자의 고객에 대한 보호의무를 숙박계약상의 주된 의무가 아니라, 숙박계약에 수반하는 신의칙상 부수의무의 일종으로 보는 이상 보호의무 위반이 바로 채무불이행을 구성한다는 논리에는 찬성하기 어렵다. 주된 의무인지, 부수의무인지는 공중접객업자의 책임의 여부를 판단함에 있어서 매우 중요한 역할을 하며, 부수의무위반에 대해서까지 주된 의무위반에서와 같은 효과가 부여된다고 보기 어렵기 때문이다. 부수의무위반이 곧바로 채무불이행을 구성하면, 숙박업자는 부수의무를 위반하는 경우에도 채무불이행책임을 지게 되고, 채무불이행책임을 면하기 위해서는 자신의 고의나 과실이 없음을 증명하여야 하는 부담을 가지게 된다. 결국 이는 부수의무위반이 인정되는 경우에는 원칙적으로 입증책임이 전환된다는 것을 의미하며, 상법에서 물건의 멸실이나 훼손 등의 경우에 예외적으로 한정하여 공중접객업자 등에게 무과실의 증명을 통해서 책임을 면할 있도록 하는 체계를 무의미하게 만들기 때문이다(商 148조, 152조 등).

사견으로는 공중접객업자의 고객보호의무위반이 중대한 경우에는 불법행위책임을 묻도록 하는 것이 타당하다고 본다. 예컨대 증권의 투자권유에 있어서 금융기관이 고객보호의무를 위반하였을 경우 금융기관의 불법행위책임을 인정하는 것처럼, 공중접객업자(숙박업자)의 고객보호의무위반 역시 불법행위책임으로 구성하는 것이 일관성이 있기 때문이다. 불법행위책임이 인정되기 위해서는 제반사정을 고려하여 그 위법성과 법익침해가 중대하여 불법행위에 이르는 정도가 되어야 할 것이다. 다만 불법행위책임으로 구성할 경우에는 실화책임에 관한 법률 등이 적용되므로 고객의 보호에는 어려움을 겪을 우려가 있다.

C. 관련판례

(1) 大判 2002. 7. 12, 2000 다 17810(채무불이행으로 인한 손해배상책임의 범위의 확정에 있어서 과실상계 사유의 유무와 정도의 판단 방법 및 과실상계 사유에 관한 사실인정과 비율확정은 사실심의 전권사항이라고 한 경우).

(2) 大判 1994. 1. 28, 93 다 43590(숙박업자는 고객에게 위험이 없는 안전하고 편안한 객실 및 관련시설을 제공함으로써 고객의 안전을 배려하여야 할 보호의무를 부담하며 이러한 의무는 숙박계약의 특수성을 고려하여 신의칙상 인정되는 부수적인 의무로서 숙박업자가 이를 위반하여 고객의 생명 · 신체를 침해하여 손해

를 입힌 경우 불완전이행으로 인한 채무불이행책임을 부담한다고 한 경우).

(3) 大判 1982. 7. 13, 82 다카 278(승객이 객차의 승강구에서 추락, 사망한 경우 승객 아닌 그 망인의 처, 자녀들은 그로 인하여 정신적 고통을 받았다 하더라도 상법 제148조 제 1 항에 의하여 여객운송자에게 손해배상책임이 있음을 이유로 하여 그들의 위자료를 청구할 수는 없다고 한 경우).

D. 관련논점

(1) 공중접객업자가 운영하는 공중접객시설 내에서 발생한 고객의 생명이나 신체에 대한 손해에 대해서는 상법상의 어떠한 규정들이 적용되는가? 대물적 손해에 대한 배상책임의 경우와는 어떠한 차이가 있는가?

(2) 위의 사례에서 원고들이 피고를 상대로 불법행위를 원인으로 손해배상을 청구하였다면 받아들여질 가능성은 어떠한가? 채무불이행청구와 불법행위청구의 장 · 단점은 무엇인가?

(3) 위의 사례에서 원심판결과 대법원판결의 법리에는 중대한 차이가 있는가? 대법원이 원심판결을 파기한 이유는 무엇 때문인가?

3. 공중접객업자(숙박업자)의 고가물에 대한 책임

A. 기본판례

▣ 大判 1977. 2. 8, 75 다 1732[백금부착 다이아반지 등은 고가물에 해당하고, 결혼식장에서 교환된 예물이라고 하여서 반드시 가격을 밝힐 수 없는 것은 아니라고 한 경우]

[사실관계]

X는 Y가 경영하는 여관의 특3호실에 투숙중에 결혼식장에서 예물로 교환된 부로바시계 1개, 옥토시계 1개, 백금부착 3푼짜리 다이아반지 1개, 백금부착 1푼짜리 다이아 목걸이 1개 등을 도난당하였다.

X는 숙박업자인 Y를 상대로 손해배상청구를 제기하였다.

원심(전주地判 1975. 7. 10, 75 나 118)은 X의 손해배상청구를 기각하였다.

X는 대법원에 상고하였다.

[판결요지]

대법원은 상고를 기각하였다.

부로바시계 1개 시가 64,000원 상당 옥토시계 1개 시가 25,000원 상당 백금부착 3푼짜리 다이아반지 1개 시가 150,000원 상당과 백금부착 1푼짜리 다이아목걸이 1개 시가 70,000원 상당은 상법 제153조 소정의 고가물에 해당하고, 결혼식장에서 선물로 교환된 물건이라고 하여서 반드시 가격을 밝힐 수 없다고도 할 수 없다.

원심의 판단은 상법 제153조 명문에 따른 바로서 정당하다. 논지는 결국 이유 없고 원판결은 옳으니 일치된 의견으로 주문과 같이 판단한다.

B. 이론요약

(1) 임치를 받은 물건에 관한 책임

공중접객업자는 자기 또는 그 사용인이 고객으로부터 임치(任置)받은 물건의 보관에 관하여 주의를 게을리하지 아니하였음을 증명하지 아니하면 그 물건의 멸실 또는 훼손으로 인한 손해를 배상할 책임이 있다(商 152조 1항). 임치받은 물건의 멸실 또는 훼손으로 인하여 손해가 생겼다는 사실은 고객이 입증하여야 하지만, 공중접객업자가 책임을 면하기 위해서는 그러한 손해발생에 대해서 자신에게 과실이 없었음을 입증하여야 한다.

(2) 임치를 받지 아니한 물건에 관한 책임

공중접객업자는 고객으로부터 임치받지 아니한 경우에도 그 시설 내에 휴대한 물건이 자기 또는 그 사용인의 과실로 인하여 멸실 또는 훼손되었을 때에는 그 손해를 배상할 책임이 있다(商 152조 2항). 고객이 점유하는 물건에 대해서까지 공중접객업자의 책임을 인정한 이유는 업소 내에서의 안전 및 질서유지는 공중접객업자의 책임에 속하기 때문이다.

(3) 고가물에 관한 책임

화폐, 유가증권, 그 밖의 고가물(高價物)에 대하여는 고객이 그 종류와 가액(價額)을 명시하여 임치하지 아니하면 공중접객업자는 그 물건의 멸실 또는 훼손으로 인한 손해를 배상할 책임이 없다(商 153조). 고가물은 손해발생의 위험이 많으며, 그 손해도 거액에 달하므로 운송인이 운송물이 고가물임을 미리 안 경우에는 고액의 운임을 청구하고 그에 따라 특별한 주의를 할 것이지만, 고가물인 사실을 알지 못한 때에는 통상적인 주의를 기울일 수밖에 없을 것임을 고려한 것이다.

상법 제154조 소정의 고가물이라 함은 그 용적이나 중량에 비하여 그 성질 또는 가공 정도 때문에 고가인 물건을 뜻하고, 결혼식장에서 교환한 시계, 다이아반지 등은 고가물에 해당한다(大判 1977. 2. 8, 75 다 1732). 반면에 승용차는 일반적으로 고가물에 해당하지 않는다(광주高判 1989. 2. 15, 88 나 3986).

C. 관련판례

(1) 광주高判 1989. 2. 15, 88 나 3986(상법 제153조 소정의 고가물이라 함은 그 용적이나 중량에 비하여 그 성질 또는 가공 정도 때문에 고가인 물건을 뜻하는 것이고 승용차는 이에 해당하지 아니하므로 객이 그 종류와 수량을 명시하여 임치한 바 없더라도 그의 승용차를 도난당한 경우에는 공중접객업자는 상법 제152조 제 2 항에 따른 책임을 부담한다고 한 경우).

(2) 大判 1963. 4. 18, 63 다 126(견직물은 오늘날 사회경제 및 거래상태로 보아 상법 제153조 소정의 고가물이라 볼 수 없으므로 그 종류와 가격을 명시하지 아니하였다 하여도 운송인은 손해배상책임을 면할 수 없다고 한 경우).

D. 관련논점

(1) 고가물에 대해서 공중접객업자의 손해배상책임을 제한하는 이유는 무엇인가?

(2) 고객이 임치시에 고가물의 종류와 가액을 명시하지는 아니하였지만, 공중접객업자가 통상의 주의조차 기울이지 아니함으로써 고가물이 멸실 · 훼손되었다면 어떠한 책임을 부담하는가?

4. 공중접객업자(목욕탕업자)의 고가물에 대한 책임

A. 기본판례

▣ 서울民事地判 1985. 5. 1, 84 나 1190[확정][목욕탕업자의 상업사용인이 임치받은 물건의 종류와 가액을 이미 잘 알고 있었다면 고가물의 멸실로 인한 손해를 배상할 책임이 있다고 한 경우]

[사실관계]

Y는 그 주소지에서 ○○목욕탕이란 상호로 목욕탕업을 경영하는 자이다. Y는 목욕탕영업을 하면서 그 매표소에 고객으로부터 임치받은 물건을 보관하기 위한 시설을 해놓은 외에 그 목욕탕의 남자 탈의실 내에도 그와 같이 임치받은 물건을 보관하기 위한 보관함을 설치하였다. Y는 소외 A로 하여금 위 목욕탕의 남자 탈의실 내에 설치된 간이이발시설을 이용하여 고객의 요구에 따라 머리손질을 하는 독립채산제의 영업을 하게 하는 한편 그 탈의실 내에 설치된 위 보관함의 열쇠를 맡아 그를 관리·운영하게 하였다.

X는 위 목욕탕시설을 자주 이용하면서 A에게 휴대한 로렉스 시계 1개를 싯가 금 4,000,000원 상당의 스위스제 금장로렉스 고급시계라고 자랑하는 말과 함께 임치하였다가 반환받기를 여러 차례 하여 오다가 1983. 7. 11. 10 : 00경에도 역시 위 목욕탕 탈의실 내에서 A에게 위의 시계를 임치하고 입욕하였다. A는 위 시계가 고가물인 스위스제 금장로렉스 시계라는 점을 인식하면서 이를 임치받았고 이를 위 간이이발대 서랍 속에 넣어두었다가 도난당하였다.

X는 Y를 상대로 손해배상청구를 제기하였다.

[판결요지]

서울민사지방법원은 목욕탕업자인 Y의 책임을 인정하였다.

피고는 객의 내집을 위한 시설에 의한 거래를 영업으로 하는 상법상의 이른바 공중접객업자에 해당하고, A는 비록 피고에게 고용되어 보수를 받는 자는 아니었다고 하더라도 피고의 영업장에서 영업하면서 위와 같이 피고가 설치한 보관함을 피고로부터 위임받아 관리·운영하는 지위에 있었으니 그 업무의 범위 내에서 피고의 지휘·감독을 받는 피고의 상업사용인이라고 아니할 수 없다 할 것이며, 원고가 A에게 임치하였던 위 시계는 고가물에 해당함이 분명하니 원고가

고가물인 위의 시계를 그 사정을 전부터 잘 알고 있던 피고의 상업사용인인 소외 A에게 위와 같이 임치한 것은 바로 공중접객업자인 피고에게 고가물을 그 종류와 가액을 명시하여 임치한 경우에 해당한다고 보는 것이 상당하므로 피고는 다른 특별한 사정이 없는 한 원고에게 위 시계의 멸실로 인한 손해를 배상할 의무가 있다고 할 것이다.

한편 원고로서도 고가물인 시계를 간수하자면 대중목욕탕에 갈 때에는 부득이한 경우 이외에는 이의 휴대를 삼가하는 것이 마땅할 것임에도 불구하고 피고 경영의 위 대중목욕탕에 갈 때에 이를 자주 휴대하였을 뿐 아니라 그 경우에도 번번이 그곳 매표소의 보관시설에 안전하게 임치하는 것이 아니라 그 관리가 비교적 허술한 탈의실 내의 보관함 관리자인 소외 A에게 임치하는 방법으로 그 간수하는 조치를 소홀히 한 잘못을 범하다가 결국 본건 사고를 당하였다고 하겠으므로 원고의 위 잘못은 피고가 배상하여야 할 금액을 정함에 있어 이를 참작하기로 한다.

나아가서 피고가 배상하여야 할 수액에 관하여 살피건대, … 위의 시계는 원고가 1979년 말경에 소속직장에서 공로상을 수상하면서 부상으로 받은 것으로서 그 당시 신품으로서의 싯가가 금 3,600,000원 정도이었고 위와 같은 분실될 당시에는 그 시곗줄도 원래의 것이 아닌 중고품으로서 그 싯가가 금 2,000,000원 정도이었던 사실을 인정할 수 있고 달리 반증될 만한 것이 없으므로 원고가 위 시계의 멸실로 인하여 입은 손해는 위 금 2,000,000원 상당이라고 할 것인데 여기에서 위에서 본 원고의 위 잘못을 참작하면 피고가 원고에게 배상하여야 할 금액은 원고의 위 손해액 중 금 1,000,000원으로 정하는 것이 상당하다고 할 것이다.

B. 이론요약

(1) 공중접객업자의 책임

공중접객업자는 자기 또는 그 사용인이 고객으로부터 임치(任置)받은 물건의 보관에 관하여 주의를 게을리하지 아니하였음을 증명하지 아니하면 그 물건의 멸실 또는 훼손으로 인한 손해를 배상할 책임이 있다(商 152조 1항). 공중접객업자는 고객으로부터 임치받지 아니한 경우에도 그 시설 내에 휴대한 물건이 자기 또는 그 사용인의 과실로 인하여 멸실 또는 훼손되었을 때에는 그 손해를 배상할 책임이 있다(商 152조 2항). 아래에서는 임치받은 물건의 책임에 관하여 본다.

(2) 임치의 성립

공중접객업자와 고객 사이에 물건에 대한 임치가 성립하기 위해서는 공중접객업자가 자기의 지배영역 내에서 목적물 보관의 채무를 부담하기로 하는 명시적 또는 묵시적 합의가 있어야 한다(大判 1998. 12. 8, 98 다 37507).

이 사건의 경우 A는 피고의 사용과 감독을 받는 상업사용인에 해당하며, X가 목욕탕 탈의실에서 피고의 영업과 관련하여 포괄적인 대리권을 가지는 A에게 위 시계를 맡김으로써, 고객인 X와 공중접객업자인 Y와 사이에 임치계약이 성립하였다고 볼 것이다.

(3) 고가물에 대한 책임

화폐, 유가증권, 그 밖의 고가물(高價物)에 대하여는 고객이 그 종류와 가액(價額)을 명시하여 임치하지 아니하면 공중접객업자는 그 물건의 멸실 또는 훼손으로 인한 손해를 배상할 책임이 없다(商 153조).

위 시계는 고가물에 해당함이 분명하고, 고가물의 종류와 가격을 잘 알고 있었던 A에게 위와 같이 임치한 것은 공중접객업자인 Y에게 고가물을 그 종류와 가액을 명시하여 임치한 경우에 해당한다(서울民事地判 1985. 5. 1, 84 나 1190). 결국 위의 사례에서 X는 고가물인 위 시계를 그 종류와 가액을 명시하고 임치하였다고 볼 것이고, 따라서 공중접객업자인 Y는 위 시계의 멸실로 인한 손해를 배상할 책임이 있다.

C. 관련판례

(1) 광주高判 1989. 2. 15, 88 나 3986(상법 제153조 소정의 고가물이라 함은 그 용적이나 중량에 비하여 그 성질 또는 가공 정도 때문에 고가인 물건을 뜻하는 것이고 승용차는 이에 해당하지 아니하므로 객이 그 종류와 수량을 명시하여 임치한 바 없더라도 그의 승용차를 도난당한 경우에는 공중접객업자는 상법 제152조 제 2 항에 따른 책임을 부담한다고 한 경우).

(2) 大判 1977. 2. 8, 75 다 1732(백금부착 다이아반지 등은 고가물에 해당하고, 결혼식장에서 교환된 예물이라고 하여서 반드시 가격을 밝힐 수 없는 것은 아니라고 한 경우).

(3) 大判 1963. 4. 18, 63 다 126(견직물은 오늘날 사회경제 및 거래상태로 보아 상법 제153조 소정의 고가물이라 볼 수 없으므로 그 종류와 가격을 명시하지 아니하였다 하여도 운송인은 손해배상책임을 면할 수 없다고 한 경우).

D. 관련논점

(1) 위의 사례에서 Y가 고객의 휴대물에 대해서 책임을 지지 않는다는 안내문을 위 목욕탕 여러 곳에 게시하였다고 가정한다. 이러한 조치를 취하였음에도 Y는 여전히 책임을 부담하는가? 그 이유는 무엇인가?

(2) Y는 위 시계의 분실과 관련하여 자신에게 고의나 과실이 없으며, A에 대한 선임과 감독에도 과실이 없음을 입증하였다고 가정한다. Y는 여전히 책임을 부담하는가? 그 이유는 무엇인가?

(3) 위의 사례에서 A는 독립상인인가? 아니면 Y의 상업사용인인가? 상업사용인이라면 어떠한 종류의 상업사용인에 해당하는가? Y는 근로기준법상 사용자로서 A에 대한 책임을 부담할 가능성은 있는가?

제7 창 고 업

1. 창고업자의 의의 및 주의의무

A. 기본판례

▣ 大判 1975. 4. 8, 74 다 1213[천일염 등 수 많은 물품들을 임치 보관하고 있는 적치장이 집중호우로 침수되어 천일염이 유실된 경우에, 보관업자의 보관상 주의의무의 해태 여부를 논하기 위해서 심리되어야 할 사항]

[사실관계]

X는 천일염을 취급하는 상인이고, Y회사는 운송 및 보관 등의 업무를 영위하는 자이다. Y회사는 X로부터 천일염을 임치받아 서울 용산역 구내 Y회사 적치장에 보관하였다. 그런데 1972. 8. 12.부터 18.까지 집중호우가 내렸고 19일 14 : 00경 한강수위가 늘어나 한강물이 수문을 통하여 서울시내에 흘러들 위험이 있어 당국이 한강수문을 폐쇄하자, 그때부터 서울시내의 내수가 한강으로 배수되지 않고 서서히 침수하기 시작하여 그 다음날인 20일 05 : 00경에 완전히 침수되

었다. 당시 이 사건 천일염보관현장에서 15 내지 20미터 되는 지점에 일부 비어 있는 고지대가 있고, 또 적치장소 근처에 물에 용해되지 않는 물건들이 있어 Y회사는 위 천일염을 이곳으로 옮겨 놓을 수도 있었고, Y회사의 영업규모에 비추어 더 많은 수의 인부를 동원하여 보관물을 구제할 수 있었음에도 불구하고 30명의 소수 인원만으로 그것도 침수가 시작된 14 : 00경부터 1, 2시간정도 이 작업을 하였을 뿐 그 후부터는 구제작업을 중단하였다. Y회사는 이 사건 천일염이 완전히 침수 유실된 이후인 1972. 9. 21.에야 비로소 침수 사실을 X에게 통지하였다.

원심(서울高判 1974. 7. 4, 73 나 71)은 창고업자인 Y회사로서는 이 사건 침수 2일 전부터 전국적으로 장마가 시작되었으므로 홍수 등 수해를 미리 예상하고 보관물의 침수예방을 위한 모든 준비를 하였어야 마땅할 것인데도 불구하고 아무런 대책을 세우지 않고 있다가 이 사건 침수가 시작되자 비로소 손을 쓰기 시작하였고, 결국 천일염 보관에 관하여 그 주의를 다하지 아니하여 이를 유실케 하였으므로 Y회사에게 손해배상책임이 있다고 인정하였다.

Y는 대법원에 상고하였다.

[판결요지]

대법원은 원심을 파기환송하였다.

위 침수는 65년 전 또는 그보다도 오랜 햇수 이래의 최대 강우에 인한 것으로서 그동안 위 보관장소인 용산역이 침수되었던 일이 없었음이 일건 기록상 분명하니 이러한 사정하에서 원판시와 같이 장마가 시작되었다는 사실만 가지고서 피고회사가 보관물을 이적하는 등 그때부터 미리 구출 준비를 하였어야 할 것이라고 기대하기는 어렵고 … 피고회사가 이 사건 천일염이 완전침수된 후에야 이 사실을 원고들에게 통지하였다는 사실만으로서 보관자로서의 주의의무를 해태하였다고 단정하기도 어려우며 … 원심으로서는 위와 같은 모든 보관물품들을 한정되는 시간과 상항 아래에서 원판시 고지대 또는 적치물에 이적하는 등 구조하기 위하여 필요한 장비나 인부의 소요량을 심리 확정하고, 이어서 피고회사의 영업규모로 보아 당시 피고회사가 이러한 물량의 장비와 인부를 동원할 수 있었는가를 조사하고, 만약 위 소요량을 모두 동원할 수 없었다면 피고회사가 당시의 상항에서 동원할 수 있었던 최대의 장비와 인부의 수를 확정하여 그것을 가지고 피고회사가 임치 보관하고 있는 이 사건 천일염을 포함하는 모든 물품을 구출할 수 있는 비율을 산정한 다음, 이에 기하여 이 사건 천일염을 구출할 수 있는 수량을 산출하여 이에 관한 피고회사의 보관상 주의의무의 해태여부를 논단하였어야 할 것이다.

B. 이론요약

(1) 창고업자의 의의

창고업자는 타인을 위하여 창고에 물건을 보관함을 영업으로 하는 자이다(商 155조). 이를 분설하면 다음과 같다.

1) 창고업자는 타인을 위하여 창고에 물건을 보관하는 자이다. 불특정 타인을 위해서 물건의 보관을 하며, 임치인이 반드시 상인일 필요는 없다.

2) 창고는 물건을 보관하는 장소를 가리킨다. 반드시 건물에 물건을 보관하여야 하는 것은 아니며, 컨테이너를 사용하거나 임치물의 종류에 따라서는 야적할 수도 있다. 보관의 인수의 한 방법으로서 창고의 전부 또는 일부를 특정인에게 대여하는 경우에는 창고업이 된다고 본다.

3) 보관의 목적물은 물건이다. 화폐, 유가증권 기타의 고가물, 동물 등도 보관의 대상이 될 수 있다. 타인을 위하여 목적물을 보관하되, 그 목적물의 소유권이 반드시 임치인에게 있어야 하는 것은 아니다.

4) 창고업자는 물건을 단순히 보관하는 것을 영업으로 하므로, 수치인이 임치물의 소유권을 취득하고 동량의 다른 물건을 반환할 수 있는 경우의 이른바 소비임치(民 702조)는 창고업이 말하는 보관은 아니다. 그러나 보관의 한 방법으로서 수인의 임치물을 혼합하여 보관하는 경우, 예컨대 동종, 동품질의 옥수수 등 대체성이 있는 곡물을 혼장임치하는 경우에는 보관에 해당한다.

5) 창고업자는 물건의 보관을 영업으로 하는 자이다. 창고업자는 타인의 물건에 대한 임치를 영업으로 하며, 물건에 대한 임치의 인수가 기본적인 상행위가 된다. 물건의 보관은 영업을 위하여 하는 보조적 상행위가 된다.

(2) 창고업자의 의무

1) 임치물보관 및 반환의무

창고업자는 그 임치계약이 유상이든 무상이든 선량한 관리자의 주의로서 임치물을 보관하여야 하며(商 62조), 임치물을 수치인 또는 창고증권 소지인에게 반환할 의무를 진다. 임치물의 종류, 성질에 따라서 적합한 방법을 택해서 임치물을 보관하여야 하며, 천재지변이나 도난 등 외부에서 예상되는 손해에 대해서는 방어조치도 강구하여야 한다.

창고증권이 발행된 경우에는 그 소지인의 청구에 의하여 또는 그 소지인에 대해서만 임치물을 반환할 의무를 지며, 동시에 그 증권과 상환으로서가 아니면 임치물을 반환하여서는 아니 된다(商 157조, 129조).

2) 임치물의 검사, 견품적취, 보존처분행위에 응할 의무

임치인이나 창고증권 소지인은 창고업자의 영업시간 내에 언제든지 창고업자에게 임치물의 검사, 견품의 적취를 요구하거나 그 보존에 필요한 처분을 할 수 있다(商 161조). 임치인이 임치물의 보전의 완전 여부를 확인할 수 있게 하고, 임치중인 물건을 목적으로 하는 거래를 편의롭게 해주기 위한 것이다.

3) 목적물의 훼손, 하자 등의 통지의무

창고업자가 임치물을 받은 후에 그 물건의 훼손 또는 하자를 발견하거나 그 물건이 부패할 염려가 있는 때에는 지체 없이 임치인에게 그 통지를 발송하여야 한다. 이 경우에 임치인의 지시를 받을 수 없거나 그 지시가 지연되는 때에는 창고업자는 임치인의 이익을 위하여 적당한 처분을 할 수 있다(商 168조, 108조).

(3) 손해배상책임

1) 의 의

창고업자는 자기 또는 사용인이 임치물의 보관에 관하여 주의를 해태하지 아니하였음을 증명하지 아니하면 임치물의 멸실 또는 훼손에 대하여 손해를 배상할 책임을 면하지 못한다(商 160조). 창고업자의 과실추정을 추정하고, 반증을 통해서 그 책임을 면할 수 있도록 하는 점에서 운송주선인(商 115조), 운송인(商 135조)의 손해배상책임과 같다. 창고업자는 사용인의 선임·감독에 관한 과실이 없었다는 증명만으로는 손해배상책임을 면하지 못한다. 창고업자에 대해서는 고가물에 대한 특칙을 두고 있지 않으므로 고가물의 손해에 대한 책임은 임치계약 및 손해배상의 일반원칙에 따라서 해결할 것이다.

2) 창고업자의 책임소멸

임치인 또는 창고증권 소지인이 유보 없이 임치물을 수령하고 보관료를 지

급한 때에는 창고업자의 책임도 소멸한다(商 168조, 146조 1항). 그러나 임치물에 즉시 발견할 수 없는 훼손 또는 일부멸실이 있고, 임치인이 임치물을 수령한 날로부터 2주간 내에 창고업자에게 통지를 발송한 때에는 창고업자의 책임은 소멸하지 아니한다(商 168조, 146조 1항 단서). 창고업자 또는 그 사용인이 악의인 때에는 위 내용은 적용되지 아니한다(商 168조, 146조 2항).

3) 창고업자의 책임의 시효

임치물의 멸실 또는 훼손으로 인하여 생긴 창고업자의 책임은 그 물건을 출고한 날로부터 1년이 경과하면 소멸시효가 완성한다(商 166조 1항). 원래 상행위로 인한 채권은 5년의 소멸시효기간이 적용되나(商 64조), 상법은 운송주선인(商 121조), 운송인(商 147조), 창고업자(商 166조) 등에 대해서는 악의인 경우를 제외하고는 1년의 단기소멸시효를 적용하고 있다. 이는 운송업이나 창고업의 계속적 · 반복적 거래의 특성상 그 증거를 장기간 보관해 두기가 어렵고, 이들 사이의 책임관계는 신속히 해결할 필요가 있기 때문이다.

C. 관련판례

大判 1971. 1. 31, 71 다 2651 · 2652(창고 및 임치물의 소실에 따른 손해배상 책임을 부담하는 자는 실화의 책임 있는 인부들이 누구의 피용사인가에 따라서 다르다고 한 경우).

D. 관련논점

창고업자(보관업자)는 어떠한 주의의무를 부담하는가? 위의 사례에서 Y회사가 부담하는 주의의무의 내용과 해태 여부는 Y회사의 영업규모, 동원할 수 있는 장비와 인부 등에 의해서 달라지는가?

2. 창고업자의 손해배상책임

A. 기본판례

▣ 大判 2004. 1. 27, 2000 다 63639[항공화물이 통관을 위하여 보세창고에 입고된 경우에는 운송인과 보세창고업자 사이에 항공화물에 관하여 묵시적 임치계약이 성립한다고 볼 것이고, 보세창고업자가 운송인의 지시 없이 수하인이 아닌 사람에게 인도함으로써 수하인의 화물인도청구권을 침해한 경우에는 그로 인한 손해를 배상할 책임이 있다고 한 경우]

[사실관계]

X은행은 1997. 9. 25. 수입업자인 A와 외국환거래약정을 체결하고 그 다음날인 1997. 9. 26. 미화 금 282,000달러, 수익자 B로 된 신용장을 발행하였다. X은행은 이 사건 수입화물에 대해서 양도담보약정을 체결하였고 화물운송장 등 운송서류에서도 수하인을 X은행으로 기재하였다. B는 운송주선인 K항운에게는 X은행을 수하인으로 하여서 이 사건 화물의 항공운송을 의뢰하였으나, 적하목록에는 수입업자인 A를 수취인으로 기재하여 세관에 제출하였다. K항운은 항공사에게 이 사건 화물의 운송을 의뢰하였고, 수하인을 X은행으로 하는 항공화물운송장을 발행하였다.

이 사건 화물들은 1997. 10. 23.부터 1997. 12. 3.경 사이 수차례에 걸쳐 김포공항에 도착하였고, 창고업자인 Y가 운영하는 보세창고에 입고되었다. 그런데 운송주선인 K항운은 X은행에게는 통지하지 않은 채 수입업자인 A에게만 이 사건 화물의 도착사실을 통지하였고, 이에 따라 A는 이 사건 화물에 대한 수입신고를 마치고 세관으로부터 받은 수입신고필증을 Y에게 제시하였다. Y는 수입신고필증 및 적하목록상의 수하인이 A인지의 여부만을 확인하고 이 사건 화물을 A에게 인도하였다.

X은행은 신용장 매입은행으로부터 선적서류 등을 제시받고, 1998. 5. 19. 수입대금을 대지급하였으나 수입업자인 A로부터 이를 상환받지 못하게 되자 창고업자인 Y를 상대로 손해배상을 구하는 소송을 제기하였다.

원심(서울高判 2000. 10. 31, 99 나 67309)은 창고업자 Y의 손해배상책임을 인정하였다.

원심은 항공운송인 또는 항공운송주선인이 공항에 도착한 수입항공화물을 통관을 위하여 보세창고업자에게 인도하는 것만으로 그 화물이 항공운송인이나 항공운송주선인의 지배를 떠나 수하인에게 인도된 것으로는 볼 수 없다고 판단하였다. 보세창고업자가 보관하고 있는 동안에는 그 화물은 항공운송인이나 항공운송주선인의 지배하에 있다고 볼 것이고, 묵시적으로 항공운송인이나 항공운송주선인과 보세창고업자 사이에 임치계약이 성립한다고 볼 것이므로, 보세창고업자인 Y는 항공운송인이나 항공운송주선인 또는 그들이 지시하는 자에게 화물을 인도할 의무가 있다고 하였다.

원심은 창고업자인 Y는 이 사건 화물의 임치인 또는 간접점유자인 K항운의 지시를 받아 이 사건 화물을 인도하든가, 아니면 A가 항공화물운송장(Air Waybill)에 기재된 수하인 또는 그 지시인인지 여부를 확인하여야할 주의의무가 있음에도 불구하고, 수입신고필증상의 수하인의 동일성만을 확인하고 이 사건 화물을 A에게 반출한 것은 창고업자로서의 주의의무를 위반한 것이며 그로 인한 손해를 배상할 책임이 있다고 판단하였다.

Y는 대법원에 상고하였다.

[판결요지]

대법원은 Y의 손해배상책임을 인정하였다.

1. 상고이유 1, 2의 점에 대하여(상고인 Y는 보세창고 지정, 입고, 비용부담 등 구체적인 행위를 한 A를 임치계약의 당사자로 보아야 하며, 그렇지 아니하여도 이 사건 화물이 창고업자인 Y에게 인도됨으로써 이 사건 항공화물운송은 종료되었으므로 Y의 책임은 없다고 주장하였다)

항공화물의 운송에 있어서 운송인이 공항에 도착한 수입항공화물을 통관을 위하여 보세창고업자에게 인도하는 것만으로 항공화물이 운송인이나 운송주선인의 지배를 떠나 수하인에게 인도된 것으로 볼 수는 없다 할 것이므로(대판 1996. 9. 6, 94 다 46404 참조), 항공화물이 통관을 위하여 보세창고에 입고된 경우에는 운송인과 보세창고업자 사이에 항공화물에 관하여 묵시적 임치계약이 성립한다고 볼 것이고, 따라서 보세창고업자는 운송인과의 임치계약에 따라 운송인 또는 그가 지정하는 자에게 화물을 인도할 의무가 있고, 한편 운송인은 항공화물운송장상의 수하인이나 그가 지정하는 자에게 화물을 인도할 의무가 있으므로, 보세창고업자로서는 운송인의 이행보조자로서 항공운송의 정당한 수령인인 수하인 또는 수하인이 지정하는 자에게 화물을 인도할 의무를 부담한다고 할 것이다. 그러므로 보세창고업자가 화물을 인도함에 있어서 운송인의 지시 없이 수하인이 아닌 사람에게 인도함으로써 수하인의 화물인도청구권을 침해한 경우에는 그로 인한 손해를 배상할 책임이 있다.

2. 상고이유 4, 5, 6의 점에 대하여(상고인 Y는 적하목록과 항공운송장에 기재된 수하인이 사실과 다름을 알지 못했으며, 수입화물에 대한 보세운송, 보세창고 입고, 통관, 출고 등을 사실상 X은행의 승인하에 행하였다고 주장하였다)

피고가 이 사건 화물을 보관 및 반출하기에 앞서 세관으로부터 건네받은 보세운송신고필증과 이 사건 수입상으로부터 교부받은 수입신고필증에 이 사건 화물에 관하여 항공화물운송장이 발행된 사실이 기재되어 있으므로, 피고로서는 국제거래에서 통상적으로 사용되는 신용장거래방식의 경우 항공화물운송장상의 수하인이 실수입자와는 다를 수 있다는 점을 알았거나 충분히 알 수 있었다고 봄이 상당하고, … 피고로서는 임치인인 운송인의 지시를 받아 이 사건 화물을 인도하든가 아니면 이 사건 수입상이 항공화물운송장상의 수하인 또는 그 지시인인지 여부를 확인하여야 할 주의의무가 있다고 할 것인데, 이와 같은 주의의무를 게을리한 채 수입신고필증상의 수하인의 동일성만을 확인하여 이 사건 화물을 이 사건 수입자에게 반출한 행위는 원고에 대한 불법행위에 해당한다고 할 것이므로 이로 인한 원고의 손해를 배상할 책임이 있다.

B. 이론요약

(1) 항공운송과 항공화물운송장

항공화물운송장(Air Waybill)은 바르샤바협약에 의하여 발행되는 항공운송증권으로서, 항공운송인과 송하인과의 운송계약의 체결 및 항공운송인에 의한 화물의 수취와 운송의 조건에 관한 증거가 되는 서류이다. 항공화물운송장은 선하증권과 달리 재산권을 표창하는 것이 아니고 유통성도 없으므로 유가증권이 아니며 단순한 증거증권 내지 화물수령증에 지나지 않는다.

(2) 무단반출의 위험과 수입화물인도승낙서, 인도지시서 등의 요구

일반적으로 적하목록의 수하인란과 수입신고필증의 수입자란에는 항공화물운송장의 수하인(은행 등)이 아닌 실수입자가 기재되는 것이 보통이고, 이에 따라 실수입자인 화주가 수하인으로부터 수하인용 항공화물운송장 원본을 교부 또는 배서받지 아니한 채 실수입자의 명의가 기재된 수입신고필증만을 제시하고 화물을 무단반출하는 사고가 자주 발생하였다. 실무에서는 이러한 무단반출을 방지하기 위하여 실수입업자가 보세창고에서 화물을 인도받기 위해서는, 은행이 발행하는 수입화물인도승낙서(Letter of Guarantee), 또는 운송주선업체가 발행하는 인도지시서를 요구하는 관행이 생기게 되었다.

(3) 화물의 인도시점

화물이 보세창고에 입고되고 반출되는 과정에서 운송계약에 따른 화물의 인도가 언제 있었다고 볼 것인지에 관하여는 (i) 운송인이 보세창고업자에게 화물을 인도한 시점을 기준으로 하거나, 또는 (ii) 보세창고업자가 수하인에게 화물을 인도한 시점을 기준으로 하는 견해가 있을 수 있다.

판례는 해상운송의 경우에 영업용보세장치장과 자가보세장치장을 구분하여 판단하고 있다. 영업용보세장치장의 경우에는 운송인 등의 인도지시서에 의하여 화물이 하역회사의 보세장치장에서 출고된 시점을 기준(大判 2000. 11. 14, 2000 다 30950 등)으로 하고, 자가보세장치장의 경우에는 화물이 화주의 자가보세장치장에 입고된 시점을 기준(大判 1996. 3. 12, 94 다 55057 등)으로 화물의 인도시점을 판단하는 것으로 보인다.

(4) 임치계약의 당사자

창고에 임치한 임치계약 당사자가 누구인지에 대해서도 견해가 나뉠 수 있다. 수하인(또는 실수입자)과 창고업자를 당사자로 보거나, 운송인과 창고업자를 당사자로 보는 입장이 있을 수 있기 때문이다. 이 사건 대상판결에서 보는 것처럼 대법원은 운송인과 보세창고업자 사이에는 묵시적 임치계약이 성립되었다고 보고 있다.

운송인과 보세창고업자 사이에 화물의 임치계약이 성립되었다고 보는 이상, 보세창고업자는 운송인의 이행보조자의 지위에서 화물을 보관·인도하여야 하고(大判 1999. 7. 13, 99 다 8711 등), 정당한 권한을 가진 자에게 화물을 인도하여야 할 의무를 부담하므로, 이에 위반하는 경우에는 채무불이행책임 또는 불법행위책임을 부담한다고 볼 것이다.

C. 관련판례

(1) 大判 2000. 11. 14, 2000 다 30950(선하증권 소지인이 아닌 하역회사가 양하작업을 완료하고 화물을 하역회사의 일반보세창고에 입고시킨 사실만으로는 화물이 운송인의 지배를 떠난 것이라고 볼 수 없고, 이러한 경우 화물의 인도시점은 운송인 등의 화물인도지시서에 의하여 화물이 하역회사의 보세장치장에서 출고된 때이며, 선하증권 없이 무단으로 화물을 반출한 경우에는 선하증권 소지인이 입은 손해에 대해서 불법행위책임을 부담한다고 한 경우).

(2) 大判 1999. 7. 13, 99 다 8711(일반적으로 보세창고업자는 운송인과의 임치계약에 따라 운송인 또는 그가 지정하는 자에게 화물을 인도할 의무가 있다. 보세창고업자가 화물을 보관하고 인도하는 것은 수하인에 대한 관계에서는 운송인의 이행보조자 또는 피용자의 지위에서 하는 것이고, 따라서 보세창고업자가 화물을 수하인의 지시 없이 수하인이 아닌 사람에게 인도함으로써 수하인의 인도청구권을 침해한 경우에는 운송인은 보세창고업자의 사용자로서 불법행위책임을 부담한다고 한 경우).

(3) 大判 1996. 9. 6, 94 다 46404(항공운송인 또는 항공운송주선인이 공항에 도착한 수입 항공화물을 통관을 위하여 세관이 지정한 보세창고업자에게 인도하는 것만으로 항공화물이 항공운송인이나 항공운송주선인의 지배를 떠나 수하인에게 인도된 것으로 볼 수는 없다고 한 경우).

(4) 大判 1996. 3. 12, 94 다 55057(화물이 甲회사의 자가보세장치장으로 입고된 것이 甲회사에 대한 화물의 인도라고 볼 것인지 여부는 그 화물에 대한 사실상의 지배가 운송인으로부터 甲회사로 이전되었는가 하는 사실관계에 터 잡아 판단되어야 하고, 운송계약상의 인도 목적지에 이르기 전이라도 화물에 대한 사실상의 지배가 甲회사에게 넘어갔다면 그 순간에 인도가 이루어진 것으로 보아야 한다고 한 경우).

(5) 大判 1986. 7. 22, 82 다카 1383(제 3 자가 점유하고 있는 동산에 관하여 그 제 3 자에 대한 반환청구권을 양도하는 것은 그 동산자체를 인도한 것으로 보아야 함은 민법 제190조가 규정하고 있는 바이므로, 수입화물을 운송한 운송인이

그 운송물을 자신이 지정한 보세창고에 반입한 후 그 반출에 필요한 서류를 화주〈이 사건에서는 수하인과 동일함〉에게 교부하였다면 운송인은 이로써 그 운송물에 대한 인도를 완료한 것으로 볼 것이다고 한 경우).

D. 관련논점

(1) 위의 사례는 항공운송에 관한 것이다. 만일 이 사건이 해상운송에 관련된 것이라면 어떠한 차이가 있는가?

(2) 대법원은 운송인과 창고업자 사이에 묵시적 임치계약이 성립되었다고 보고 있다. 이러한 입장을 취하는 가장 큰 이유는 무엇이라고 생각하는가?

(3) 창고업자에게 화물이 인도된 때에 운송인의 화물인도의무가 종료되었다고 보는 견해가 있다. 이 사건에서 이 견해를 취한다면 어떠한 차이가 발생하는가?

(4) 위의 사례에서 창고업자 Y가 항공화물운송장의 상환 없이, 그 대신 X은행이 발급한 수입화물인도승낙서(L/G)를 받고서 화물을 인도하였다면 어떠한 차이가 있는가?

(5) 위의 사례에서 창고업자 Y의 불법행위로 X은행이 입은 손해는 무엇인가?

3. 창고업자의 책임의 시효

A. 기본판례

▣ 大判 2004. 2. 13, 2001 다 75318[창고업자의 책임에 관한 상법 제166조 소정의 단기소멸시효규정은 창고업자의 계약상대방인 임치인이 제기한 채무불이행청구에만 적용되며, 임치물의 소유자가 제기한 불법행위청구에는 적용되지 아니한다고 한 경우]

[사실관계]

X무역주식회사는 수출입 대행 등을 영위하는 종합무역회사이다. A는 1995. 5.부터 X무역과 수입대행계약을 체결하고 수입을 의뢰한 회사이고, Y는 동서보세장치장을 운영하면서 X무역이 수입한 물품을 보관하던 회사이다.

X는 A가 외국산 합판 등의 수입을 의뢰하면 X가 수입신용장 발행을 의뢰하

고 신용장대금을 결제하는 방식으로 자금을 제공하여 동 물품을 수입한 다음 A에게 이를 매도하기로 하는 내용의 수입대행계약을 체결하고 거래를 해 왔다. X는 1997. 9.경 말레이시아로부터 합판 170카르테 미화 132,865달러 상당을 수입하고, 신용장발행은행인 신한은행에 위 수입대금 미화 132,865달러를 결제하고 위 은행으로부터 위 선하증권 3장을 포함한 선적서류를 교부받아 소지하고 있다.

운송업자인 (주)휘닉스해운은 말레이시아에서 이 사건 물품을 선적하여 1997. 9. 20. 인천항에 입항한 후, 위 선하증권상의 통지처인 (주)지이트(A회사와 별개의 법인이지만 실질적으로 A회사를 위하여 활동하여 왔다)의 요청에 따라 보세운송을 거쳐서 1997. 9. 27. 이 사건 물품을 Y가 운영하는 보세장치장에 입고하였다.

A는 X로부터 선하증권 사본을 받아서 수입통관절차를 마치고, X 명의의 수입신고필증을 교부받았다. Y는 1997. 9. 29. 운송인의 화물인도(Delivery Order, D/O)를 확인하거나 이 사건 선하증권을 상환받지 아니하고, X 명의의 수입신고필증만을 확인한 채 A에게 이 사건 물품을 출고하였다.

X는 Y를 상대로 2000. 7. 16.자로 손해배상청구를 제기하였다.

원심(서울高判 2001. 10. 12, 2001 나 18676)은 Y의 불법행위책임을 인정하였다.

Y는 대법원에 상고하였다.

[판결요지]

대법원은 Y의 책임을 인정하였다.

상법 제166조 소정의 창고업자의 책임에 관한 단기소멸시효는 창고업자의 계약상대방인 임치인의 청구에만 적용되며, 임치물이 타인 소유의 물건인 경우에 소유권자인 타인의 청구에는 적용되지 아니한다. 원심이 같은 취지에서 피고(Y)의 단기소멸시효 항변을 배척한 것은 정당하고, 거기에 상법 제166조의 단기소멸시효에 관한 법리오해 등의 위법이 있다고 할 수 없다.

원고(X)의 이 사건 청구는 일반 불법행위를 원인으로 하는 손해배상청구로서 그에 따른 피고(Y)의 불법행위책임, 그리고 운송인의 원고에 대한 계약불이행책임은 각기 별도로 성립하는 것이므로, 이 사건 물품의 인도불능에 따른 책임주체는 운송인이므로 운송인을 상대로 청구하여야 하고 피고를 상대로 직접 청구할 수 없다거나, 운송인에 대한 채권이 소멸하였으므로 원고의 피고에 대한 손해배상채권도 민법 제183조의 규정에 의하여 소멸되었다는 피고의 주장을 모두 배척한 원심의 조치는 옳은 것으로 수긍이 가고, 거기에 채증법칙 위배로 인한 사실오인의 위법 내지는 운송인 및 창고업자의 책임에 관한 법리오해 등의 위법이 있다고 할 수 없다.

B. 이론요약

(1) 창고업자의 손해배상책임

창고업자는 자기 또는 사용인이 임치물의 보관에 관하여 주의를 해태하지 아니하였음을 증명하지 아니하면 임치물의 멸실 또는 훼손에 대하여 손해를 배상할 책임을 면하지 못한다(商 160조). 이 규정은 창고업자의 손해배상책임에서 과실책임주의를 취하는 대신, 무과실의 입증책임을 창고업자에게 전환시키는 점에서 운송주선인(商 115조), 운송인(商 135조) 등의 손해배상책임과 같은 구조를 가지고 있다. 다만, 창고업자에 대해서는 고가물에 대한 특칙규정이 없으므로 고가물의 손해에 대한 책임은 임치계약 및 손해배상의 일반원칙에 따를 것이다.

(2) 창고업자의 주의의무(이중임치)

운송인이 영업용보세장치장에 화물을 인도하는 것만으로는 특별한 사정이 없는 이상 그 화물이 운송인의 지배를 떠나 수하인(또는 선하증권소지인)에게 인도된 것으로 보기 어렵고, 운송인이 보세창고업자를 통하여 수입화물에 대한 지배(간접점유)를 계속한다고 보는 것이 타당하다. 따라서 운송인이 영업용보세창고업자에게 수입화물을 인도하는 경우에는 운송인과 보세창고업자 사이에는 「묵시적인 임치관계」가 성립한다고 보며, 창고업자는 운송인의 지시에 따라서 임치물을 반환하거나 인도하여야 한다.

한편 영업용보세창고업자가 수입자와 별개로 창고계약을 맺는 경우가 있을 수 있다. 이러한 경우에는 창고업자와 운송인, 창고업자와 수입자 사이에 중첩적인 임치관계('이중임치')가 성립하는데, 수입자는 자신이 화물에 대한 점유를 가지지 아니한 상태에서 창고업자에게 통관 및 보관을 의뢰하는 경우이므로 화물의 반환 및 인도와 관련해서는 운송인의 권리가 우선한다고 볼 것이다. 따라서 수입자는 운송인의 인도지시에 의해서 보세창고업자에게 화물의 인도를 청구하고, 운송인은 선하증권 소지인으로부터 선하증권을 회수하고 화물인도지시서(Delivery Order, D/O)를 발급하는 방법으로 창고업자에게 인도지시를 한다.

결국 창고업자가 운송인의 동의나 화물인도지시서 없이 수입통관서류만을 확인한 채 정당한 권한이 없는 자에게 화물을 인도하였다면 채무불이행, 또는 불법행위책임을 부담한다(大判 2004. 2. 13, 2001 다 75318).

(3) 정당한 권리자가 아닌 자에게 인도된 경우에도 「멸실」에 해당하는지

창고업자는 자기 또는 사용인이 임치물의 보관에 관하여 주의를 해태하지 아니하였음을 증명하지 아니하면 임치물의 멸실 또는 훼손에 대하여 손해를 배상할 책임을 면하지 못한다(商 160조). 그렇다면 창고업자가 「정당한 권리자가 아닌 자에게 인도한 경우」도 임치물의 멸실에 해당하는가? 판례는 상법 제166조의 멸실이라 함은 창고업자가 임치물을 반환받을 정당한 권리자가 아닌 자에게 인도함으로써 정당한 권리자가 그의 반환을 받지 못하게 된 경우도 포함한다는 입장이다(大判 1978. 9. 26, 78 다 1376). 판례의 입장에 찬성한다.

(4) 임치물의 소유자 등도 손해배상을 청구할 수 있는지

위의 사례에서 X무역은 위 합판의 수입자이지만 임치계약의 당사자가 아니다(A회사가 X무역 명의로 임치계약을 체결하였는지는 불분명하다). 이러한 경우에 임치계약의 당사자가 아닌 제 3 자(임치물의 소유자 등)가 창고업자를 상대로 임치물의 멸실 또는 훼손을 원인으로 한 손해배상책임을 청구할 수 있는지 문제가 된다. 비록 창고업자와의 사이에 계약관계가 인정되지 아니한다고 하여도, 임치물의 소유자 등은 창고업자의 고의나 과실로 인하여 임치물이 멸실 · 훼손된 경우에는 창고업자에 대하여 불법행위책임을 청구할 수 있다고 볼 것이다.

(5) 창고업자 책임의 단기소멸시효(商 166조)

임치물의 멸실 또는 훼손으로 인하여 생긴 창고업자의 책임은 그 물건을 출고한 날로부터 1년이 경과하면 소멸시효가 완성한다(商 166조 1항). 원래 상행위로 인한 채권은 5년의 소멸시효기간이 적용되나(商 64조), 상법은 운송주선인(商 121조), 운송인(商 147조), 창고업자(商 166조) 등에 대해서는 악의인 경우를 제외하고는 1년의 단기소멸시효를 적용하고 있다. 이는 운송업, 창고업의 계속적 · 반복적 특성상 당사자들의 책임관계를 신속히 해결할 필요가 크기 때문이다.

이와 관련하여 상법 제166조가 제 3 자(임치물 소유자 등)의 불법행위청구에도 적용되는지가 문제된다. 단기소멸시효는 창고업자의 채무불이행책임에 대해서 적용되며, 불법행위책임에 대해서는 적용되지 않는다고 본다(다수설). 임치인 등의 보호를 위해서는, 상법 제166조의 단기소멸시효는 채무불이행 책임에 그 적용을 한정시키는 것이 타당하기 때문이다.

C. 관련판례

(1) 大判 2007. 4. 27, 2007 다 4943(운송주선인이 자기나 그 사용인이 운송물의 수령, 인도, 보관, 운송인이나 다른 운송주선인의 선택 기타 운송에 관하여 주의를 게을리하지 않았음을 증명하였으므로 상법 제115조에 따른 손해배상책임을 지지 않는다고 한 경우).

(2) 大判 1991. 8. 27, 91 다 8012(상법 제812조에 의하여 준용되는 같은 법 제121조 제 1 항 · 제 2 항의 단기소멸시효의 규정은 운송인의 운송계약상의 채무불이행으로 인한 손해배상청구에만 적용되고, 일반 불법행위로 인한 손해배상청구에는 적용되지 아니한다고 한 경우).

D. 관련논점

(1) 위의 사례에서 X무역이 창고업자(Y)가 아니라, 수입의뢰인(A회사)을 상대로 손해배상청구 등을 제기하였다고 가정한다. 받아들여질 것인가?

(2) 위의 사례에서 창고업자 Y는 이 사건 화물의 인도불능에 따른 책임의 주체는 운송인이며 자신은 운송인의 사용자에 불과하다고 주장한다. 그리고 운송인의 책임이 단기소멸시효, 선하증권의 면책특약 등으로 인하여 이미 소멸하였으므로 Y의 책임도 소멸되었다고 주장한다. 받아들여질 것인가?

제8 금융리스업

1. 금융리스의 의의 및 법적 성질

A. 기본판례

▣ 大判 1986. 8. 19, 84 다카 503 · 504[리스계약의 형식은 임대차계약과 유사하나 그 실질은 물적 금융이고 임대차계약과는 여러 가지 다른 특질이 있기 때문에, 리스계약은 비전형계약(무명계약)이고 민법의 임대차에 관한 규정이 바로 적용되지는 아니한다고 한 경우]

[사실관계]

X는 의료사업을 영위하는 자, Y개발리스주식회사는 리스업을 영위하는 자, Y상사는 의료기 수출입 알선업무에 종사하는 자이다.

Y개발리스는 Y상사의 소개로 의료기구인 전자주사형 초음파단층기('이 사건 물건')를 수입해서 X에게 리스하기로 하고, 1980. 4. 26. X와의 사이에서 리스기간은 차수증 발급일로부터 60개월로 하고, Y의 리스계약약관에 의하여 이 사건 물건에 대한 리스계약을 체결하였다. 이후 Y개발리스는 1980. 11. 3.경 이 사건 물건을 통관하여 X에게 인도하였고, 같은 해 11.25.자로 X로부터 차수증을 발급받고, 동일자로 계약보증금은 금 1,615,000원, 리스료는 매월 선급으로 미화 537달러 및 금 139,900원씩 지급하기로 시설대여변경계약을 체결하고 X로부터 계약보증금 전액을 지급받았다.

한편 X와 위 시설대여를 알선한 Y상사 사이에는 Y상사가 이 사건 물건의 인도일로부터 1년간 품질을 보증하고, 기구설치시 취습에 필요한 기술을 제공하며, 인도일로부터 1년 이내 제조상의 결함에 의하여 고장이 발생하였을 때에는 무료로 수리하고, 연 2회 정기정검을 실시하여 주도록 하는 약정이 체결되어 있었다.

이 사건 물건은 화면에 나타나는 영상에 의하여 간 · 담낭 · 취장 · 비장 · 신장의 각종 질환과 난소 · 자궁 등에 대한 부인과적 질환을 진단하는 정밀한 의료기구인데, X가 이를 인도받아 1개월 가량 사용하였을 때부터 처음에는 작동이 잘 되는 듯하다가는 곧 영상에 이상이 생기고 잡음이 일어나는 등 결함이 발생하여 1981. 1. 초순경부터 이를 사용하지 못하고, X는 그 사실을 Y들에게 수차에 걸쳐 통고하면서 고쳐 줄 것을 요구하여 Y상사 소속의 기술자가 나와서 수리하려고 하였으나 기술미숙으로 결함의 원인을 발견하지 못하였다. 나중에 이 사건 물건은 점검결과 핵심부분인 모니터상에 제조상의 결함이 있어 고장이 난 것이고 당시의 국내기술로서는 수리가 불가능하다는 사실이 판명되었다.

X는 Y들을 상대로 리스계약의 해지와 보증금 반환 등을 청구하였다.

원심(서울民事地判 1984. 2. 14, 82나 1361〈본소〉· 1362〈반소〉)은 리스계약의 해지를 인정하고 Y개발리스에게 보증금반환을 명하였다.

Y들은 대법원에 상고하였다.

[판결요지]

대법원은 원심판결을 파기환송하였다.

시설대여(리스)는 시설대여회사가 대여시설이용자가 선정한 특정물건을 새로이 취득하거나 대여받아 그 물건에 대한 직접적인 유지·관리 책임을 지지 아니하면서 대여시설이용자에게 일정기간 사용하게 하고, 그 기간에 걸쳐 일정대가를 정기적으로 분할하여 지급받으며, 그 기간종료 후의 물건의 처분에 관하여는 당사자간의 약정으로 정하는 계약으로서, 형식에서는 임대차계약과 유사하나 그 실질은 물적금융(物融)이고 임대차계약과는 여러 가지 다른 특질이 있기 때문에 시설대여(리스)계약은 비전형계약(무명계약)이고 따라서 이에 대하여는 민법의 임대차에 관한 규정이 바로 적용되지는 아니한다고 할 것이다.

결국 원심이 위와 다른 견해에서 이 사건 시설대여계약의 본질을 임대차계약이라고 보고, 민법 제652조, 제627조를 적용하여 이 사건 하자담보책임면책 특약의 효력을 부인하고 원고의 계약해지주장을 받아들여서 그 원상회복으로서 피고 개발리스에 보증금의 반환을 명함과 아울러 계약의 존속을 전제로 하여 원고에게 미지급시설대여료의 지급을 구하는 피고 개발리스의 반소청구를 기각한 원심판결에는 시설대여계약의 법리를 오해하여 법률의 적용을 그르친 위법이 있다 할 것이다.

B. 이론요약

(1) 금융리스의 의의

금융리스업자는 금융리스이용자가 선정한 기계, 시설, 그 밖의 재산('금융리스물건')을 제 3 자('공급자')로부터 취득하거나 대여받아 금융리스이용자에게 이용하게 하는 것을 영업으로 하는 자이다(商 168조의2). 전통적 의미의 리스(lease), 즉 임대차는 토지 · 건물 등을 중심으로 행하여졌고 그 법적 성질도 충분하게 규명되어 있다. 그러나 오늘날 그 법적 성격과 규율을 둘러싸고 문제가 되고 있는 리스는 좁은 의미의 리스, 즉 금융리스를 말한다.

금융리스의 본질적 기능은 금융의 편의를 제공하는 것에 있다. 금융리스(finance lease)는 금융리스이용자에게는 금융리스물건의 취득자금에 대한 금융의 편의를 제공하고, 리스업자에게는 그 대여기간중 지급받는 리스료에 의하여 리스물건에 대한 취득자금과 그 이자, 기타 비용을 회수하는 것을 기능으로 한다(大判 1990. 5. 11, 89 다카 17065; 同 1992. 7. 14, 91 다 25598 등).

(2) 금융리스와 운용리스

리스는 크게 금융리스(finance lease, capital lease)와 운용리스(operating lease)로 나뉜다. 금융리스와 운용리스의 구별은 우리 나라의 법인세법 시행규칙과 리스회계처리기준 등이 채택하고 있는 것으로서, 이 분류는 리스이용자가 리스를 이용하는 목적에 따른 것이다. 즉 리스이용자의 목적이 금융에 있으면 금융리스가 되고, 그 목적이 물건 자체의 사용에 있으면 운용리스가 된다.

금융리스(시설대여; finance lease)는 리스이용자가 공급자, 리스물건, 구매조건 등을 결정하고 이 같이 선정된 특정의 물건을 리스업자가 취득하거나 대여받아 그 물건에 대한 직접적인 유지 · 관리책임을 지지 아니하면서 리스이용자에게 일정한 기간 사용하게 하고 그 대여기간중 지급받는 대가(리스료)에 의하여 대여시설에 대한 취득자금과 그 이자, 기타 비용을 회수하는 거래관계를 말한다(大判 1997. 11. 28, 97 다 26098). 대체로 의료기기, 공작기계 등 고가이지만 범용성이 없는 물건에 대하여 행하여진다.

운용리스(operating lease)란 이용자가 원하는 물건을 리스업자가 조달하여 리스업자의 유지 · 관리책임하에 일정기간 정기적인 대가를 받기로 하고 이용자로 하여금 물건을 이용하게 하는 거래이다. 대체로 컴퓨터, 복사기 등 범용성이 있는 물건에 대하여 행하여진다. 동산의 운용리스는 우리 나라에서 통상 렌탈(rental)이라고 불리며 기본적으로 임대차의 법리가 그대로 적용된다.

(3) 리스의 법적 성질

운용리스의 법적 성질이 임대차계약이라는 점에 대해서는 별다른 이론이 없다. 그러나 금융리스의 법적 성질에 관하여는 임대차, 매매, 소비대차, 비전형계약으로 보는 견해 등 다양한 견해가 있다.

1) 특수임대차계약설

리스계약을 임대차의 일종으로 보고 다만 리스계약의 특수성을 고려하여 임대차의 법리적용이 부적합한 부분에 관하여는 그 특수성을 인정하려는 입장이다. 우리 나라에서는 소수설이나, 독일과 일본에서는 다수설이다. 리스의 실체를 물건에 대한 유상의 사용·수익관계로 파악하고, 그 근거로서 리스회사는 은행 등의 금융기관과는 명확히 구별된다는 점을 강조하고 있다.

그러나 리스는 리스물건의 사용대가로 리스료가 지급되는 점에서는 임대차와 유사하지만, 리스료는 본질적으로 리스물건의 사용대가이기보다는 물건 그 자체에 대한 대가지급의 의미가 강하다. 이러한 대가지급의 성격은 리스기간 만료 후 리스이용자가 무상이나 염가로 리스물건의 매수선택권을 부여받는 금융리스에 있어서 더욱 뚜렷하다. 더욱이 금융리스에서는 그 약관에서 임대차계약상의 임대인의 하자담보책임, 위험부담책임 등을 배제하고 있고, 리스이용자에 의한 중도해지가 원칙적으로 불가능하며, 리스이용자의 채무불이행의 경우에는 리스업자가 리스물건을 회수하면서 잔여리스료 전액을 청구할 수 있는 등 임대차로 보기에는 어려운 특징들이 많다.

2) 비전형계약설

금융리스의 경제적 실질을 중시하여 금융적 편의의 제공을 목적으로 하는 비전형계약이라고 보는 견해이다. 임대차·소비대차·매매의 요소가 혼합된 특수한 내용의 비전형계약으로 보는 것도 같은 입장이라고 할 수 있다. 우리 나라의 다수설, 독일의 소수설이다.

이 견해는 리스물건의 법적인 측면, 즉 누가 소유자인지보다는 그 경제적 실질과 본질이 무엇인지를 중시한다. 리스업자가 리스물건의 소유권을 보유하는 이유는 소유권 자체의 확보에 주된 목적이 있는 것이 아니고, 대여자금의 회수를 확보하기 위한 담보적 측면에 주된 목적이 있다고 본다. 이러한 입장에 따라서 리스료는 물건의 사용에 대한 대가가 아니라 리스회사가 제공한 물적금융을 상환하는 형식이라고 본다.

그러나 비전형계약설은 금융리스의 실질이 물적금융이라는 점을 강조하여 금융리스계약에 민법상의 임대차에 관한 규정을 바로 적용하지 못하도록 하는 데는 성공하였지만, 금융리스계약을 둘러싸고 일어나는 법률문제를 해결할 수 있는 명확한 기준을 제시하지는 못하고 있다는 비판이 제기되어 있다(권오승, "금융리스의 법률관계,"「인권과 정의」제195호, 11면).

3) 판 례

우리 나라의 판례는 비전형계약설을 취하고 있다. 초기에는 임대차계약설과 비전형계약설로 나뉘어 혼선을 보였으나, 이 사건 대상판결(大判 1986. 8. 19, 84 다카 503·504) 이후 비전형계약설의 입장을 확고하게 견지하고 있다.

4) 사 견

앞서와 같이 금융리스의 법적 성질은 우리 민법상의 전형계약 가운데 어느 것에도 꼭 들어맞지 않는다. 따라서 금융리스는 특수한 내용을 가지는 비전형계약(무명계약), 또는 임대차, 매매, 소비대차 요소 등을 모두 가지는 혼합계약으로 보는 것이 타당하다.

금융리스는 물건의 인도가 있어야 한다는 점에서만 임대차와 공통될 뿐이고, 리스업자가 유지의무, 하자담보책임을 부담하지 않고, 리스이용자에 의한 중도해지가 원칙적으로 불가능하며, 리스이용자의 채무불이행의 경우에는 리스업자가 리스물건을 회수하면서 잔여리스료 전액을 청구할 수 있는 등 임대차로 보기에는 어려운 점이 많다. 이러한 금융리스의 특성을 감안할 때 굳이 임대차계약으로 파악하기보다는 비전형계약의 일종으로 보고 분쟁에서는 구체적 타당성을 기하는 것이 옳다고 생각한다.

(4) 하자담보책임 배제 특약의 유효성

민법상 임대차계약에서는 임대인은 목적물을 임차인에게 인도하고 계약존속중 사용·수익에 필요한 상태를 유지할 의무가 있으나(民 623조), 리스계약에서는 리스물건의 인도가 지연되거나 하자가 있는 경우에도 약관에 의하여 리스업자는 책임이 없다고 규정하는 것이 보통이다. 리스물건은 리스업자가 공급하는 것이 아니기 때문이다. 따라서 리스이용자는 리스물건의 하자를 이유로 하여서 리스계약을 해제하거나 리스료 지급을 거절하거나 손해배상을 청구할 수 없다. 이 점은 금융리스가 임대차계약과 다른 가장 현저한 특색 중의 하나인데, 리스계약에서 규정되는 이러한 하자담보책임배제 특약의 유효성이 문제된다.

하자담보책임의 배제는 리스업자가 지출한 비용과 리스이용자가 지급할 리스료와 사이의 균형의 문제와 더불어 리스계약이 안고 있는 어려운 문제이다. 생각건대 금융리스의 경우에는 리스이용자가 리스물건의 기종 · 매도인 · 납기 · 가격 등을 직접 결정하고, 리스업자는 리스물건을 보는 일도 없이 금융을 제공하는 기능에 머무르는 것이므로 이를 반영하여 해석할 것이다. 즉 자금의 대여와 회수를 본질적 영업으로 하는 리스업자의 입장에서는 제공한 자금을 회수하기 위해서는 법형식적으로 그 소유권을 리스업자가 유보하더라도 하자담보책임을 배제하는 특약을 할 필요가 있다.

금융리스에 있어서의 하자담보책임의 배제는 금융리스의 성격상 본질적으로 요청되는 것이므로 기본적으로 유효하다고 본다. 하자담보책임배제 특약의 유효성을 인정하여도 리스이용자가 특별히 불리한 입장에 처하는 것은 아니라고 본다. 리스이용자는 직접 리스물건을 선정하고, 공급업자로부터 직접 리스물건의 납품을 받으며 하자가 있으면 검수시에 이를 통보하여 구제받을 수 있고, 납품 후에 후발적으로 발생한 하자에 관하여는 리스물건의 공급자에 대하여 직접 담보책임을 물을 수 있기 때문이다. 우리 나라와 일본의 판례는 이러한 특약의 유효성을 인정하고 있다(大判 1996. 8. 23, 95 다 51915).

다만 예외적으로 리스물건의 하자에 대하여 리스업자에게 귀책사유가 있는 경우까지 하자담보책임을 배제하는 약관은 신의성실이나 공서양속에 반할 수 있다. 즉 리스물건의 하자에 대하여 리스업자의 귀책사유가 인정되는 경우에는 하자담보책임 배제 약관을 부인할 수 있다고 생각한다.

C. 관련판례

(1) 大判 1997. 11. 28, 97 다 26098(시설대여〈금융리스; Finance Lease〉는 시설대여회사〈리스회사〉가 대여시설이용자〈리스이용자〉가 선정한 특정 물건을 새로이 취득하거나 대여받아 그 리스물건에 대한 직접적인 유지 · 관리 책임을 지지

아니하면서 리스이용자에게 일정 기간 사용하게 하고 그 대여기간중 지급받는 리스료에 의하여 리스물건에 대한 취득 자금과 그 이자, 기타 비용을 회수하는 거래관계로서, 그 본질적 기능은 리스이용자에게 리스물건의 취득 자금에 대한 금융편의를 제공하는 데에 있다고 한 경우).

(2) 大判 1997. 10. 24, 97 다 27107(리스계약은 물건의 인도를 계약 성립의 요건으로 하지 않는 낙성계약으로서 리스이용자가 리스물건수령증서를 리스회사에 발급한 이상, 특별한 사정이 없는 한 현실적으로 리스물건이 인도되기 전이라고 하여도 이 때부터 리스기간이 개시된다고 한 경우).

(3) 大判 1996. 8. 23, 95 다 51915(시설대여제도의 본질적 요청〈금융적 성격〉 등에 비추어, 시설대여회사의 하자담보책임을 제한하는 약정조항은 약관의 규제에 관한 법률 제 7 조 제 2 호 · 제 3 호에 해당하지 아니한다고 본 경우).

(4) 大判 1992. 7. 14, 91 다 25598(리스계약이 리스기간 개시 전에 해제되어 리스회사가 입은 손해를 리스이용자가 배상하는 경우에, 그 배상액에서 리스물건의 현존가액 또는 처분가액을 공제하는 것이 타당하나, 그 현존가액 또는 처분가액에 관한 주장입증책임은 리스이용자에게 있다고 한 경우).

(5) 大判 1987. 11. 24, 86 다카 2799 · 2800(리스이용자가 리스물건을 리스기간 개시 전에 직접 사용하였음을 이유로 리스회사가 리스계약을 해제하였다면, 리스이용자는 리스물건의 불법사용으로 인하여 리스회사가 입은 손해를 배상할 책임이 있고 그 손해는 리스이용자가 리스물건을 실제로 사용한 기간 동안의 리스료 상당액이라고 한 경우).

D. 관련논점

(1) 리스물건의 하자로 인하여 사용 · 수익의 목적을 달성할 수 없는 경우에 누가 그 위험을 부담하는가? 금융리스와 운용리스의 경우에는 차이가 있는가? 그 이유는 무엇인가?

(2) 위의 사례에서 리스계약은 Y상사의 알선으로 이루어졌다. Y상사는 리스물건의 하자에 대하여 책임을 부담하는가?

(3) 리스업자의 하자담보책임, 리스이용자의 리스계약해지권을 전적으로 배제하는 리스약관조항은 유효한가? 그 유효성의 범위를 한정할 필요는 있는가?

2. 리스료의 법적 성질

A. 기본판례

▣ 大判 2004. 9. 13, 2003 다 57208[정리채권확정]

[사실관계]

X렌탈은 리스회사이고, Y자동차는 회사정리절차중에 있는 정리회사이다. X렌탈은 금융리스계약으로 발생한 할부료(리스료)채권을 Y자동차의 정리절차에서 정리채권으로 신고하였다.

Y는 할부료채권(리스료) 중 취득원가에 상당하는 원금부분만 정리채권에 해당하고, 이자부분은 후순위 정리채권에 불과하다고 주장하였다.

원심(서울高判 2003. 9. 24, 2003 나 21386)은 이 사건 할부료채권은 모두 정리채권에 포함된다고 판단하였다.

Y는 대법원에 상고하였다.

[판결요지]

대법원은 Y상고를 기각하였다.

기록에 비추어 살펴보면, 원고는 이 사건 할부채권을 정리채권으로 신고하면서 정리채권신고서의 채권의 내용란에 '할부료채권 등(잔여할부료, 연체료 및 지연배상금)'이라고 기재함으로써 정리채권의 발생원인이 이 사건 할부판매계약에 의한 할부채권임을 명시하였고, … 원고의 정리채권신고가 위법하다고 할 수 없다. 같은 취지에서 원고가 이 사건 할부채권에 대한 적법한 정리채권자임을 전제로 한 원심의 사실인정과 판단은 옳고, 거기에 정리채권신고에 관한 법리를 오해한 위법이 있다고 할 수 없다.

한편, 원심은 이 사건 할부판매계약과 같은 금융리스에 있어서 할부료(리스료)는 리스회사가 리스이용자에게 제공하는 취득자금의 금융편의에 대한 원금의 분할변제 및 이자·비용 등의 변제의 기능을 갖는 것은 물론이고 그 외에도 리스회사가 리스이용자에게 제공하는 이용상의 편익을 포함하여 거래관계

전체에 대한 대가로서의 의미를 지니는바, 할부료(리스료) 채권은 그 채권관계가 일시에 발생하여 확정되고 다만 그 변제방법만이 일정 기간마다의 분할변제로 정하여진 것에 불과하기 때문에 매회분의 할부료(리스료)가 각 시점별 취득원가 분할액과 취득원가에 리스료율을 곱한 이자 등 명목으로 계산된 금액으로 구성되어 있다고 하더라도, 이는 할부료(리스료)의 산출을 위한 단순한 계산방법에 불과할 뿐 매회분의 할부료(리스료)를 금융채권과 같이 일률적으로 원금과 이자로 나누는 것은 타당하지 않다는 이유로, 대우자동차에 대한 회사정리절차 개시 이후에는 이 사건 할부채권의 취득원가 상당 원금만 정리채권에 해당하고 할부료(리스료)에 포함되어 있는 이자 부분은 후순위 정리채권에 불과하다는 피고의 주장을 배척하였는바, 기록에 비추어 살펴보면, 이와 같은 원심의 판단은 옳은 것으로 수긍이 가고, 거기에 금융리스계약에서의 할부료(리스료) 채권의 법적 성격 및 후순위 정리채권의 범위에 관한 법리를 오해한 위법이 있다고 할 수 없다.

B. 이론요약

(1) 금융리스와 운용리스

리스는 금융리스와 운용리스로 크게 구분된다. 운용리스의 법적 성질이 임대차계약이라는 점에 대해서는 별다른 이론이 없다. 그러나 금융리스의 법적 성질에 관하여는 임대차, 매매, 소비대차, 비전형계약으로 보는 견해 등 다양한 견해가 있다.

(2) 판례(비전형계약설)

우리 나라의 판례는 비전형계약설을 취하고 있다. "시설대여는 시설대여회사가 대여시설이용자가 선정한 특정물건을 새로이 취득하거나 대여받아 그 물건에 대한 직접적인 유지 · 관리책임을 지지 아니하면서 대여시설 이용자에게 일정기간 사용하게 하고 그 기간에 걸쳐 일정대가를 정기적으로 분할하여 지급받으며, 그 기간 종료 후의 물건의 처분에 관하여는 당사자간의 약정으로 정하는 계약으로서(시설대여업산업육성법 2조 1호 참조), 형식에서는 임대차계약과 유사하나, 그 실질은 물적금융이고 임대차계약과는 여러 가지 다른 특질이 있기 때문에 시설대여(리스)계약은 비전형계약(무명계약)이고, 따라서 이에 대하여는 민법의 임대차에 관한 규정이 바로 적용되지는 아니한다"(大判 1986. 8. 19, 84 다카 503 · 504; 同 1992. 7. 14, 91 다 25598 등)는 입장이다.

(3) 금융리스의 본질과 리스료

앞서와 같이 금융리스는 형식상으로는 기계설비 등의 임대차방식이 될지라도 그 실질은 단순한 시설의 대여가 아니고 시설자금의 대부이다. 즉 외양상으로는 리스업자가 물건이나 시설을 임대하는 것처럼 보이지만, 실제로는 물건이나 시설의 형태로 금융을 제공하는 것이다. 다만 시설자금 자체를 바로 대부하는 것이 아니고 물건, 기계설비의 형식으로 대여하는 것이므로 금융(金融)이기보다는 물융(物融)에 해당한다.

이처럼 금융리스는 그 본질이 금융에 가깝다. 위의 사례에서도 이러한 금융적 본질을 강조하게 되면, X렌탈의 할부료(리스료)는 그 명세가 취득원가, 취득원가에 대한 이자 등으로 구성되어 있다고 하여도 이는 할부료의 산출을 위한 단순한 계산방법에 불과하지 그 본질은 금융채권과 같다고 보여질 소지를 배제할 수 없다. 따라서 할부료를 금융채권으로 보아서 이자에 해당하는 부분을 후순위정리채권으로 보는 것이 전혀 부당하다고는 생각하지 않는다. 다만 정리절차의 경우에는 정리회사의 회생과 채권자 보호라는 목적이 종합적으로 고려되어야 판단되어야 할 것이다.

C. 관련판례

(1) 大決 2000. 1. 5, 99 그 35(동원파이낸스는 매출채권의 양수 · 관리 및 회수, 즉 이른바 팩토링 금융을 주목적으로 하는 회사로서 이 사건 정리채권을 취득하게 된 것도 정리회사가 합병 전 기아자동차 주식회사로부터 자동차 부속품 등 물품을 공급받고 발행한 약속어음을 물품대금채권과 함께 양도받고 이를 담보로 하여 위 기아자동차 주식회사에 금융을 제공한 것이며, 그 과정에서 이자 또는 수수료를 징수함으로써 금융수입을 취한 것이므로 여타의 금융기관 정리채권과 달리 취급될 특별한 사정이 있다고 볼 수 없다고 한 경우).

(2) 大判 1996. 8. 23, 95 다 51915(리스계약은 형식에서는 임대차계약과 유사하나, 그 실질은 대여시설을 취득하는 데 소요되는 자금에 관한 금융의 편의를 제공하는 것을 본질적인 내용으로 하는 물적금융이고 임대차계약과는 여러 가지 다

른 특질이 있기 때문에 이에 대하여는 민법의 임대차에 관한 규정이 바로 적용되지 아니한다고 한 경우).

(3) 大判 1986. 8. 19, 84 다카 503 · 504(리스계약의 형식은 임대차계약과 유사하나 그 실질은 물적금융이고 임대차계약과는 여러 가지 다른 특질이 있기 때문에, 리스계약은 비전형계약(무명계약)이고 민법의 임대차에 관한 규정이 바로 적용되지는 아니한다고 한 경우).

D. 관련논점

위의 사례에서 Y회사의 정리절차에서는 금융기관이 가지는 금융채권의 원금은 정리채권에, 원금에 대한 이자는 후순위 정리채권에 포함되었다. 그런데 이 사건 할부료(리스료)는 본질적으로 금융채권과 같다고 하면서도, 정리절차에서는 금융채권과는 달리 취급하는 이유는 무엇인가? 대법원의 판단이 타당하다고 생각하는가?

제 9 가 맹 업

A. 기본판례

▣ 大判 2005. 6. 9, 2003 두 7484[가맹계약약관에서 판매촉진행사에 소요된 비용을 합리적인 방법으로 분담하도록 규정하고 있다면, 판매촉진행사에 대하여 미리 협의하도록 되어 있지 않더라도 약관규제법상 고객에 대하여 부당하게 불리한 조항에 해당한다고 할 수는 없다고 한 경우]

[사실관계]

X는 치킨가맹업을 영위하는 가맹업자이다. 공정거래위원회(Y)는 X의 가맹영업과 관련하여 다음과 같은 이유로 시정명령을 내렸다.

(1) X가 치킨제품을 판매할 때 양배추샐러드만을 무료로 제공하도록 하고 신선육을 공급함에 있어서도 일정한 양의 양배추샐러드를 X로부터 의무적으로 공급받도록 기존의 정책을 변경한 것은, X가 거래상 지위를 이용하여 판매상품의 구입을 강제한 것이다.

(2) 판매촉진행사의 시행에 대하여 가맹상과 미리 협의하지 아니하고 판매

촉진행사에 소요되는 비용을 가맹상에게 부과할 수 있도록 하는 내용의 조항은 약관의 규제에 관한 법률('약관규제법') 제 6 조 제 2 항 제 1 호 소정의 고객에 대하여 부당하게 불리한 조항에 해당한다.

(3) X가 치킨제품을 판매할 때 양배추샐러드를 무료로 제공하여야 한다는 것을 사전에 가맹점계약서에 명시하지 아니하고 가맹본부에 일임하는 내용의 가맹점계약 제21조는 가맹점에 대하여 부당하게 불리한 약관이다.

(4) X가 가맹상에 대하여 상품이나 용역의 공급 또는 영업의 지원 등을 중단 또는 거절하는 행위는 불공정거래행위로서의 거래거절에 해당한다.

원심(서울高判 2003. 5. 22, 2001 누 1484)은 시정명령취소판결을 내렸다.

공정거래위원회(Y)는 대법원에 상고하였다.

[판결요지]

대법원은 상고를 기각하였다.

(1) 가맹사업에서는 가맹사업의 통일성과 가맹본부의 명성을 유지하기 위하여 합리적으로 필요한 범위 내에서 가맹점사업자가 판매하는 상품 및 용역에 대하여 가맹점사업자로 하여금 가맹본부가 제시하는 품질기준을 준수하도록 요구하고, 그러한 품질기준의 준수를 위하여 필요한 경우 가맹본부가 제공하는 상품 또는 용역을 사용하도록 요구할 수 있다고 봄이 상당하다.

(2) 가맹사업은 가맹본부가 가맹점사업자로 하여금 자기의 상표 · 서비스표 · 상호 · 간판 그 밖의 영업표지를 사용하여 일정한 품질기준에 따라 상품 또는 용역을 판매하도록 함과 아울러 이에 따른 경영 및 영업활동 등에 대한 지원 · 교육과 통제를 하고, 가맹점사업자는 영업표지 등의 사용과 경영 및 영업활동 등에 대한 지원 · 교육의 대가로 가맹본부에 가맹금을 지급하는 계속적인 거래관계를 말하므로, 가맹사업은 가맹본부와 가맹점사업자 사이의 상호의존적 사업방식으로서 신뢰관계를 바탕으로 가맹점사업자의 개별적인 이익보호와 가맹점사업자를 포함한 전체적인 가맹조직의 유지발전이라는 공동의 이해관계를 가지고 있으며, … 가맹점계약에서 가맹본부와 가맹점사업자 사이에 판매촉진행사에 소요된 비용을 합리적인 방법으로 분담하도록 약정하고 있다면, 비록 가맹본부가 판매촉진행사의 시행과 집행에 대하여 가맹점사업자와 미리 협의하도록 되어 있지 않

더라도 그러한 내용의 조항이 약관규제법 제 6 조 제 2 항 제 1 호 소정의 고객에 대하여 부당하게 불리한 조항에 해당한다고 할 수는 없다.

(3) 가맹본부가 전국적인 판매촉진행사를 하면서 가맹점사업자의 영업지역에 판매촉진행사를 광고하는 광고전단지를 배포하게 하고 그 광고전단지 비용을 부담시킨 행위가 독점규제 및 공정거래에 관한 법률('공정거래법') 소정의 불이익 제공행위에 해당하는지 여부는 가맹사업의 거래특성, 전국적인 판매촉진행사의 목적과 그에 관한 가맹점계약의 규정내용, 판매촉진행사의 수립 및 집행과정, 가맹점사업자와의 사전협의 여부, 비용분담의 적정성 등을 종합하여 구체적으로 판단하여 결정하여야 한다.

(4) 가맹점 매뉴얼(manual)은 가맹본부가 제품의 통일성과 품질관리 및 명성의 유지를 위하여 가맹점계약에 터잡아 가맹점운영규칙의 일환으로 제정하여 운영하는 것이므로, 가맹점사업자가 상품을 제조 · 판매 · 보관 · 포장하는 등의 방법에 관하여는 물론 가맹점계약에 의하여 가맹점사업자에게 부과되어 있는 의무를 구체화하기 위한 내용도 포함될 수 있다고 봄이 상당하다.

(5) 가맹사업거래의 특성에 비추어 가맹본부가 가맹점사업자에 대하여 상품이나 용역의 공급 또는 영업의 지원 등을 중단 또는 거절하는 행위가 불공정거래행위로서의 거래거절에 해당하기 위해서는, 가맹점사업자의 계약위반 등 가맹점사업자의 귀책사유로 인하여 가맹사업의 거래관계를 지속하기 어려운 중대한 사정이 없음에도 불구하고 가맹점사업자의 계속적인 거래기회를 박탈하여 그 사업활동을 곤란하게 하거나 가맹점사업자에 대한 부당한 통제 등의 목적달성을 위하여 그 실효성을 확보하기 위한 수단 등으로 부당하게 행하여진 경우라야 한다.

B. 이론요약

(1) 가맹업, 가맹업자, 가맹상

1) 가 맹 업

가맹업(加盟業)은 가맹본부가 가맹점사업자로 하여금 자기의 상표 · 서비스표 · 상호 · 간판 그 밖의 영업표지를 사용하여 일정한 품질기준에 따라 상품 또는 용역을 판매하도록 함과 아울러 이에 따른 경영 및 영업활동 등에 대한 지원 · 교육과 통제를 하고, 가맹점사업자는 영업표지 등의 사용과 경영 및 영업활동 등에 대한 지원·교육의 대가로 가맹본부에 가맹금을 지급하는 계속적인 거래관계를 말한다(大判 2005. 6. 9. 2003 두 7484).

가맹업은 가맹본부와 가맹상 사이의 상호의존적 사업방식으로서 신뢰관계를 바탕으로 가맹상의 개별적인 이익보호와 가맹상을 포함한 전체적인 가맹조직의 유지발전이라는 공동의 이해관계를 가진다.

2) 가맹업자

가맹업자(加盟業者)는 자신의 상호·상표 등('상호등')을 제공하는 것을 영업으로 하는 자이다(商 168조의 6).

3) 가 맹 상

가맹상(加盟商)은 자신의 상호·상표 등('상호등')을 제공하는 것을 영업으로 하는 자('가맹업자')로부터 그의 상호등을 사용할 것을 허락받아 가맹업자가 지정하는 품질기준이나 영업방식에 따라 영업을 하는 자이다(商 168조의 6).

4) 가맹업사용료

가맹상의 수는 다수에 이르는 것이 보통이다. 가맹상은 가맹업자에게 가맹의 대가로 일정한 금액을 지급하는데, 이를 가맹업사용료(franchise fee, royalty)라고 한다.

5) 적용법규

상법은 「상호·상표 등의 사용허락에 의한 영업에 관한 행위」를 기본적 상행위로 규정하고(商 46 조 20호), 가맹업자, 가맹상의 의의, 의무, 가맹상의 영업양도, 계약해지 등에 구체적인 법률관계에 관해서는 별도로 규정하고 있다(商 168조의 6 내지 168조의 10). 그밖에 가맹업에 관한 행정적 규제를 목적으로 하는 가맹사업거래의 공정화에 관한 법률, 가맹사업진흥에 관한 법률 등이 있다.

(2) 구분할 개념

1) 특 약 점

특약점(distributor)이란 상품의 제조자 또는 공급자로부터 제공된 상품을 매입하여 이것을 자기의 계산으로 판매하는 독립한 상인을 말한다. 특약점은 그 거래관계에 따라서 그 일부가 가맹상에 해당할 수도 있다. 그러나 특약점은 가맹업과는 달리 통일적인 지시, 통제, 판매전략이 결여되어 있고, 서비스에 중점을 두는 가맹업과는 달리 상품의 판매에 중점이 두어지며, 가맹상은 가맹업자의 상표를 사용하는 것이 보통이나 특약점은 자기의 상호를 사용하는 것에서 차이가 있다.

2) 라이센스계약

가맹계약은 상표 등의 실시권을 허여하는 라이센스계약(license agreement)과 구분된다. 라이센스계약에 있어서는 라이센스제공자가 라이센스인수자에게 상표 등의 사용권을 허용하는 데 그치고, 가맹업에서와 같이 가맹상의 영업에 대하여 포괄적인 지시·통제를 가하거나 통일적인 판매전략을 수행하지 않는다.

3) 대리상, 위탁매매인

대리상은 일정한 상인을 위하여 상시 그 영업부류에 속하는 거래의 대리 또는 중개를 영업으로 하는 상인이다(商 87조). 대리상은 본인의 이름으로 본인을 대리하여 행위를 함에 반하여, 가맹상은 자기의 이름으로 거래를 하는 점에서 양자는 구별된다.

위탁매매인은 자기의 명의로 타인의 계산으로 물건 또는 유가증권의 매매를 영업으로 하는 자이다(商 101조). 위탁매매인은 타인의 계산으로 영업을 한다는 점에서 자기의 계산으로 영업을 하는 가맹상과 구별된다.

(3) 법적 성질

가맹계약은 가맹업자가 가맹상에게 상표 등의 사용을 허가하고 이에 대하여 사용료를 지급받는다는 점에서 쌍무·유상계약이며 권리용익대차의 성격을 가지고(최영홍, "가맹점계약의 법률문제에 관한 연구," 고려대 박사학위논문, 1990, 42~43면), 가맹업자가 가맹상에게 자기의 상호 등을 사용하게 하는 대신 가맹상은 이에 대하여 가맹금을 지급하는 계속적 계약의 성격을 가지며(大判 2005. 6. 9, 2003 두 7484), 가맹상으로 하여금 제공된 원료를 바탕으로 하여 여기에 가공을 하여 상품을 완성케 한다는 점에서 위임계약, 도급계약의 요소도 포함하고 있다. 그러나 가맹업에는 여러 가지 변종이 있으므로, 가맹계약에 포함되는 요소는 달라질 수 있다. 요컨대 가맹계약은 매매, 임대차, 도급, 위임, 노무공급 등 다양한 요소가 포함되어 있는 혼합계약으로서 비전형계약에 해당한다.

(4) 가맹업자의 의무와 책임

1) 지원의무

가맹업자는 가맹상의 영업을 위하여 필요한 지원을 하여야 한다(商 168조의 7 전문). 이는 가맹업자가 상호등을 제공하고 가맹업사용료를 받으며, 가맹업거래는 가맹업주와 가맹상 사이에서 신뢰를 바탕으로 하는 상호의존적 사업방식이고, 가맹상의 개별적인 이익보호와 더불어 가맹상을 포함한 전체적인 가맹조직의 유지발전이 가맹업거래의 특성인 점에 비추어 당연한 규정이라고 할 것이다.

2) 경업금지의무 등

가맹업자는 다른 약정이 없으면 가맹상의 영업지역 내에서 동일 또는 유사한 업종의 영업을 하거나, 동일 또는 유사한 업종의 가맹계약을 체결할 수 없다(商 168조의 7 후문). 가맹업자와 가맹상은 신뢰를 바탕으로 상호의존적인 관계이고, 가맹업자가 가맹업사용료를 받는 점에 비추어 가맹상의 영업지역 내에서 동일 또는 유사한 업종의 영업을 하는 것은 원칙적으로 금지하는 것이 타당하다.

판례는 가맹본부가 아무런 제약 없이 언제라도 가맹점의 점포와 동일 지역 내에 직영점을 개설하거나 가맹점을 둘 수 있도록 하는 조항을 두었다면, 이는 가맹점에게 부당하게 불리한 조항으로 약관규제법에 위반하여 무효라는 입장이다(大判 2000. 6. 9, 98 다 45553 · 45560 · 45577)

3) 가맹업자의 제 3 자에 대한 책임

가맹업자와 가맹상은 독립된 상인이지만, 가맹업제도의 이용객은 가맹업자와 가맹상을 구분하지 못하고 동일한 권리 · 의무의 주체로 오인할 가능성이 있다. 가맹업이 가지는 이러한 성격으로 인하여 가맹업자가 가맹상과 거래한 제 3 자에 대하여 어떠한 책임을 지는지가 문제된다. 가맹업자와 가맹상은 독립된 상인이므로 원칙적으로 가맹업자는 가맹상의 고객에 대하여 책임을 부담하지 않는다고 볼 것이다. 그러나 가맹업의 구체적인 거래관계에 따라서는 가맹업자의 책임이 인정될 수 있다. 가맹상이 가맹업자의 표현대리인으로 인정되거나, 가맹업자가 명의대여자로서의 책임이 인정되거나(商 24조), 가맹업자가 제공한 상품에 대해서 제조물책임을 지는 경우 등이다.

(5) 가맹상의 의무와 책임

가맹상은 가맹업자의 영업에 관한 권리가 침해되지 아니하도록 하여야 한다. 가맹상은 계약이 종료한 후에도 가맹계약과 관련하여 알게 된 가맹업자의 영업상의 비밀을 준수하여야 한다(商 168조의 8). 이는 상호 신뢰를 바탕으로 형성되는 가맹업거래의 특성에 비추어 당연한 규정이라고 본다.

(6) 가맹계약의 해지

가맹계약상 존속기간에 대한 약정의 유무와 관계 없이 부득이한 사정이 있으면 각 당사자는 상당한 기간을 정하여 예고한 후 가맹계약을 해지할 수 있다(商 168조의 10).

C. 관련판례

(1) 大判 2006. 3. 10, 2002 두 332(가맹본부가 모든 가맹상에게 할인판매행사에 참여하도록 한 것이 거래상의 지위를 이용하여 부당하게 가맹상에게 불이익을 주는 행위인지는 관련 업계의 거래관행과 거래형태 등 여러 사정을 종합하여 구체적으로 판단하여 결정하여야 한다고 한 경우).

(2) 大判 2000. 6. 9, 98 다 45553 · 45560 · 45577(가맹본부가 아무런 제약 없이 언제라도 가맹점의 점포와 동일 지역 내에 직영점을 개설하거나 가맹점을 둘 수 있도록 하는 조항을 두었다면, 이는 가맹점에게 부당하게 불리한 조항으로 약관규제법에 위반하여 무효라고 한 경우).

D. 관련논점

(1) 가맹계약의 법적 성질은 무엇인가? 대리상, 위탁매매인, 라이센스계약과의 차이는 무엇인가?

(2) 가맹업자는 어떠한 의무를 부담하는가? 가맹업자는 가맹상의 고객에 대하여 어떠한 책임을 부담하는가?

제10 채권매입업

A. 기본판례

▣ 大決 2000. 1. 5, 99 그 35[회사정리절차에 있어서 동원파이낸스가 정리회사에 대하여 가지는 팩토링채권을 여타의 금융기관 정리채권과 달리 취급할 특별한 사정이 있다고 볼 수 없다고 한 경우]

[사실관계]

X파이낸스주식회사는 매출채권의 양수·관리 및 회수, 즉 이른바 팩토링 금융을 주목적으로 하는 회사이다. Y자동차주식회사는 회사정리절차를 진행중인 회사이다.

Y정리회사는 기아자동차로부터 자동차 부속부품을 공급받고 약속어음을 발행하였다. X파이낸스는 기아자동차에게 금융을 제공하면서('이 사건 팩토링채권'), 기아자동차의 Y정리회사에 대한 물품대금채권과 함께 위 약속어음을 양도받았다. X파이낸스는 Y정리회사의 회사정리절차에 참가하였다.

Y정리회사의 관리인이 작성하여 1998. 12. 28. 관계인집회에서 의결되고 같은 날 정리법원에 의하여 인가된 이 사건 정리계획은 X파이낸스를 금융기관으로 분류하여 그 정리채권을 금융기관 정리채권으로 분류하였다. 정리계획에 의하면 금융기관 정리채권에 대하여는 개시 전 이자를 포함한 원금 중 68.61%는 면제, 23.80%는 출자전환, 7.59%에 대하여는 2002년부터 7년간 균등분할 변제하도록 정하였다. 그러나 상거래 정리채권 중 중소기업 및 개인 채권의 경우에는 주채무 원금을 1998. 4. 15. 이후 제 1 차년도의 11월 30일까지 전액 변제, 대기업 채권의 경우 주채무 원금을 제 1 차년도부터 제 2 차년도까지 2년간 변제기일(매년 11월 30일)에 균등분할 변제하도록 정하였다.

X파이낸스는 이 사건 팩토링채권이 금융기관 정리채권이 아니라 상거래 정리채권에 해당한다는 이유로 항고하였다.

[판결요지]

대법원은 X회사의 항고를 기각하였다.

회사정리계획의 인가를 하기 위해서는 정리계획이 구 회사정리법 제233조

제 1 항 제 2 호 전단이 규정하는 공정 · 형평성을 구비하고 있어야 하는바, …여기서의 평등은 형식적 의미의 평등이 아니라 공정 · 형평의 관념에 반하지 아니하는 실질적인 평등을 가리키는 것이므로 … 정리채권이나 정리담보권의 성질의 차이 등 합리적인 이유를 고려하여 이를 더 세분하여 차등을 두더라도 공정 · 형평의 관념에 반하지 아니하는 경우에는 합리적인 범위 내에서 차등을 둘 수 있다.

금융기관 정리채권과 상거래 정리채권은 모두 일반 정리채권에 해당하여 원칙적으로는 순위가 같다고 할 것이나, 금융기관의 정리채권이 2조원을 넘어 총채무액의 약 75%에 해당하는 데 반하여, … 상거래 정리채권의 경우는 그 규모가 금 1,380여 억 원으로 총채무의 5% 정도에 불과할 뿐만 아니라 이는 주로 자동차 부품의 공급과 관련한 것인데 정리회사가 사업을 계속하기 위해서는 앞으로도 이들로부터 계속 부품을 공급받아야 하는 점을 비롯하여 정리회사의 재무구조, 장래의 예상 자금 수지, 관계자들의 이해관계 등을 종합하여 보면, 금융기관 정리채권과 상거래 정리채권의 권리변경에 있어서 그 성질상으로도 차등을 둘 합리적인 이유가 있다고 할 수 있을 뿐만 아니라 그 차등의 정도가 합리적인 범위를 벗어나 공정 · 형평 또는 평등의 원칙에 반한다고 볼 수도 없다.

나아가 동원파이낸스는 자본금이 650억 원에 이르고, 매출채권의 양수 · 관리 및 회수, 즉 이른바 팩토링 금융을 주목적으로 하는 회사로서 이 사건 정리채권을 취득하게 된 것도 정리회사가 합병 전 기아자동차 주식회사로부터 자동차 부속품 등 물품을 공급받고 발행한 약속어음을 물품대금채권과 함께 양도받고 이를 담보로 하여 위 기아자동차 주식회사에 금융을 제공한 것이며, 그 과정에서 이자 또는 수수료를 징수함으로써 금융수입을 취한 것이므로 여타의 금융기관 정리채권과 달리 취급될 특별한 사정이 있다고 볼 수 없고, 동원파이낸스가 상법에 의하여 자유롭게 설립할 수 있는 회사로서 여신업무만을 취급할 뿐이지 수신업무를 취급하지는 않고 금융관계 법령에 따라 정부의 규제 · 감독을 받거나 지원 · 보호를 받지 않는다고 하여 달리 볼 것은 아니므로, 동원파이낸스의 정리채권을 금융기관 정리채권으로 분류한 것이 공정 · 형평 또는 평등의 원칙에 반한다고 볼 수도 없다.

B. 이론요약

(1) 개념 정의

채권매입업(factoring)은 채권매입업자(factor)가 영업채권을 매입하는 형태로 채권매입계약의 채무자(client)에게 금융을 제공하고, 양도받은 영업채권을 추심하여 자금을 회수하는 형태의 영업을 말한다. 채권매입업에 대해서는 다양한 개념 정의가 있지만, 일반적으로 영업채권 매입, 장부기장 및 관리, 영업채권 회수, 신용위험부담 기능의 4개 요소 가운데 2가지 이상이 충족되면 채권매입거래로 보는 경우가 많다(UNIDROIT 국제팩토링협약 1조 2항).

우리 상법도 비슷한 입장을 취하고 있다. 상법 제46조 제21호는 "영업상의 채권의 매입 · 회수 등에 관한 행위"를 기본적 상행위로 규정하고, 상법 제168조의11(의의)은 "… 영업채권을 매입하여 회수하는 것을 영업으로 하는 자를 채권매입업자라 한다"고 규정함으로써, 영업채권의 매입과 회수의 2가지 기능을 위주로 채권매입업을 정의하고 있다.

(2) 종 류

팩토링거래는 여러 관점에서 구분할 수 있으나, 팩토링거래의 구조와 법적 성질에 가장 결정적인 영향을 미치는 것은 진정팩토링과 부진정팩토링의 구별이다.

「진정팩토링(non-recourse factoring)」은 영업채권의 채무자가 파산이나 무자력에 빠지는 경우에 채권매입업자가 그 위험을 부담하며 거래기업에 상환을 청구할 수 없는 방식이다.

「부진정팩토링(recourse factoring)」은 영업채권의 채무자가 파산이나 무자력에 빠지는 경우에 거래기업이 그 위험을 부담하며 거래기업에 상환을 청구할 수 있는 방식이다.

(3) 의의 및 요건

채권매입업자는 타인이 물건 · 유가증권의 판매, 용역의 제공 등에 의하여 취득하였거나 취득할 영업상의 채권(「영업채권」)을 매입하여 회수하는 것을 영업으로 하는 자이다(商 168조의 11). 이를 분설하면 다음과 같다.

1) 당 사 자

채권매입업자(채권양수인)의 자격에 대하여 본다. 우리 민법은 자유롭게 채권을 양도할 수 있도록 하고 있고, 채권양수인을 제한하고 있지 않다(民 449조 1항). 상법 역시 채권매입업자의 자격에 대해서 제한은 두고 있지 않다(商 168조의 11 내지 12). 현재 채권매입업에 대해서는 별도로 이를 규제대상으로 하는 입법이 없으므로, 여신전문금융업법이나 자산유동화에 관한 법률 등의 규제대상에 해당하지 아니하는 이상 개인이나 법인에 관계 없이 채권매입업을 영위할 수 있다고 볼 것이다.

채권매입계약의 채무자(채권양도인)의 자격에도 특별한 제한은 없다. 일본의 동산 및 채권양도 특례법에서는 채권양도인의 자격을 법인에 한정하는데(동법 1조), 이는 채권양도제도를 이용하는 채권매입계약의 채무자가 대부분 법인이고, 채권양도등기제도를 안정적으로 유지할 필요성을 고려하였기 때문으로 보인다. 그러나 개업의가 진료비채권을 담보를 자금을 조달하는 경우와 같이 개인도 채권매입거래를 이용할 가능성이 있고, 사업자등록번호 등을 활용하면 개인이 거래기업이 되는 경우에도 채권양도등기제도를 안정적으로 유지할 수 있으며, 일본을 제외한 대부분의 입법례에서 채권양도의 주체에 대하여 자격 제한을 두고 있지 않는 점 등을 고려하면 상법의 태도는 타당하다고 본다. 다만 채권매입계약의 채무자는 물건·유가증권의 판매, 용역의 제공 등에 의하여 취득하였거나 취득할 영업채권을 양도하는 자이므로 상인에는 해당할 것이다.

2) 양도대상채권

(가) 장래채권

장래채권이란 채권발생요건이 모두 구비되지 아니한 채권을 말하는데, 채권매입거래에서 장래채권을 그 양도대상으로 하는 경우에 그 유효성이 문제된다. 판례는 장래채권의 양도를 위해서는 (i) 양도 당시에 특정이 가능할 것, (ii) 가까운 장래에 발생할 개연성이 있을 것을 요구하는데(大判 1996. 7. 30, 95 다 7932), 장래채권의 양도가 유효한지는 주로 (i)의 요건, 즉「장래채권의 특정이 가능한지의 여부」에 달려 있다. 특정성과 관련하여 대법원은 개별채권에 관한 사안이기는 하나 "양도채권이 사회통념상 다른 채권과 구별하여 그 동일성을 인식할 수 있을 정도"이면 특정된 것으로 보고 있다(大判 1997. 7. 25, 95 다 21624; 同 1998. 5. 29, 96 다 51110 등). 그러나 이러한 대법원 판례의 판단기준은 여전히 모호하기 때문에, 대규모로 이루어지는 장래채권 양도의 유효성 판단에는 그다지 도움이 되지 않는다. 따라서 당사자의 입장에서는 장래매출채권 양도의 유효성을 확보하기 위해서는 채권매입계약 자체에서 양도대상 장래매출채권이 충분히 식별될 수 있도록 규정하는 것이 중요하다.

(나) 지시채권

상법은 영업채권을 채권매입업자의 매입과 회수의 대상으로 하고 있다(商 168조의 11). 여기서 영업채권의 범위에 지시채권(어음·수표 등 포함)이 포함되는지 문제될 수 있다. 지시채권을 양도대상에 포함시킬 경우에는 동일한 채권이 배서나 교부의 지시증권 양도방식으로 이중으로 양도될 위험성이 크게 되고, 현재 논의중인 채권양도등기제도를 이용한 채권양도방식과 그 우선권이 문제될 가능성이 높기 때문에 지시채권을 양도대상에 포함시킬 경우 문제가 발생할 소지가 크다고 본다. 따라서 지시채권은 양도대상 영업채권에서 제외하는 것이 타당하다.

(다) 어음 및 금전채권

여신전문금융업법은 상업어음 할인거래가 많은 우리 나라의 현실을 반영하여 매출채권의 범위에 어음을 포함시키고 있다(與專 46조 1항 2호). 그러나 여신전문금융업법의 규정은 여신전문회사의 업무범위에 관한 것이며, 이를 상법과 반드시 일치시켜야 할 필요는 없다고 본다.

양도대상을 지명채권에 한정하는 경우에도 채권매입거래에서 영업채권은 양도 또는 담보의 대상이고 비금전채권의 경우 그 가액을 평가하기가 사실상 곤란하므로 금전채권만이 포함된다고 볼 것이나. 일본의 동산 및 채권양도 특례법은 채권양도등기대상 채권의 범위를 「지명채권으로서 금전의 지급을 목적으로 하는 것」에 한정됨을 분명히 하고 있다(同法 4조 1항).

(라) 개인용·가족용·가정용 채권

채권매입업은 영업채권을 대량으로 매입하여 회수하는 업무이므로 그 과정에서 영업채권의 채무자, 즉 제 3 채무자가 피해를 보는 경우가 발생할 수 있다. 거래상대방이 누구인지, 채권의 목적이 무엇인지가 제 3 채무자에게 영향을 미치기 때문이다. 이와 관련하여 영업채권의 양도를 자유롭게 허용하는 대신, 개인용(personal)·가족용(family)·가정용(household)을 목적으로 하는 채권의 경우에는 양도대상에서 제외하는 입법례(UN채권양도협약 4조 1항 (a); UNIDROIT국제팩토링협약 1조 2항 본문; UCC §9-204(b)(1)〈consumer goods〉)가 있다. 사견으로는 개인용·가족용·가정용 채권의 경우에는 채권자가 누구인지가 중요하고, 금융기관인 채권매입업자에게 양도되면 제 3 채무자의 개인정보가 누출될 우려가 있으며, 채권의 속성상 다른 채권과 구분하기 쉬워서 거래의 안전을 해할 우려도 적으므로 양도대상 영업채권에서 제외시키는 것이 타당하다고 본다.

3) 상 인 성

채권매입거래는 상법 제46조가 정하는 기본적 상행위의 하나이다(商 46조 21호). 따라서 채권매입업자는 당연상인이다(商 4조). 채권매입 및 회수에 관한 채권매입계약의 체결행위가 기본적 상행위가 된다. 채권매입계약에 따라서 실제로 영업채권을 양도받고, 회수하는 행위는 보조적 상행위가 된다.

(4) 채권매입거래의 법적 특성

1) 채권매입계약의 법적 성질

채권매입거래는 크게 채권내입계약과 채권매입계약에 기초한 영업채권 양도행위로 구분할 수 있는데, 채권매입계약과 영업채권 양도의 법적 성질을 어떻게 볼 것인지 문제된다. 이 논의는 특히 채권매입계약의 채무자, 영업채권의 채무자 등이 파산하거나 무자력인 경우에 그 결과에 차이가 있을 수 있기 때문에 중요하다.

이와 관련해서는 업무관리계약설, 병합설 등이 있으나, 채권매입거래는 매매, 소비대차, 업무관리 등의 요소들이 기능적·체계적으로 결합되어 있는 혼합계약이자, 비전형계약에 해당한다고 본다. 다만 혼합계약으로 보는 경우에도 구체적인 사안에서는 해당 채권매입거래의 내용에 따라 매매, 소비대차 등 개별적인 법규가 준용될 것이다.

2) 영업채권양도의 법적 성질

채권매입계약에 기초해서 이루어지는 영업채권양도의 법적 성질을 어떻게 볼 것인지가 문제가 된다. 소비대차설, 매매계약설 등이 있으나, 진정팩토링은 매매, 부진정팩토링은 소비대차로 보는 절충설이 타당하다. 다만 절충설을 취하는 경우에도 진정팩토링은 매매, 부진정팩토링은 소비대차로「확정적으로」간주하는 것은 곤란하다고 생각한다. 실제 채권담보금융거래에서는 제3채무자의 신용도, 선급금의 지급여부와 지급비율, 채권매입계약의 채무자가 별도로 담보를 제공하였는지의 여부, 양도대상 영업채권의 범위, 채권양도통지의 여부, 할인율 등에서 차이가 있으며, 매매 또는 소비대차의 어느 규정을 준용하여야 할 것인지는 해당 거래의 내용을 면밀히 검토한 후 결정하는 것이 타당하기 때문이다. 예컨대 상환청구권이 유보되는 부진정팩토링은 소비대차로 취급될 가능성이 높지만, 할인율 등 제반 정황을 고려할 때 거래당사자가 매매의 의사를 가지고 영업채권을 양도한 징표가 강하게 나타난다면 매매로 간주할 수도 있을 것이다.

C. 관련판례

(1) 大判 2003. 9. 2, 2002 다 71078(집합채권의 양도약정을 '금융기관에게 예약완결권을 부여한 집합채권의 양도계약'으로 본 경우).

(2) 大判 1996. 7. 30, 95 다 7932(장래채권도 양도 당시 기본적 채권관계가 어느 정도 확정되어 있어 그 권리의 특정이 가능하고 가까운 장래에 발생할 것임이 상당 정도 기대되는 경우에는 이를 양도할 수 있다고 한 경우).

(3) 大判 1996. 2. 9, 95 다 49325(채권의 성질 또는 당사자의 의사표시에 의하여 양도가 제한되어 있어서 그 양도에 채무자의 동의를 얻어야 하는 경우에는, 통상의 채권양도와 달리 양도인의 채무자에 대한 통지만으로는 채무자에 대한 대항력이 생기지 않으며 반드시 채무자의 동의를 얻어야 대항력이 생긴다고 한 경우).

D. 관련논점

(1) 채권매입거래에서는 채권매입업자, 채권매입계약의 채무자, 영업채권의 채무자가 관여된다(商 168조의 11 내지 12 참조). 위 X파이낸스, 기아자동차주식회사, Y정리회사의 채권매입거래에서의 지위는 무엇인가?

(2) 위의 사례에서 X파이낸스는 여신전문금융회사로서 여신업무만을 취급할 뿐이지 수신업무는 취급하지 않는다. X파이낸스의 이 사건 팩토링채권을 상거래 정리채권이 아니라 금융기관 정리채권으로 보는 것이 타당한가?

(3) 위의 사례에서 기아자동차가 X파이낸스에게 물품대금채권을 양도한 행위의 법적 성질은 매매인가, 소비대차인가? 법적 성질에 따라서 결과에는 어떠한 차이가 있는가?

판례색인

사항색인

공저자 소개

정찬형(鄭燦亨)

서울대학교 법과대학(법학과) 졸업
서울대학교 법학석사
서울대학교 법학박사
미국 워싱턴대학교 법과대학 및 듀크대학교 법과대학에서 상법연구(Visiting Scholar)
독일 뮌스터대학교 법과대학에서 상법연구(Gastprofessor)
충북대학교 법학과 전임강사 및 국립경찰대학 법학과 조교수 · 부교수
사법시험위원 · 공인회계사시험위원, 대한상사중재원 중재인
법무부 법무자문위원회 위원
국회 입법지원 위원
한국금융법학회 회장
현 고려대학교 법학전문대학원 교수(상법 및 금융법 담당)

著 書

어음 · 手票善意取得硏究(博英社)
事例硏究 어음 · 手票法(法文社)
어음法 · 手票法(共著)(서울大出版部)
EC 會社法(博英社)
註釋어음 · 手票法(Ⅰ)(Ⅱ)(Ⅲ)(共著)(韓國司法行政學會)
註釋 商法 Ⅴ(會社 4)(共著)(韓國司法行政學會)
註釋 商法 Ⅶ(保險)(共著)(韓國司法行政學會)
會社法講義(第 3 版)(博英社)
어음 · 手票法講義(第 7 版)(博英社)
商法判例評釋(弘文社)
商法概論(第10版)(法英社)
客觀式 商法(第 3 版)(博英社)
判例商法(上) · (下)(第 2 版)(博英社)
商法講義(上)(第13版) · (下)(第12版)(博英社)
商法事例演習(第 4 版)(博英社)
商法講義要論(第 9 版)(博英社)
英美어음 · 手票法(高大出版部)
銀行法(第 2 版)(共著)(博英社)
註釋 金融法 Ⅰ(銀行法) · Ⅱ(保險業法)(共著)(韓國司法行政學會)
栢山商事法論集(博英社)
로스쿨 金融法(共著)(博英社)
로스쿨 會社法(博英社)
로스쿨 어음 · 手票法(博英社)

장덕조(張德祚)
서울대학교 법과대학 졸업
서울대학교 법학석사
서울대학교 법학박사
University of Chicago, University of Minnesota Law School에서 수학
국회 입법지원 위원
대검찰청 정책자문위원
금융감독원 분쟁조정전문위원
사법시험위원 · 공인회계사시험위원
아주대학교 법학부 부교수
현 서강대학교 법학전문대학원 교수

著書 및 論文
보험법의 쟁점, 법문사, 2002
보험법, 보험연수원, 2006
주석금융법, 한국사법행정학회, 2007
보험법개정의 관점, 목원, 2009
상법2, 한국방송통신대학교 출판부, 2010
기업의 사회적책임, 상사법연구, 2010
독립 금융소비자보호기구 설립동향과 시사점, 상사법연구, 2010
보험법판례의 변화와 전망, 상사판례연구, 2010
영국보험개정동향과 시사점, 상사법연구, 2010
외 다수

김홍기(金弘基)
연세대학교 법과대학 졸업
연세대학교 법학석사
연세대학교 법학박사
University of Pennsylvania Law School(LL.M.)
사법시험 합격(제31회)
육군 법무관
김신유(화우) 파트너변호사
미국 뉴욕주 변호사
대법원 재판연구관
부산대학교 법학전문대학원 부교수
현 연세대학교 법학전문대학원 부교수

論　文
장외파생상품거래의 법적 규제에 관한 연구, 연세대, 2007
자본시장법상 파생상품 규제의 내용과 개선과제, 증권법연구, 2008
채권매입업의 법적쟁점과 상법개정안의 검토, 상사법연구, 2009
M&A계약등에서 진술보장조항의 기능과 효과, 상사판례연구, 2009
어음할인의 기능과 법리, 상사판례연구, 2010
장외파생상품 사전심의제도의 주요내용 및 운용방향, BFL, 2010 외 다수

로스쿨 商法總則 · 商行爲法

2010년　8월　10일　초판인쇄
2010년　8월　15일　초판발행

共著者　鄭燦亨 · 張德祚 · 金弘基
發行人　安　鍾　萬
發行處　(株) 博　英　社
서울특별시 금천구 가산동 345-90 한라시그마밸리 211호
전화　(733)6771　FAX (736)4818
등록　1959. 3. 11.　제300-1959-1호(倫)

www.pakyoungsa.co.kr　e-mail: pys@pakyoungsa.co.kr

정　가　29,000원　　ISBN 978-89-6454-609-3